教育部人文社会科学重点研究基地重庆工商大学长江上游经
"三峡库区百万移民安稳致富国家战略"服务国家特殊需求博
国家社科基金项目"我国能源消费总量控制与对策研究"资助
重庆银行股份有限公司金融硕士研究生联合培养基地资助
金融学一流专业资助

我国能源消费 总量控制与对策研究

WOGUO NENGYUAN XIAOFEI
ZONGLIANG KONGZHI YU DUICE YANJIU

曾 胜 著

中国财经出版传媒集团
经济科学出版社
Economic Science Press

图书在版编目（CIP）数据

我国能源消费总量控制与对策研究／曾胜著．—北京：经济科学出版社，2019.11
ISBN 978 - 7 - 5218 - 1069 - 1

Ⅰ.①我… Ⅱ.①曾… Ⅲ.①能源消费-研究-中国 Ⅳ.①F426.2

中国版本图书馆 CIP 数据核字（2019）第 249418 号

责任编辑：谭志军　李　军
责任校对：郑淑艳
责任印制：李　鹏

我国能源消费总量控制与对策研究
曾　胜　著
经济科学出版社出版、发行　新华书店经销
社址：北京市海淀区阜成路甲 28 号　邮编：100142
总编部电话：010 - 88191217　发行部电话：010 - 88191522
网址：www. esp. com. cn
电子邮箱：esp@ esp. com. cn
天猫网店：经济科学出版社旗舰店
网址：http://jjkxcbs. tmall. com
固安华明印业有限公司印装
710 × 1000　16 开　14.75 印张　250000 字
2019 年 12 月第 1 版　2019 年 12 月第 1 次印刷
ISBN 978 - 7 - 5218 - 1069 - 1　定价：62.00 元
（图书出现印装问题，本社负责调换。电话：010 - 88191510）
（版权所有　侵权必究　打击盗版　举报热线：010 - 88191661
QQ：2242791300　营销中心电话：010 - 88191537
电子邮箱：dbts@ esp. com. cn）

前　言

　　能源是国民经济和社会发展的重要物质资源。能源的总量不足和结构偏差已经成为中国经济持续发展的瓶颈制约，同时，《京都协定书》《哥本哈根协议》要求减少碳排放，这都为我国能源消费总量控制和能源消费结构调整提出了要求，国家发展改革委也明确提出了能源消费总量和能源消费强度的"双控制"目标。对我国能源消费总量控制的研究，将是保证经济发展和保护环境的双重需要，也将为我国能源发展战略提供理论指导，并对能源生产部门与工业生产部门提供实践指导。

　　本研究从我国能源供需与工业节能现状出发，结合现有文献研究，运用格兰杰因果检验、灰色技术、专家评价寻找影响能源消费的相关因素。利用能源消费影响因素，建立能源需求支持向量机多因素动态预测模型，通过预测的能源消费结果，验证是否可以满足或支持经济发展的需要。根据影响能源消费的因素，从中寻求控制的能源消费总量的路径。其总体思路是在不影响我国经济发展的前提下，控制能源消费总量，实现低碳经济正常化。

　　本研究分为三个层次。第一层次是研究基础。主要是进行文献分析、现状分析等，从而确定能源消费影响的主要因素。第二层次为研究核心。分析能源消费影响因素机制，利用影响因素构建预测模型，同时完成对预测模型的精度评价与稳定性分析。另外，基于中国相关经济数据对能源消费总量进行预测，以寻找控制能源消费总量的路径。第三层次为研究结论。为中国能源消费总量控制提出相关建议。

　　本研究内容主要包括六个部分。第一部分，我国能源供需与工业企业节能状况分析。对我国能源的需求结构、供给结构以及节能减排的目标进行分析。其中主要对煤炭、石油、电力、天然气与新能源的供求结构进行分析。第二部分，我国水电开发协调机制与替代效应分析。利用进化博弈模型对水电开发的协调机制进行分析；运用脉冲响应函数分析水电开发的替代效应。第三部分，能源消费影响因素与机制分析。以现有文献为基础，对影响能源消费因素的机制及传导作用进行分析。从我国经济持续发展与人们生活水平持续提高出发，寻找影响能源消费的因素，如经济、结构、技术、人口与政策以及环境等因素，并运用格兰杰因果检验、灰色技术、专家评价等方法分析能源消费的相关因素，从中选择相关性比较强的因素作为影响能源消费的关键因素进行下一步研究。第四部分，能源消费预测模型研究。基于能源消费影响因素，构建支持向量机能源需求多因素动态预测模型，其步骤为：（1）甄别或遴选影响能源消费的关键因素。以能源消费影响因素相关分析和机制分析为基础，参考专家评价并选择灰色关联度不低于 0.8 的影响因素为关键因素。（2）运用主成分分析、遗传算法、支持向量机方法对影响因素进行预测。其映射关系为：$\{M_{t-1}^1, M_{t-1}^2, \cdots, M_{t-1}^8\} \rightarrow Y_t$，其中主成分分析进行降维，遗传算法进行选优，支持向量机进行训练预测。（3）建立支持向量机多因素动态预测模型。其映射关系为：$\{X_{t-1}^1, X_{t-1}^2, \cdots, X_{t-1}^n\} \rightarrow Y_t$。（4）模型预测精度评价。第五部分，能源消费总量预测与控制路径选择。利用历史数据，运用支持向量机多因素动态预测模型，对能源消费总量进行预测。以能源消费预测为基础，影响能源消费的因素为途径，寻找控制能源消费总量的路径。第六部分，对策分析。提出了我国能源消费总量控制的政策选择。

我国能源消费总量控制对策为：第一，保持合理的经济发展速度；第二，转变经济发展方式、调整产业结构；第三，促进技术进步、提高能源利用率；第四，完善能源市场机制、优化资源配置；第五，开发清洁能源、改善能源消费结构；第六，强化全民节能意识，加强公众宣传，做好部门能耗计算。

目　录

第1章

绪　论

1.1　问题的提出

在人类历史进程中，能源是社会进步和经济发展的重要物质资料。同时，人类文明与新能源的利用几乎是一致的。火的使用是人类利用能源的开端，它使得人类迈进文明社会，到中世纪，煤炭已经进入人类生产与生活之中。早期的工业革命，随着蒸汽机的发明和使用，煤炭被广泛用作工业生产燃料，给社会带来前所未有的生产力；19世纪中期，人类开始从石油中提炼煤油，使得其开始成为人类重要的生活能源之一；到了20世纪初期，随着内燃机的发明和使用，石油成为最重要的内燃机燃料，这将工业革命推向新高度——人类全面进入现代工业和现代文明社会。在远古时期就已经有很多术士致力于研究电的现象，直到19世纪末期，随着电力工程的突破与发展，电力开始进入工业企业和普通家庭之中。同时，电力的开发与使用推动了现代社会的发展，它的出现使得大众交通、电子技术等领域的发展成为可能。到了现代社会依旧如此，能源是经济增长的战略性资源投入要素之一，其影响着国家或者地区的经济、社会、生态的发展。比如，20世纪60年代，阿联酋、科威特等中东国家依靠丰富的石油资源，带动了其经济快速发展。以阿联酋为例，2012年其人均国民生产总值到达66625美元，甚至一些发达国家也是望尘莫及。当然，能源异常波动也会给国际经济带来强烈的冲击和巨大影响，比如1973年的石油危机。由此可见，能源已经成为人类社会无法离开的生产、生活要素。

对能源的不断开发和使用，所带来的诸多问题也日益凸显。首先，能源短缺日趋严重。目前，石化资源依旧是能源消费的主要构成部分，但是在现有的开采技术条件下，估计全球的石油和天然气只能满足人类50~100年的使用。

其次，环境问题更加突出。以化石能源为主的消费结构，无论是开采、运输以及每个终端利用环节都带来不同程度的环境污染，比如温室效应、粉尘、酸雨等。在新能源方面，其可能带来更大的环境破坏。2011 年日本大地震导致福岛核电站出现放射性物质泄漏，其对周边区域造成严重核污染，并且伴随着海洋和大气向周边国家不断扩散。显而易见，能源问题不是单个国家或者地区的战略问题，而是上升为关乎环境和气候的全球性问题，同时其可以毫不夸张地表述为关系人类生存的重大问题。

在全球能源消费增长的背景下，中国能源消费需求也出现井喷式增长，以改革开放为分界点，我国能源消费总量在 1978 年为 57144 万吨标准煤，而 2012 年能源消费总量已达到 361732 万吨标准煤，增长率为 533%。同时，根据中国能源研究会发布的《2012 中国能源发展报告》显示，2011 年中国能源消费排名世界第二，比美国能源消费总量少不到 1 亿吨标准煤。虽然近 30 年来，中国经济正经历一个快速发展的时期，国民生产总量年平均增长率超过 8%，但是，中国能源消费也随之出现高速增长局面。与其他国家一样，中国也面临上述能源问题。除此之外，在经济和能源消费增长"双高"局面的背后，中国还必须应对几个具有中国特色的能源问题：

第一，能源短缺比较严重。从能源供给来看，中国可谓是"能源大国"，比如水力发电量世界第一、风力发电量世界第一、煤炭储存量世界第三、石油储存量世界第十四等。但是，在能源消费端来看，中国却面临严重短缺问题，其人均能源消费偏低是基本国情。在 2003 年，上述问题就初现端倪，中国长江三角洲出现"电荒"；一些地区出现了不同程度的"油荒"和"煤荒"。2004 年，问题进一步恶化，中国 24 个省市出现频繁拉闸限电的情况，与此同时，煤炭出现严重供不应求的局面。对于能源短缺问题，2006 年中国能源研究会就做出如下表述：尽管资源约束并非中国经济发展的绝对障碍，但目前我们面临的资源约束比过去任何时候都更加严峻。人口众多、人均资源不足是我国的基本国情。

第二，能源消费结构不合理。从统计数据来看，煤炭、石油、天然气和电力为主要能源消费。但是，由于产业结构和国家政策的限制，煤炭和石油占据一次性能源消费的主导地位。根据《中国统计年鉴（2012）》，中国能源消费中，煤炭占比为 68.4%，石油占比为 18.6%，天然气占比为 5.0%，水电、核电、风电总共占比为 8.0%。这种能源消费结构存在诸多不合理，经济发展很容易被单一的能源消费结构所制约,一旦国际煤炭价格出现风吹草动,微小的变化都会给国内经济带来影响。同时,石化能源对环境带来了更加直接的破坏。

第三,能源消费结构区域差异明显。中国幅员广阔,能源区域分布差异大、经济发展不平衡,导致能源消费具有明显的区域性和不协调性。在东中部工业区,工业发展程度更高、社会经济发展情况更好,而能源供需矛盾突出、能源资源极度匮乏、消费总量巨大。相对而言,西部地区能源非常丰富,而其工业发展处于起步阶段,对能源消费需求量也更小,单位国民生产总值能耗很大,能源强度偏低。

第四,能源使用效率不高。国际相关机构统计,2004 年美国一次能源消费量折合为 23.32 万吨石油,国民生产总值却高达 11.73 万亿美元,而同年我国一次能源消费 13.86 万吨石油,国民生产总值仅为 1.63 万亿美元,即我国单位国民生产总值的能源消费是美国的 4 倍。如果与同期日本相比,差距更是巨大,倍数高达 7.6 倍。不仅如此,中国与印度、巴西等发展中国家也存在一定差距。

综上所述,在全球能源日益稀缺的背景下,中国能源更是面临着严峻的挑战,即能源总量不足、结构偏差、地区差异以及效率低下。同时,《京都协定书》与《哥本哈根协议》形成的国际碳排放体系,要求各国严格控制碳排放总量,这使碳排放居高不下的中国经济进退维谷。经济发展与能源需求、全球能源消费博弈等的矛盾日益严重。基于这样的现实情况,在保证中国经济稳定增长的情况下,怎样实现能源消费的可持续性,以及如何应对国际碳排放要求,研究中国能源消费的现状,明确能源消费的主要影响因素,预测中国能源消费未来的趋势,为今后中国能源政策制定方向、形成能源消费新路径,及对中国未来发展都具有十分重要的意义。

1.2 研究意义

1.2.1 理论意义

在社会经济中,能源开发和利用包含着国内外市场、供需关系、价格机制等经济现象，同时与生产部门、居民日常生活都息息相关，它是一个多层次、非线性的经济生态圈，其中任何环节的变化都可能带来整个生态圈的"震动"，比如，近年来石油价格的上涨就对各国宏观经济带来了重大影响，因此，作为经济学中的新分支的能源经济未来仍然是各方关注的重点。

作为一门新兴经济学科分支，从 20 世纪 60 年代至今，国外能源经济学经历了快速发展的阶段，同时学科理论建设也日益成熟。从理论发展历程来看，其大致经过三个阶段：第一阶段，具体产品以及有效供给的研究。20 世纪初期，随着工业经济不断发展，逐步对相关能源形成大量需求，尤其是煤炭和石油，由此形成了专门研究特定能源产品的经济领域，比如煤炭经济、石油经济等。第二阶段，讨论能源之间替代与互补关系、能源与经济发展的关系。20 世纪 70 年代，全球爆发石油危机，使得学者开始关注不同能源替代性与互补性的研究，逐渐重视从单个研究向系统、综合研究转化，同时也开始重视能源与经济发展之间的关系。第三阶段，开始关注能源开发带来的外部影响。近年来，能源消费带来社会经济发展，同时也给人类生存环境带来许多灾害，比如生态失衡、环境恶化等，这些反过来给社会经济发展形成了枷锁，因此，学者们开始关注能源开发的外部影响问题。具体来说，国外能源主要研究能源与经济增长的关系、能源与环境污染的关系、能源强度与需求弹性、能源与产业结构、能源与国际贸易等方面内容。但是，这些研究都是建立在发达国家市场的背景下，对于发展中国家能源消费影响的研究甚少，当然这些研究也不可能为发展中国家的能源消费提供正确的发展道路。

相比而言，国内开始能源经济方面的研究较晚。在 20 世纪 70 年代，主要集中于技术层面，研究生产如何有效和消费如何提高效率。80 年代以后，除了继续深入研究能源技术问题以外，开始考虑服务经济建设的需要，针对能源与经济发展之间的关系、能源规划与管理等问题进行探讨。随着中国市场经济体制的确立和经济不断发展，中国能源经济研究逐步多元化，一些学者开始关注能源资源的优化配置、能源价格与税收关系、能源与金融产品等方面，同时由于新能源与环境污染等新问题出现，另一些学者则逐步关注能源与环境污染的关系、节能与循环经济等领域。总体来说，中国能源经济研究基本延续国际研究的方向，以及把握时代热点问题。但是，在这些研究中，大部分都是进行的定性研究，而且往往是提出一些政策建议。即使有些学者运用模型进行定量研究，也主要集中探讨能源与经济发展之间的关系。而本文通过能源消费影响因素出发，以大量的数据和事实为基础，同时紧密联系定性和定量方法，旨在厘清中国能源消费的影响因素，并从影响因素入手对能源消费总量进行预测，以此为基础提出能源消费总量的控制路径。

在研究方法方面，本文构建的能源消费影响因素体系更具层次性、更加完善，即从经济因素、结构因素、技术因素以及制度因素四个角度出发，包含宏观经济总量、固定投资、能源价格、人均收入、产业结构、居民消费结构、能源消耗结构、科研经费、专利申请数、人口数量、城市化水平、市场化程度等33 个指标。同时，为了提升结论的可信度，本文选择三种分析方法，分别是灰色关联分析、格兰杰因果检验和专家评价关键因素分析。

1.2.2 现实意义

改革开放 40 多年以来，中国通过确立市场经济体制实现了快速发展，其国民生产总值跃居世界第二，达到 51.93 万亿元。而在中国实现宏观经济增长的过程中，无论是中央政府或者地方政府都存在片面追求经济总量的行为，这种思想违背了科学发展观的执政理念，同时，也带来了非常严重的后果——由于经济过度发展，迫使能源要素大量投入，让人触目惊心的是能源消费结构不合理和能源技术不成熟带来的环境污染日益加剧。根据发达国家的经验，这种发展模式必将走进"死胡同"，也会带来后续高额的环境治理费用。毋庸置疑，能源短缺以及能源消费引发的环境等诸多问题已经不容忽视。

除此之外，一些具有中国特色的问题也需要学者寻找解决之道。首先，作为世界人口第一大国，尤其随着近年来居民生活质量的提高，比如住房面积增长、家电数量增加以及家用轿车入户等，结果是生活能源消费总量从 2000 年的 15614 万吨标准煤拉升至 2010 年的 34558 万吨标准煤，其年增长幅度达到12.12%。其次，中国是世界最大的发展中国家，为了实现经济转型政府优先发展工业、建筑业等高耗能行业，使得生产性能源消费量从 2000 年的 115385万吨标准煤攀升至 2010 年的 290381.21 万吨标准煤，其年增长幅度达到15.16%。最后，中国能源消费以煤炭为主，到 1990 年煤炭占能源消费结构比重仍达 75%，近年来，煤炭消费增长速度放缓，但是到 2010 年煤炭占能源消费结构的比重仍达 68%，而同期国际煤炭消费占比仅仅为 30%。煤炭消费产生的废气废物给环境带来了巨大的压力。

面对中国能源发展的矛盾和挑战，深入研究能源供需现状与缺口结构，探索能源消费影响的主要因素，对能源需求进行科学的预测，寻找控制能源消费总量的路径，为制定中国中长期能源发展战略提供理论依据，对于中国经济的可持续发展，实现小康社会和社会主义现代化，建立资源节约型社会具有重要的现实意义。

1.3 国内外研究现状

本文的研究主要涉及能源消费影响因素、能源消费预测、能源对策三个方面的内容，因此，下面就围绕上述三个方面进行述评。

1.3.1 能源消费的影响因素

从 20 世纪 70 年代，一些学者开始研究能源消费的变化，而这些研究主要是从要素需求方程求解过程中的使用成本等式出发，包括能源消费的因素，其主要代表人物有戴尔·乔根森、恩斯特·伯恩特等。随着全球能源消费快速增长，这引起了广泛的关注，同时一些学者也开始重视能源消费影响因素的研究。在长达 40 年的研究中，国内外学者已经取得大量的研究成果，其具体内容阐述如下。

1. 经济因素

在理论研究中，大部分学者认为经济发展是能源消费的重要因素，因此对于这方面的研究也存在大量的文献。

克拉夫特等（1978）首次研究了经济增长和能源消费之间的关系，他们选用了美国 1947～1974 年的经济增长和能源消费数据，得出了经济增长与能源消费存在单向的格兰杰因果关系的结论。黄炳国和古姆（Hwang DBK and Gum B，1992）对中国台湾地区能源消费和经济增长进行了研究，发现该地区能源消费与经济增长存在双向因果关系。格雷西亚（Glasure，1998）运用协整理论和误差修正模型，采用韩国和新加坡 1961～1990 年的年度数据进行了实证分析，结果表明两国的能源消费和经济增长均存在双向因果关系。李（Lee，2005）首次使用面板协整理论研究能源问题，采用完全修正的 OLS 和面板协整分析了 18 个发展中国家（不含中国）的能源消费与经济增长的关系，结果表示无论长期或短期，仅存在从能源消费到经济增长的因果关系。与此同时，国内学者也进行了相关方面的大量研究。张明慧和李永峰（2004）对能源与经济增长进行了定量分析，并对它们进行了格兰杰因果检验。

此外，还有学者运用 C‐D 函数进行研究，结论表明，能源在中国经济增长中是不可忽视的。杨朝峰（2005）利用中国历史数据，采用误差修正模型对经济增长与能源消费之间的关系进行论证，结论表示，存在从经济增长到能源消费长期稳定的单向因果关系，且结构未随时间的变化而发生改变。王海鹏等（2005）对中国电力消费和经济增长进行了协整分析和因果检验，以此建立电力消费和 GDP 的协整关系和误差修正模型，结果表示，它们之间存在长期均衡关系和短期动态关系，并且它们存在双向因果关系。王海鹏等（2006）采用可变参数模型和状态空间模型估计和检验了中国经济增长和能源消费之间的变参协整关系，得出了不一样的结论，即经济增长与能源消费不存在协整关系，而是存在一种变参协整关系。赵进文（2007）运用非线性的平滑过渡模型（STR 模型）分析经济增长与能源消费之间内在结构依从关系，结果表明，中国经济增长对能源消费的影响具有非对称性、阶段性。师博（2007）运用结构突变分析，发现 1961 年为中国能源消费突变点，然后运用误差修正模型，实证检验基于生产函数的经济增长与能源消费的关系，结果表明，短期内内生于经济增长中，长期内经济增长是能源消费变化的诱因，同时必须注意产业结构所带来的影响。周建（2007）采用中国历史数据，运用状态空间模型对经济增长、能源需求和效率改进等之间的动态相关性进行研究，以此建立了向量自回归模型、方差分析模型、脉冲响应函数等对能源需求以及影响因素之间的作用机理进行系统分析，结果表明，能源需求的短期波动会受到制度变迁等不可观测变量的影响，经济增长、能源需求、产业结构调整、效率改进等存在长期稳定的均衡关系。王火根和沈利生（2008）引入生产函数建立三要素模型，利用面板协整理论对中国经济增长与能源消费进行了检验，面板单位根显示能源、GDP 等为一阶差分平稳变量、格兰杰面板因果关系显示仅存在从能源消费到 GDP 的因果关系。刘长生等（2009）利用线性回归和基于"阈回归模型"的非线性回归的分析方法，对中国经济增长与能源消费的关系进行研究，结论表示，能源消费与经济增长之间存在非线性关系，能源消费对经济增长的影响为倒"U"形，即当能源消费处于较低水平时，对经济增长的影响是积极的、正面的；当能源消费处于较高水平时，对经济增长的影响是负面的、消极的。

　　也有专家利用历史数据并运用灰色技术对其进行改进，采用 C － D 生产函数扩展模型，揭示了经济增长和能源消费增长之间的内在比例关系。谭元发（2011）采用中国历史数据，运用误差修正模型，对能源消费总量与工业生产总值之间长期稳定关系进行了分析，结论表明：工业经济增长与能源消费之间存在反向的单向因果关系。赵湘莲等（2012）运用空间计量技术，研究了中国能源消费对经济增长的驱动作用，建立了包括地区生产总值、第二产业产值、能源消费、资本存量与劳动力的空间误差模型与空间滞后模型，实证表明：能源消费与经济发展之间的关系地区差异明显；经济增长中能源消费的拉动作用呈现下降趋势，第二产业的贡献度也在逐渐减低。马宏伟和刘思峰（2012）基于生产函数的多变量分析，以 1978 ~ 2008 年样本区间数据位基础，利用 JJ 协整和基于向量误差修正模型的短期、长期格兰杰因果关系检验，研究了我国能源消费、经济增长、资本存量和人力资本投入之间的关系，结果表示，它们之间存在长期的协整关系，另外，短期内不存在能源消费与经济增长的因果关系、长期内存在从经济增长到能源消费的单向因果关系。

　　除了研究经济发展与能源消费之间的关系，一些学者还从其他经济因素出发，其中能源价格受到的关注度比较高。比罗尔（2000）研究认为，利用经济手段的方式提高能源价格可以有助于能源消费效率的提高，使其能源强度得到有效降低。费希尔（2004）选择我国超过 2500 家的密集型能源大中型工业企业，利用面板数据研究发现，能源生产力的提高对能源强度的降低起到了关键作用，而企业自身技术与产品的研发行动和能源价格有助于企业能源生产力的提高，其中能源价格发挥的作用最大。中国能源强度下降的动力主要来源于能源相对价格的上升。杭雷鸣（2006）以我国制造业为例，基于历史数据，运用计量经济学方法实证分析能源价格和能源强度之间的关系，研究表明，煤炭、石油、电力等能源强度的降低可以借助提升能源相对价格来实现，能源效率改善的一个有效策略方法就是能源价格的提升。

　　2. 技术因素

　　一般而言，技术进步能够提高能源使用效率，从而减少社会生产所需的能源消耗。其主要体现于：一方面，先进的设备能够有效改进工作效率，单位产品能耗的不断降低；另一方面，技术进步改变原有的生产方式，减少了交易中间环节的成本，进而降低了能源消费总量。

德比尔（1998）认为现有技术的广泛运用，能够大幅度降低能源的消费，其效果在中短期更加显著。理查德（1999）研究发现，20 世纪 90 年代以来，中国能源强度的下降主要源于技术进步。波普（2001）的研究表明，除电解铝与金属涂层以外的大部分行业，随着技术的进步，都会带来能源消费下降的趋势。

在国内，也有一些学者研究技术进步与能源消费之间的关系。齐志新（2006）基于不同阶段运用拉氏因素分解法，研究我国能源强度与工业部门能源强度下降的原因，结果表明，提高能源效率的决定因素源于技术进步。韩智勇（2004）利用 1998 ~ 2000 年的数据，对中国能源强度变化的结构份额与效率份额进行定量分析，结果表明，各产业的能源利用效率的提高是能源强度下降的主要原因。蔡文彬（2007）基于 MCHUGE – 动态可计算一般均衡（CGE）模型，研究表明，增加国内产出和降低能源消费是能源强度下降的主要原因，结论显示，发挥最关键作用的是高能耗产业采取的技术进步。龙如银（2009）等基于我国改革开放初期的不变价格计算能源强度，以 R&D 研发经费作为投入计算能表征技术进步的知识存量，然后从短期和长期两个维度实证能源强度与技术进步时间的关系，研究表明影响能源强度的重要因素之一就是技术进步。冯泰文（2008）认为，技术进步通过对产业结构、能源结构、能源价格等因素产生影响，这些因素再影响能源强度，其中技术进步起到调节效应，即技术进步可以通过中间变量对能源消费起作用。

但是，也有学者认为技术进步会带来能源消费的增加。哈兹佐姆（1980）第一次基于能源消费视角的考虑，阐述来自技术进步的影响，研究了能源效率与能源需求之间的关系，效率的提高有可能会带来能源服务的增加，但并不一定引起需求的降低，单位能源服务所产生的能源消耗与实际能源的消费并非同比例变化。布鲁克斯（1992）在哈兹佐姆研究的基础上，认为随着能效的改进会推动经济增长，反过来拉动能源消费的增加，这就是有名的"反弹效应"。这一结论引起了广泛关注，国内学者也进行了相关研究。周勇（2007）首次利用中国 1978 ~ 2004 年的时间序列数据，研究了基于技术进步对中国能源消费的反弹效应，结果表明，中国宏观经济层面上能源消费的反弹效应的大小在 30% ~ 80% 波动。国涓（2010）利用索罗余数思想，估算了技术进步对工业部门的贡献率，发现工业部门基于技术进步的能源消费的平均反弹效应为 46.38%。肖序（2012）按照索罗模型估算中了中国电解铝企业 1996 ~ 2011 年的技术进步贡献率，发现技术进步是中国电解铝能源消费效率提高的主要因素，但同时也引起了中国电解铝企业能源消费的反弹效应。

3. 结构因素

在影响能源消费因素中，结构因素作为一个比较重要的变量受到很多学者的关注。

对于结构因素的研究，大部分学者都是从产业结构的角度出发。卡巴瑞（Kambara，1992）基于历史数据进行一般性统计分析我国能源消费与国民经济收入之间的关系，研究显示，进行工业结构的调整是提高能源强度的主要途径。史丹（1999）认为，由于每个产业能源消耗密度各不相同，导致产业结构的变化影响了能源消费总量的变化。林伯强（2001）利用协整和误差修正模型研究中国能源需求的决定因素，实证表明产业结构与能源消费总量之间存在长期均衡关系。徐博（2004）通过对产业结构对能源消费总量进行回归分析，研究显示，引起我国能源消费变化的主要因素是工业生产值占比和第一产业值占比的变化，经济总水平的提升与经济结构的改变使电力成为我国的主要消费能源。张宗成（2004）利用历史数据得出我国能源消费弹性降低的一个主要因素就是产业结构的调整。张志柏（2008）利用中国 55 年的时间序列数据，运用计量经济学研究方法，论证产业结构、能源价格、经济增长与能源消费之间的格兰杰因果关系，结论显示，导致能源消费发生变化的重要因素来自产业结构。白积洋（2010）认为，能源消费与产业结构之间具有正向的相关关系，我国产业结构不合理是导致能源过度消耗的根本因素。马立平（2010）建立脉冲响应函数，得出技术进步与产业结构变化对能源消费具有同样大的冲击影响。

另外，一些学者利用灰色关联分析产业结构与能源消费的关系。尹春华（2003）建立灰色关联模型，计算并分析产业结构与能源消费之间的关联度，研究显示第二产业对能源消费影响最大。曾波（2006）采用灰色关联分析产业结构和能源消费的关联效应，结果表第二产业对能源消费总量关联度最大。冯桌（2013）运用灰色关联分析法，研究辽宁省产业结构与能源消费的关联度，结果表明其第二产业对能源消费量影响最大。

4. 制度因素

影响能源消费的制度因素专家学者关注已久，重点集中在价格机制的影响。但是，一些学者逐步将制度因素研究范围扩大，主要包括机制、政策及其他形式。

穆德（2003）等通过研究税收与能源消费的关系，发现对能源价格进行征税能够对节能新技术的快速兴起和运用起到刺激作用，同时企业愿意使用更多的劳动而减少资本的使用，达到能源消费总量的降低。另外，一些学者研究了不同政策机制与能源消费的关系。马加特（1978）、麦勒（Milliman，1989）及费希尔等（2003）基于各自的研究基础得到了大致相同的研究结论：以市场为基础税收、许可证交易等政策比以指令性政策会带来环境友好型的更多创新，以达到对能源消费的影响。

相比之下，国内对于制度因素的研究甚少。刘红玫（2002）认为提高运营和管理效率可以通过对机制和体制的改革，同时积极影响能源效率的提升。张宗成等（2004）深入分析了我国能源消费弹性系数的奇异现象，认为对我国能源消费低效率的改进，其中来自经济体制的改革起到了很大的作用。

从国内外学者对能源消费影响因素的研究来看，众多学者只是对某一个方面的影响因素进行相关研究，缺乏对能源消费影响因素进行比较全面系统的考虑。本文旨在从经济、结构、技术、政策等能源消费影响因素的四个维度出发进行相关研究。

1.3.2 能源消费预测模型

从历史上看，能源消费预测研究开始较早，同时很多学者进行相关研究，比如国外对能源问题的系统研究就始于 20 世纪 70 年代，国内研究起步相对较晚，始于 80 年代。经过 40 多年的研究，国内外学者取得了很多具有代表性的成果。

第一，长期能源可替代规划系统模型（long-range energy alternatives planning system，LEAP）。该模型是由瑞典斯德哥尔摩环境研究所及美国波士顿 Tellus 研究所共同研究开发的一个计量经济模型。LEAP 不是一个特定的能源系统的模型，而是一个工具，它可以用来创建不同的能量系统的模型，其中每个都需要它自己独特的数据结构。LEAP 支持多种不同的建模方法：自上而下，主要是指宏观经济层面的建模方法，如使用经济计量模型进行计算和预测；自下向上，主要是指技术层面的建模方法，如使用从具体技术出发进行建模。高虎、梁志鹏（2004）等以湖南省发电问题为例，设计湖南省未来发展目标的三种情景：小水电情景、混合技术情景和火电主导技术情景，随后用 LEAP 模型对湖南省 2010 年三种情景发电温室气体排放情况进行预测，得出小水电是较好的可再生能源的结论。冰妍和陈长虹（2004）等对低碳发展下的大气污染物的二氧化碳排放情景分析，以上海为例，利用 LEAP 模型对"零方案"情景（BAU）和低碳发展情景下的能源消费及大气污染物排放量进行了预测，提出低碳发展对我国中长期能源环境建设将拥有显著的多重正效应。与此同时，他们基于 LEAP 对中国钢铁行业二氧化碳减排潜力进行了分析，提出如果目前制定行业调整政策和进行技术改进并能将其有效实施，则可以以较低成本实现减排，但如果进一步的减排，则会被高昂的成本所抑制。未曙光和王韵（2010）等应用 LEAP 软件建立河南省居民生活能源与环境模型，结果表明，对能源需求结构与需求量产生较大影响的因素有能源技术的推广程度与能源政策的执行力度，居民对清洁、高效和方便使用能源的追求以及清洁能源政策的实施，使其能源消费中居民生活用能所释放的二氧化碳呈现逐年下降趋势。曹斌和林剑艺（2010）等基于 LEAP 对厦门市节能与温室气体减排潜力进行情景分析，得出节能减排效果最好的措施是采取清洁燃料的替代的结论，其中节能减排潜力最大的是工业部门。发展低碳城市的有效路径是优化城市能源消费结构、抓好工业部门的节能减排和大力推广清洁燃料的使用。

第二，能源需求模型（MEDEE 能源模型）。该模型是一种能源需求预测模型，由法国能源经济研究所创建和发展。MEDEE 技术基于自身的发展，试图研究适合于不同经济特征国家的一种区域预测方法，克服了计量经济学的弱点，又从众多传统和正在发展的预测技术中脱颖而出。在国内，程尚模和刘立平较早地从事相关探索，其研究使得中国能源系统分析工作中使用 MEDEE 模型成为可能。傅月泉和吴俐（1994）应用 MEDEE－S 模型对江西省中长期能源需求进行初步预测，为江西省能源和经济研究提供了宝贵意见。

第三，灰色系统理论。1982 年，该理论由我国学者邓聚龙教授首次提出，并建立了灰色系统理论。灰色系统是已知部分信息的同时包含着另一部分未知信息的系统。灰色系统认为，凡是有些参数未知、有些参数已知的系统都是灰色系统。灰色系统理论可以比较准确地描述社会经济系统的行为和状态，运用灰色预测模型，对于实施预测社会经济系统方面的研究具有十分重要的意义。其中，GM（1，1）模型是最为熟知的一种灰色动态预测模型，其应用广泛且取得了显著成效。曾波和苏晓燕（2006）对我国能源消费和环境质量进行灰色关联分析，确定了各种能源品种的消费对我国环境质量的不同影响程度，为环境压力最小化、调整能源消费结构和改善环境质量提高科学依据。邓志茹（2011）运用 GM（1，1）模型对中国能源生产总量与消费总量进行预测，结果表明随着中国经济进入新阶段，能源生产总量和消费总量依旧会保持较快的增长速度。同时，为了进一步完善能源预测体系，其运用 GM（1，1）模型分别对煤炭、石油、天然气和电力等能源消费进行预测。当然，由于灰色预测模型能够将复杂的、客观的、离散的经济数据进行处理，尤其是对小样本、数据缺失的处理具有的优势，使得很多学者运用该模型对相关能源问题进行预测。

除了运用一些预测模型，学者们还尝试引入一些组合预测方法，对相关能源问题进行预测，比如，能源需求预测、能源供需结构组合等。在能源预测方面，现有文献形成多种预测模型。卢二破（2005）建立确定性和随机性时间序列组合模型，预测 2004～2020 年中国能源需求量。张炎治等（2007）将能源系统划分为能源部门和非能源部门，采用投入产出模型预测江苏省 2010 年、2015 年和 2020 年的能源需求量。梁娜等（2008）建立了中国能源消费总量的灰色预测模型，同时利用 RBF（径向基）神经网络对该 GM（1，1）模型的参数及进行估计。利用能源消费弹性系数等方法，预测中国未来几年的能源消费总量。张跃军等（2013）运用支持向量机模型，对 1978～2010 年能源需求进行模型，预测了 2012～2020 年北京能源需求量。而张跃军在运用支持向量机模型进行预测时，只是单一地运用支持向量机模型，同时也只选取 5 个影响因素对北京的能源消费量进行了预测。

国内外很多学者都致力于能源消费总量的预测，旨在寻找能源消费的增长轨迹，以进行能源消费的监测和预警。那么，现有文献形成了一些常用的预测模型，比如，灰色关联预测、时间序列 ARIMA（自回归积分滑动平均模型）模型、神经网络、消费弹性法等。但是，上述方法很多基于变量的线性关系，而能源消费是典型的非线性适应系统，这就导致其预测精度受到不同程度的影响。

鉴于上述原因，本文构建了以支持向量机为基础的非线性多因素动态预测模型，综合运用灰色技术和神经网络模型预测了中国 2013～2015 年能源消费总量。同时，本文利用灰色关联度、遗传算法、主成分分析法等理论，以保证模型运行过程的全面性、客观性以及真实性，在一定程度上也提高了模型预测的精度和动态适应度。

1.3.3　能源消费总量控制对策

伴随中国经济的不断发展，能源消费总量也直线攀升，这已经成为中国经济继续向前推进的瓶颈之一。基于上述现实情况，在我国"十二五"规划纲要中，已经明确提出"优化能源结构、合理控制能源消费总量"的节能减排约束机制。同时，通过结合中国能源消费的实际情况，学者们对中国能源消费提出了一系列建议对策。

吴国华（2011）等建议，从"十二五"期间，中国应该设立能源消费总量和单位 GDP 能耗两个控制指标，形成能源消费的约束指标体系。同时，国家应该加强用能的管理力度。阮加等（2011）认为可以通过调整经济结构来对能源消费总量进行控制。一是加快工业化进程，调整行业结构，发展知识密集型工业，限制高能耗工业；二是基于国民经济平稳发展，提高三产占比，调整三产结构，降低二产占比。白万平（2011）认为，在"十二五"期间能源控制应该做到以下方面：首先，尽快将能源总量控制目标由软约束变为刚性约束；其次，重大的技术攻关由国家政府发布、组织科研力量实施，尤其是在可再生清洁能源、天然气和石油开发等领域关键性技术的利用以及节能减排技术的突破，同时充分调动政府与企业积极性；再次，为保障满足经济发展的能源需求，能源消费结构亟须调整，稳定的天然气石油供给渠道和进口通道亟须建立；最后，提高公众节能减排的意识，同时加强监督和考核。

邢璐等（2012）认为，中国应该建立以政府为主导的能源总量控制的管理机制，逐步形成以市场为主、多措并举的政策体系，同时建立科学准确的能源统计和分析体系，实现能源消费总量的分类控制和优化控制。朱发根等（2012）建议：首先，改变能源生产和利用方式，优化调整产业结构，从中探寻控制能源消费总量的关键作用点；其次，为保证取得能源消费总量控制工作实效，应强化基础能源管理能力建设；最后，提前深入研究应对控制能源消费总量可能带来的风险之策。将能源消费总量控制目标任务分解下达到地方，极有可能导致能源供需紧张状况、画地为牢与地区分割能源供应格局的加剧，从而全社会能源效率的降低。张颖等（2012）根据天津市的实际情况，认为其应该对"十二五"期间天津市能源消费品种结构和总量的发展走势进行预测判断，提出应以转变发展方式为重要契机，充分发挥价格机制作用，优先发展可再生能源，大力优化产业结构和布局，尽快制定出与节能考核指标相协调的能源消费总量控制目标。

从上述文献来看，国内学者对能源消费总量控制的建议主要包括以下方面：第一，在经济稳定发展前提下，应该不断调整产业结构，以提高能源利用率；第二，建立科学合理的能源消费指标体系，实现对能源消费的量化控制；第三，加强政府对能源总量控制的力度。

1.4　研究内容与方法

1.4.1　研究内容

本文研究内容主要包括六个部分。

第一，我国能源供需状况分析。对我国能源的需求结构、供给结构以及节能减排的目标分析。其中主要对煤炭、石油、电力、天然气与新能源的供求结构进行分析。

第二，我国水电开发协调机制与替代效应分析。利用进化博弈模型对水电开发的协调机制进行分析，运用脉冲响应函数分析水电开发的替代效应。

第三，能源消费影响因素与机制分析。以现有文献为基础，进行影响能源消费因素的机制分析。从我国经济持续发展与人们生活水平持续提高出发，寻找影响能源消费的因素，如经济、结构、技术、人口与政策以及环境等因素，并运用格兰杰因果检验、灰色技术、专家评价等方法分析能源消费的相关因素，从中选择相关性比较强的因素作为影响能源消费的关键因素进行下一步研究。

第四，能源消费预测模型研究。基于能源消费影响因素，构建支持向量机能源需求多因素动态预测模型，其步骤为：（1）甄别或遴选影响能源消费的关键因素。以能源消费影响因素相关分析和机制分析为基础，参考专家评价并选择灰色关联度不低于 0.8 的影响因素为关键因素。（2）运用主成分分析、遗传算法、支持向量机方法对影响因素进行预测。其映射关系为：$\{M_{t-1}^1, M_{t-1}^2, \cdots, M_{t-1}^8\} \to Y_t$，其中主成分分析进行降维，遗传算法进行选优，支持向量机进行训练预测。（3）建立支持向量机多因素动态预测模型。其映射关系为：

$\left\{ X_{t-1}^1, X_{t-1}^2, \cdots, X_{t-1}^n \right\} \rightarrow Y_t$。(4)模型预测精度评价。

第五，能源消费总量预测与控制路径选择。利用统计年鉴 1978 ~ 2012 年的数据，运用支持向量机多因素动态预测模型，对能源消费总量进行预测。以能源消费预测为基础，能源消费影响因素为途径，寻找控制能源消费总量的路径。

第六，对策分析。根据能源消费总量控制路径提出相应的政策选择。

基于上述的研究内容，本文研究分为三个层次：首先，研究基础。第一、第二部分作为本文的研究基础，主要是进行文献分析、现状分析等，从而确定能源消费影响的主要因素。其次，研究核心。第三、第四部分是本文的研究核心部分，其通过已经确定的能源消费影响因素构建预测模型，并且完成对预测模型的精度评价与稳定性分析。再次，基于中国相关经济数据进行预测能源消费总量，以寻找控制能源消费总量的路径。最后，研究结论。主要是为中国能源消费总量控制提出相关建议。

1.4.2 研究方法

本文研究方法主要采用了实证分析与规范分析相结合、理论实证与经验实证相结合的方法。

第一，实证分析与规范分析相结合的方法。对能源消费影响因素的甄选采用格兰杰检验方法与灰色技术进行实证分析，对能源消费影响因素的机制与能源消费控制的对策研究采用规范分析方法。

第二，理论实证与经验实证相结合的方法。建立进化博弈模型对水电开发者、移民、生态环境之间协调发展进行理论实证；建立支持向量机多因素动态预测模型进行理论实证分析。利用脉冲响应函数分析水电开发的替代效应与对能源消费总量进行预测，采用经验实证的分析方法。

1.5 研究的逻辑框架

本研究内容结构安排体现了对立统一的辩证方法，即遵循了"起点和终点同一"的辩证逻辑，其基本思路可以用如下流程范式来描述（见图 1 - 1）。

本书的研究分为三个层次。第一层次为基础，就是在文献分析与资料数据收集的基础上，分析我国能源供需与工业节能现状，利用进化博弈模型分析我国水电开发的协调机制以及水电开发的替代效应，它是后续能源消费影响因素的确定和总量控制的基础；第二层次是在第一层次的基础上，选择能源消费影响因素，并利用格兰杰因果检验、灰色技术、专家评价等方法甄选影响的关键因素；第三层次是利用影响能源消费的关键因素，构建支持向量机多因素动态预测模型。

最后以能源消费影响因素为基础，寻找控制能源消费总量的路径。其总体思路是在不影响我国经济发展的前提下，控制能源消费总量，实现低碳经济正常化，给出相应的对策建议，以此指导能源供需及节能措施，由此完成一个逻辑循环。

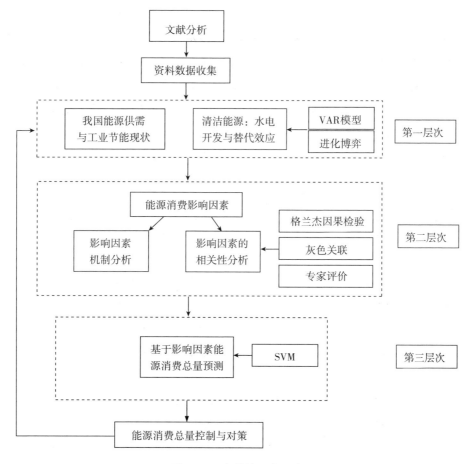

图 1-1 本书的研究思路

第2章

我国能源消费供需状况分析

2.1 我国能源生产状况分析

从表2-1可知，我国能源供给总量从1990年的103922万吨标准煤，增加到了2016年的346000万吨标准煤，总量增长了232.94%，年均增长速度为4.84%。我国能源供给总量在一定时期曾有下降，但总体呈现出递增的态势。20世纪90年代前期，我国能源供给以4%左右的速度稳步增长，由于受亚洲金融危机的影响，90年代后期呈现小幅下降。迈入21世纪后，我国能源供给总量得以快速递增，且增长势头强劲，如图2-1所示。

表2-1　　　　　　　　　　我国能源供给总量增长变动情况

年份	能源供给总量（万吨标准煤）	能源供给总量增长率（%）	年份	能源供给总量（万吨标准煤）	能源供给总量增长率（%）
1990	103922	—	1999	131935	1.62
1991	104844	0.89	2000	138570	5.03
1992	107256	2.30	2001	147425	6.39
1993	111059	3.55	2002	156277	6.00
1994	118729	6.91	2003	178299	14.09
1995	129034	8.68	2004	206108	15.60
1996	133032	3.10	2005	229037	11.12
1997	133460	0.32	2006	244763	6.87
1998	129834	-2.72	2007	264173	7.93

年份	能源供给总量 （万吨标准煤）	能源供给总量 增长率（%）	年份	能源供给总量 （万吨标准煤）	能源供给总量 增长率（%）
2008	277419	5.01	2013	358784	2.21
2009	286092	3.13	2014	361866	0.86
2010	312125	9.10	2015	361476	−0.11
2011	340178	8.99	2016	346000	−4.28
2012	351041	3.19			

　　资料来源：能源供给总量来源于《中国统计年鉴（2017）》，能源供给总量增长速度是根据能源供给总量计算得出。

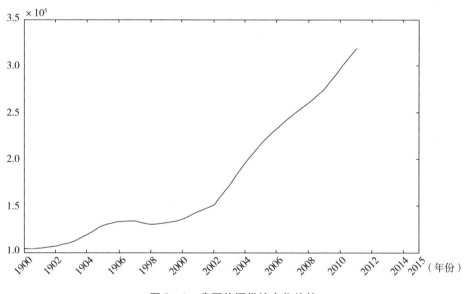

图 2 – 1　我国能源供给变化趋势

　　从图 2 – 1 可以看出，在 21 世纪以前，我国能源供给总量增长缓慢，在一个阶段还呈现下降趋势。进入 21 世纪以后，增长趋势明显加大。本书以 1990 ~ 2011 年我国每年能源供给总量数据为基础，通过对数据的多次模拟后发现，我国能源供给总量变动与呈现三次曲线的增长趋势（见图 2 – 2），拟合结果如式（2-1）所示：

$$y = 107302.343 + 10.94t + 205.761t^2 + 20.688t^3 \qquad (2-1)$$

其中，$t = 1$，2，3，…

经过分析，以上模型通过了符号检验和显著性检验。从时间变量 t 来看，与能源生产总量一样其一次项、二次项和三次项都通过了统计上的 t 检验，也即单个变量是统计显著的。同时，从模型的拟合优度和 F 值来看，该三次曲线在整体上也是统计显著的。故此，可以用以上模型对我国未来若干年的能源供给变动情况做简单预测。2015 年，即当 $t = 26$ 时，我国能源供给总量 Y = 439207.77 万吨。

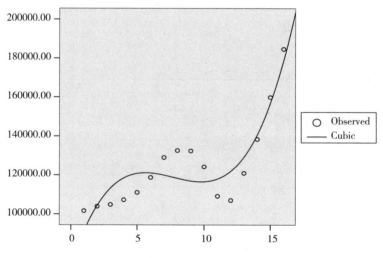

图 2-2 我国能源供给变化趋势拟合

1990～1996 年，我国能源供给总量增长相对稳定，大致保持在年均 3.91% 的增长水平。1989 年的能源供给总量为 101639 万吨标准煤，到 1996 年时增长到 132616 万吨标准煤，增长速度在 4% 左右，其间增长速度有升有降。1997～2000 年之间出现了能源供给总量增速的下降，到 1999 年时已经低于 1996 年的水平，仅为 131935 万吨标准煤。特别是 1998 年下降幅度最大，比 1997 年减少了 3626 万吨标准煤，降幅达到了 2.72%，这与 1998 年能源需求的大幅度下降有很大关系。在此期间，我国进行了大规模的能源供给结构调整，煤炭供给受到严格限制，而电力消费供给有所上升，这可能是导致统计内能源供给萎缩的主要原因。自 2000 年以后，我国能源供给总量呈现出较快的增长势头，增长速度逐年提高。从总量看，十年间增长了 161868 万吨标准煤；从增长速度来看更是明显，2001 年、2002 年保持了 4% 以上的增长势头，2003 年、2004 年两年间每年比上年增长都超过了 14%，这段时期内能源经历了井喷式的增长。2004～2011 年能源供给总量的增长速度也都保持高位运行，这说明为了我国经济的高速发展，随着能源开采技术的发展、新技术的利用、新能源的开辟，加大了对能源的供给。2012～2016 年能源供给总量的增长速度明显快速下降，在不影响经济保持平稳运行的情况下，实现了逐步提高能源和资源利用效率。

从表 2－2 中可以看出，在 1990～2016 年间，我国原煤的供给在总量中所占比重平均约为 74.86%，原油约为 13.49%、天然气约为 3.07%、水电约为 8.58%。可以看出，我国的能源供给主要是以煤炭为主，优质能源在能源供给总量中所占的比例非常低。

改革开放以前，我国能源供需基本平衡，主要以煤炭为主。改革开放以后，石油消费增长迅速，我国能源供需由单一结构向多元化结构转化。虽然能源结构有了明显的改变，但煤炭仍然占比较大，这也是我国能源结构的显著特点。长期以来，我国能源需求受制于能源供给结构，煤炭是我国主要的能源资源，因此以煤为主的供给和消费结构"合情"即符合国情和现状。但由于煤炭是一次性化石能源，一方面，随着消费大幅增加，不可再生的化石能源逐渐减少；另一方面，化石能源的消费排放了大量废气污物，对大气环境带来严重的污染，还造成温室效应等一些极端恶劣气候，这种模式又表现出"不合理"。能源结构的调整，清洁可持续能源的渴求便应运而生。

随着经济的发展，中国已注重高质量发展，今天的快速发展不以牺牲环境为代价的指导理念，能源消费总量控制与结构调整已成为既满足国民经济发展所需资源又必须关注环境保护的重要策略。显然，以煤为主的能源供给构成"合情"但"不合理"。

表 2 - 2   我国能源供给总量及各种能源构成比重

年份	能源供给总量（万吨标准煤）	占能源供给总量的比重（%）			
		原 煤	原 油	天然气	电 力
1990	103922	74.2	19.0	2.0	4.8
1991	104844	74.1	19.2	2.0	4.7
1992	107256	74.3	18.9	2.0	4.8
1993	111059	74.0	18.7	2.0	5.3
1994	118729	74.6	17.6	1.9	5.9
1995	129034	75.3	16.6	1.9	6.2
1996	133032	75.0	16.9	2.0	6.1
1997	133460	74.3	17.2	2.1	6.5
1998	129834	73.3	17.7	2.2	6.8
1999	131935	73.9	17.3	2.5	6.3
2000	138570	72.9	16.8	2.6	7.7
2001	147425	72.6	15.9	2.7	8.8
2002	156277	73.1	15.3	2.8	8.8
2003	178299	75.7	13.6	2.6	8.1
2004	206108	76.7	12.2	2.7	8.4
2005	229037	77.4	11.3	2.9	8.4
2006	244763	77.5	10.8	3.2	8.5
2007	264173	77.8	10.1	3.5	8.6
2008	277419	76.8	9.8	3.9	9.5
2009	286092	76.8	9.4	4.0	9.8
2010	312125	76.2	9.3	4.1	10.4
2011	340178	77.8	8.5	4.1	9.6
2012	351041	76.2	8.5	4.1	11.2
2013	358784	75.4	8.4	4.4	11.8
2014	361866	73.6	8.4	4.7	13.3
2015	361476	72.2	8.5	4.8	14.5
2016	346037	69.8	8.2	5.2	16.8

资料来源：《中国统计年鉴（2017）》。

由于我国经济构成发生了根本性的变化，经济持续迅速发展，能源供给构成中石油、天然气的比例太低，远远满足不了今天市场的需求。石油、天然气、电力在我国能源供给构成中比例如此之低是导致大气环境严重污染的根本原因之一。因此，改变能源供给结构是我国社会和经济发展的需要。

2.1.1　我国煤炭生产状况

1. 我国煤炭资源情况

据国土资源部2017年发布的《中国矿产资源报告》，截至2016年，我国煤炭探明储量15980亿吨，主要分布在新疆、内蒙古、陕西和贵州等省区。可见，在相当长的一段时期内，我国能源储量的构成必须以煤炭为主。新中国成立以来，我国进行过三次大规模全国性的煤炭资源预测。国家煤田地质总局于1992~1997年对中国的煤炭资源进行了第三次预测和评价，其结果显示：中国埋深2000m以浅（南方各省、自治区及东北三省为1000~1500m）煤炭资源总量为55697.49亿吨（不包括中国台湾地区）。其中已发现煤炭资源（相当于过去称的探明储量）保有量（截至1992年年末）为10176.45亿吨，预测资源量为45521.04亿吨。这一结果是对5121个勘探区（井田）、2554个预测区分别进行计算而得到的。按省区市计算，山西、内蒙古、陕西、新疆、贵州和宁夏6省区最多。华北区的山西、内蒙古和西北的陕西分别占25.7%、22.4%和16.2%。

截至1992年年末，已发现煤炭储量/资源量中，已查证储量/资源量为6769.85亿吨，占已发现储量资源/资源量的66.5%；其中精/详查储量为4433.71亿吨，占65.5%；普查资源量为2336.14亿吨，占34.5%。已查证储量的52%在华北，24%在西北，华东、西南各占约8%，其余分布在中南、东北、华南。煤炭资源分布相对集中在北方地区，占全国的90.29%（包括东北及内蒙古东部）。南方地区煤炭资源的90.6%集中在四川、贵州、云南三省富煤区，东部经济发达地区仅占11%。中国各地区煤炭资源已探明保有储量比例结构如图2-3所示。

我国煤炭资源的种类齐全，包括从无烟煤到褐煤各个煤种。在已发现资源中，动力煤占比为72.35%，动力煤中褐煤占比为17.75%；炼焦煤占比为27.65%，低变质烟煤占比为44.63%；弱粘煤、长焰煤、褐煤、气煤、不粘煤等低变质煤占比已勘探资源的 58.13%。

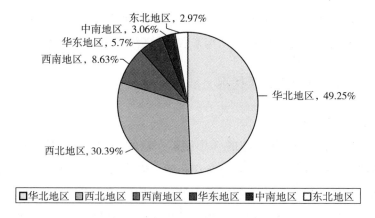

图 2 - 3　中国煤炭资源的地区分布

资料来源:《中国统计年鉴》。

中国煤炭资源相对而言比较丰富,分布较广,资源潜力大;煤种齐全,特别是低变质、中变质的煤占有较大比例。

2. 中国煤炭生产情况

中国煤炭工业在国家宏观能源政策的指导下,取得了巨大的成就,布局较为合理、规模宏大的煤炭工业体系已逐步形成,原煤产量也跃居世界前茅。1980~1985 年我国煤炭生产总量增长稳定,为快速的经济发展提供了所需的能源供应,年平均煤炭产量为 12.66 亿吨,煤炭消费量年均为 12.23 亿吨,供给和需求基本保持平衡,能源紧张局面得以缓解。自"八五"以来,我国国民经济增长率由 1991 年的 9.2% 快速上升到 1993 年的 13.5%。高速的经济增长,促进了煤炭产量的快速增长,伴随着"中央和地方并举,大中小结合,有水快流"方针的实施,扩大重点国有煤矿产量,乡镇、个体和地方煤矿数量迅速增加,导致煤炭产量快速增加。

在我国国民经济发展中,煤炭有着重要的战略地位,是重要的基础能源。在我国能源生产总量中,煤炭占据着绝对重要的地位(见表 2 - 2)。在很长一个时期,我国呈煤炭主导型的能源生产结构。在一次能源生产总量中煤炭产量的占比 1949~1963 年一直在 90% 以上,其中 1958 年最高,煤炭产量占一次能源总量比重为 97.1%;1963~1970 年,伴随大庆油田的相继开发,一次能源总产量中煤炭占比在 81% ~ 89%，其中 1970 年最低，占比为 81.60%；1970 ~ 1980 年，煤炭产量在一次能源总量的比重由 81.60% 下降到 69.4%，其中 1976 年最低，煤炭产量在一次能源总量中的比重为 68.5%；由于水电和石油产量增长缓慢，一次能源生产总量中煤炭占比又有所增加，自 1978 年以来，煤炭在能源生产总量中所占比例平均达到了 73.5%，且随着煤炭开采中先进技术的采用、煤炭集团公司的整合和石油的短缺，国家采取把调整煤炭产业结构和控制煤炭生产总量作为发展煤炭产业核心内容的策略，以此扭转煤炭产业全行业亏损的局面。资料显示，自从 1999 年实施整顿煤炭经营秩序、压产和关井等一系列国家政策措施以后，全国共压产 2.5 亿吨、关闭小煤窑 25800 个。2004 年以后，煤炭在能源生产总量中的比例超过了 76%。

1949 ~ 2005 年，中国煤炭产量以年均 7.8% 的速度增长，56 年间累计煤炭产量为 382 亿吨。"十五"时期，随着我国基础建设步伐的加快和社会经济的快速发展，能源需求加速增长，煤炭产量也迅速增长。到了"十一五"末期，2010 年中国煤炭产量达到 323500 万吨，位居世界首位。2016 年我国煤炭产量为 240816 万吨标准煤，涨幅达 67.7%，1990 ~ 2016 年中国煤炭生产情况见表 2 - 3。

表 2 - 3　　　　　　　　2000 ~ 2016 年中国煤炭产量情况

	1991 年	1992 年	1993 年	1994 年	1995 年	1996 年	1997 年
产量（万吨标准煤）	77689	79691	82184	88572	97163	99774	99169
增长率（%）	—	2.6	3.1	7.8	9.7	2.7	- 0.6
	1998 年	1999 年	2000 年	2001 年	2002 年	2003 年	2004 年
产量（万吨标准煤）	95168	97500	101018	107031	114239	134972	158085
增长率（%）	- 4.0	2.5	3.6	6.0	6.7	18.1	17.1
	2005 年	2006 年	2007 年	2008 年	2009 年	2010 年	2011 年
产量（万吨标准煤）	177275	189691	205527	213058	219719	237839	264659
增长率（%）	12.1	7.0	8.3	3.7	3.1	8.2	11.3
	2012 年	2013 年	2014 年	2015 年	2016 年		
产量（万吨标准煤）	267493	270623	266333	260986	240816		
增长率（%）	1.1	1.1	- 1.5	- 2.0	- 7.7		

资料来源：《中国统计年鉴（2017）》。

我国煤炭资源分布南贫北富、东少西多，而位于沿海的东部在经济发展水平和区域工业基础方面又比较发达，能源需求大而自身区域能源供给又不足，这就形成了西煤东输、北煤南运的能源供给模式。尤其是 20 世纪 80 年代改革开放以来，我国沿海东部地区的经济发展速度大大高于中西部，华南、华东发展又明显比华北快，导致东部、南部大幅度增加煤炭消费量，其中江南 11 个省（市、区）煤炭产量只占全国的 13.8%，而消费量却占比 22.8%。从全国范围来看，只有 8 个省区（新疆、黑龙江、陕西、宁夏、贵州、河南、内蒙古、山西）的煤炭产大于需，有向外调出的煤炭供应量，这些区域基本上都位于中西部，其中净调出量最多的就是山西省，占比达 80%。晋陕蒙（西）合计煤炭产量占比全国的 1/3，在全国（7 个煤炭规划区）调出量中，本区占了 93%。

3. 中国煤炭供给的影响因素

从 2002 年开始，中国成为世界上煤炭产量最多、增长速度最快的国家。从 2005 年煤炭价格开始出现持续回升的现象，其主要表现在沿海发达区域煤炭需求旺盛，导致煤炭价格不断走高，刺激我国大部分地区的煤炭企业不断扩大供给，同时在消费、集散和生产等各个区域煤炭价格出现全面回升。造成这一情况的原因有三点：

第一，从有利于资源节约出发，国家制定实施相应的价格政策。在一次能源中，煤炭的价格被压制使其低于它的价值，在与天然气和石油的比价中也最低，随着市场化水平的逐步提高，资源随着消耗而不断减少，煤炭价格理应回归到合理的区间，低价煤炭政策将不再适用。

第二，原煤的单位成本上升。国家从资源节约和保护的长远能源战略考虑，如环境治理、资源保护、企业转产和安全风险抵押等，会出台一些相关政策措施，这样无疑增加煤炭企业的生产成本，煤炭价格的上升也应该是大势所趋。

第三，国际煤炭价格上涨。国际资源类商品价格仍然处于上升过程，2006 年国际石油价格平均在 60 美元/桶左右波动，而煤炭作为主要替代品其价格上升也就不足为奇了。此外伊朗核问题以及伊朗与相关国家紧张的关系，带来国际原油供应变化不确定因素增加，导致国际原油价格的波动加大，从而给国际煤炭价格也带来一些不确定性的影响。

我国煤炭种类齐全、储量丰富，现已勘察的煤炭储量位居世界第二位。但煤炭资源区域发布不均，人均占有量和经济可采储量较少，勘探程度低，且资源浪费和破坏严重，小型煤矿较多，同时水资源匮乏和对生态环境的影响严重制约了煤炭开发。

我国大多数煤矿生产技术效率低、装备差、水平低，其中大中型国有煤矿的生产技术水平要高于乡镇煤矿。煤炭供给矛盾显现，一方面是大中型煤矿煤炭供给能力不足，另一方面是部分煤矿超能力生产现象的存在。随着煤炭需求不旺，煤矿的超负荷生产将会导致煤炭产量过剩、安全事故、环境破坏等一些负面问题。

由于我国中小煤矿事故频发，尤其是技术水平、设备装备比较落后的乡镇煤矿，导致整个煤炭行业的停产整顿，从而对煤炭生产带来一定程度的影响，促使煤炭的产量大幅减少。

强化煤矿安全生产，是保证煤炭稳定供应的基础，同时也要避免造成不必要的资源浪费而盲目追求过量生产。由于安全状况的好转，中国煤炭的生产能力，特别是国有大型煤矿的生产能力得到了很好的释放、生产能力的释放、生产效率的提高及技术成本的降低使中国煤炭生产量有了大幅度的提高。

我国东中部地区的大型矿区出现后备资源严重不足。在煤炭需求大幅增长的强势影响下，超负荷生产的矿井增多，导致服务年限缩短，采区和矿井接替出现困难，生产后劲乏力。

4. 中国煤炭的供给趋势

中国煤炭行业目前整体上仍然存在着产品结构不完善、产业链不长、发展后劲欠缺、技术水平落后、缺乏产品差异性、行业集中度低等很多影响煤炭供给质量的不利因素，而且由于大部分企业位处相对落后的地区，转型、退出难度都很大，同时无序竞争、生产的安全状况也堪忧。但根据煤炭工业总体发展目标，"十一五"期间，中国煤炭行业坚持依靠科技进步，不断提升创新能力，努力构建适应社会主义市场经济的煤炭科技发展支撑平台和煤炭工业科技创新体系，提供可持续发展的技术支撑，持续增强来自技术进步对煤炭工业增长的贡献度，促进行业生产水平的全面提升。

中国的煤炭资源与国内石油、天然气、水能和核能相比，占有绝对优势，目前中国的一次能源构成中煤炭占 70% 以上，这就决定了中国以煤为主的主要能源供应和消费格局在短时期内不会改变。国家能源"十二五"规划提出，到 2015 年将煤炭在一次能源中的比重降低到 65% 左右。

从图 2-4 可以看出，在 1990～1996 年，煤炭的生产量一直保持着平稳的增长速度，其平均增长率大概在 6%。在 1996～1998 年的四年间，虽然煤炭具有资源丰富、易于开发、成本低廉的优势，但随着经济的发展，其运输不便、利用效率低、污染排放量大等弱点逐渐显现出来，再加上由于宏观调控不足、经济结构调整和东南亚金融危机等主客观因素的影响，造成煤炭需求不足，从而导致其产量下降，其中1997年与1998年一度出现负增长，1998年的煤炭产量下降的幅度最大，达到4.02%。从1999年开始，全世界经济复苏，中国经济也持续保持高速增长，对能源的需求量不断增加，再加上煤炭利用技术（特别是燃烧技术）的效率提高、成本的降低和污染物排放量的减少，近年来洁净煤技术得到了很大发展，煤炭显示了很强的潜在市场竞争力，使其需求量和生产量快速膨胀，2003年中国煤炭生产量的增长速度超过了18%，达到近年来的最高增长率。随着人们环境保护意识越来越强烈，能源开采中对环境保护的考虑越来越多，因此，2003年以来，中国煤炭产量增长率呈现下降趋势。"十一五"期间，通过实施一系列的改革措施，煤炭工业的发展获得了长足进步，能源供给方面也进行了"关停并转"等政策，全国由2005年的2.48万个煤矿数量处减少到2010年的1.44万个，单井规模由平均9.6万吨提高到平均20万吨，已建成特大型现代化煤矿37座，每座年产在1000万吨以上；年产量超过亿吨的煤炭企业有5家，总产量达8.13亿吨。"十一五"期间，在科技创新方面，煤层气开发与利用、煤制烯烃、煤炭液化、难采煤层的开采、环境协调开发等关键技术研发，以及重大煤矿灾害的防治技术取得了重大突破。我国经济发展仍处于高速阶段，煤炭生产仍将保持稳定增长，并不断调整煤炭企业的供给结构。

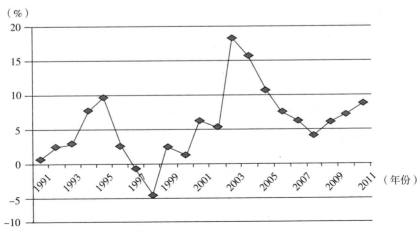

图 2 - 4　中国煤炭供给增长率

从煤炭生产看，2008 年以来煤炭年产量开始超过 20 亿吨，且增长速度开始逐年增大。但应看到，由于国有煤矿产量增长有限，尤其是国有重点煤矿，在建设投资不足的影响下导致产能不足。受煤炭快速增长需求的影响，致使曾被关闭的大批乡镇小煤矿重新投入生产，为煤炭供需平衡发挥了很重要的作用，出现煤炭产业组织结构的逆向变化，煤炭产量超过 1/3 是由乡镇小煤矿生产的，而在煤炭产量的增量中占比接近 60%。

2016 年的《煤层气开发利用 "十三五" 规划》中指出，"十三五" 期间，我国拟新增煤层气探明地质储量 4200 亿立方米。规划明确煤层气开发利用的具体发展目标为：2020 年，煤层气（煤矿瓦斯）抽采量达到 240 亿立方米，其中地面煤层气产量 100 亿立方米，利用率 90% 以上；煤矿瓦斯抽采 140 亿立方米，利用率 50% 以上，煤矿瓦斯发电装机容量 280 万千瓦，民用超过 168 万户。

综合考虑经济结构调整、技术进步和节能降耗等因素，我国在 2015 年煤炭产能规模合计 57 亿吨，预计到 2020 年，我国煤炭预计有效产能 39 亿吨。电力、钢铁工业用煤继续快速增长，建材工业用煤基本维持不变，煤化工产业成为新的增长点。在这种大环境下，中国煤炭的生产量将会持续增加。

2.1.2　我国石油生产状况

1. 我国石油资源情况

我国第三次油气资源评价显示石油资源储量为（见表 2 - 4）：我国石油总地质资源量为 1041 亿吨，其中海域为 225 亿吨，占 21.6%；陆上为 816 亿吨，占 78.4%。最终探明地质资源量为 619 亿吨，其中海域石油探明地质资源量为 93 亿吨，占 15%；陆上石油探明地质资源量为 526 亿吨，占 85%。全国可采资源量为 150 亿吨，占总地质资源量的 14.4%，总量看起来较多。

表 2 - 4　　　　　2006～2016 年我国石油剩余技术可采储量

年份	剩余技术可采储量（亿吨）	增长率（%）	年份	剩余技术可采储量（亿吨）	增长率（%）
2006	27.6	—	2008	28.9	2.12
2007	28.3	2.53	2009	29.5	2.08

续表

年份	剩余技术可采储量（亿吨）	增长率（%）	年份	剩余技术可采储量（亿吨）	增长率（%）
2010	31.7	7.46	2014	34.30	1.78
2011	32.4	2.21	2015	35.00	2.04
2012	33.3	2.78	2016	35.01	0.10
2013	33.7	1.20			

资料来源：根据 2011~2017 年《中国矿产资源报告》整理得出。

但是我国石油资源量相对不足。我国最终可采储石油资源量约为 130 亿~150 亿吨，占比石油可采储量世界总量（4563 亿吨）约 3%。截至 2017 年底，我国石油剩余经济可采储量为 25.33 亿吨。由于我国人口众多，若按人均计算石油资源量仅 10 吨左右，仅是世界平均水平的 17.1%。2003 年，我国人均石油可开采储量仅 2.47 吨，占比世界人均水平 9.7%，世界人均石油可开采储量达 25.5 吨。若按国土单位资源计算，与世界平均水平也相差较大。按国土单位平均资源计算可采储量的丰度值，我国大约是世界均值的 57%，其剩余可采储量的丰度值也只有世界均值的 37%。2015 年年底，我国石油查明储量为 35.0 亿吨。2016 年，我国石油可采储量同比增长 0.1%。

我国石油资源匮乏，导致石油自给能力增长有限。近十多年来，我国石油产量增长缓慢。1995 年我国石油产量为 1.49 亿吨，2009 年产量为 1.89 亿吨，2012 年产量同比增长 1%，超过了 2 亿吨，为 2.05 亿吨（见表 2-5）。近几年来，我国石油产量的上升，可能是由于国际油价的走高和国内石油消费快速增长所致。

表 2-5　　　　　　　　　　中国石油年度产量　　　　　　　　　单位：万吨

	1995 年	1996 年	1997 年	1998 年	2000 年	2001 年	2002 年
产量	15004.4	15851.8	16219.8	16016.0	16300.0	16395.9	16700.0
	2003 年	2004 年	2005 年	2006 年	2007 年	2008 年	2009 年
产量	16960.0	17587.3	18135.3	18476.6	18631.8	19044.0	18949.0
	2010 年	2011 年	2012 年	2013 年	2014 年	2015 年	2016 年
产量	20301.4	20287.6	20747.8	20991.9	21142.9	21455.58	19968.5

资料来源：《中国统计年鉴（2017）》。

自从 1996 年以来，我国便成为原油净进口国，其进口数量除 1998 年（受亚洲金融危机影响和国内通缩政策）有所回落外，其余年份一直呈现快速递增趋势。2000 年原油净进口数量为 0.5983 亿吨（其中出口 0.1043 亿吨，进口 0.7026 亿吨），与 1999 年相比增长了 103%，约占比我国当期原油消费总量的 26.4%。2016 年进口原油 4.45 亿吨，对外依存度达到 64%。因此，原油进口已成为满足我国生产生活所需物质资源的重要来源。

为了满足我国经济的快速发展，国家也向外进口一定数量的成品石油。由于国民经济的持续高增长，我国成品油的需求也快速增长，导致供需矛盾日益突出，因此，在进口原油进行提炼的同时，也会直接进口成品油以满足市场的需求。2016 年，我国进口成品油 464.94 万吨，同比增长 13.9%，净出口量达 3354.44 万吨，同比增长 57.7%，连续 5 年持续增长。我国成品油进口主要来源于俄罗斯、韩国和新加坡。我国成品油出口的主要国家为新加坡、印度尼西亚、越南、菲律宾等。其中新加坡是我国汽柴油出口的第一目标市场。

2. 中国石油供给的影响因素

我国石油供给主要有三个影响因素：开发勘探投入、石油资源状况及理论认知和科技水平。从石油资源状况来看，我国资源丰富，勘探空间比较大，只是探明程度较低（见表 2-6）。我国大约有 500 多个沉积盆地，总面积大约为 104×527 平方公里，其中沉积岩厚度大于 1 公里、面积大于 200 平方公里的中、新生代盆地有 424 个（经戈，2007）。

表 2-6　　　　中国主要含油盆地可采石油资源探明程度统计　　　　单位：亿吨

盆地	可采资源量	探明地质储量	累计探明可采量	探明程度（%）
松辽盆地	38.5	68.7	26.4	68.5
渤海湾盆地	37.2	92.5	22.8	61.2
鄂尔多斯盆地	10.8	17.9	3.2	29.6
塔里木盆地	11.9	17.9	4.2	35.3
准格尔盆地	16.0	9.0	1.7	10.4
柴达木盆地	3.1	3.1	0.7	21.8
渤海盆地	9.0	16.0	3.0	32.2
珠江口盆地	4.2	5.3	1.5	35.2

资料来源：《全国油气矿产含量通报（2004 年）》。

西部地区可以开采的石油资源占比全国31%，剩余可以开采的石油资源量占比为全国的42%。具体区域主要集中在柴达木盆地、四川盆地、塔里木盆地、鄂尔多斯盆地和准噶尔盆地五个大盆地中。准格尔盆地是这五大盆地中探明程度最低的，只有10.4%，塔里木盆地最高，也仅有35.5%。探明程度不高、勘探空间巨大是西部地区蕴含的石油资源特点，西部区域可能是我国未来石油资源储量增长的主要地区。

东部地区是我国石油勘探程度最高且资源最丰富的区域，可以开采的石油资源量占比为全国的56%，剩余可以开采的资源量占比为全国的39%。具体区域主要分布在渤海湾和松辽两大盆地，累计探明可采资源储量为49.2亿吨，其探明率已经超过了60%，但还有22亿吨的资源量仍有待探明，勘探潜力巨大。

近海可以开采石油资源量占比为全国的13%，剩余可以开采的石油资源量占比为全国的17%。海上油气勘探区域主要位于北部湾盆地、琼东南盆地、莺歌海盆地、珠江口盆地、东海盆地、南黄海盆地和渤海盆地7个盆地，总面积近100万平方公里。近海盆地石油资源勘探前景广阔，但探明程度也仅在30%左右。

石油资源开发勘探投入得到了国家的大力支持。从1949年中华人民共和国成立到1978年改革开放，国家累计投入开发勘探资金达145亿元，占比石油工业投资的33%，保证了油气资源开发勘探在石油工业发展中的先行和基础作用。1978年以后，国家继续增加对东部油田的开发勘探投入，使原油产量持续增长。"六五"时期投入开发勘探资金165亿元，占比为石油工业投资的34%；"七五"时期投入开发勘探资金为294亿元，占比为石油工业投资的27%。1989年，中国原油产量为1.38亿吨，改革开放以来年平均增长率为2.6%。20世纪90年代以后，国家加大了对西部地区油田的开发和勘探力度，以保持国家稳定的原油产量。

事实上，无论在我国哪个区域，石油资源开发和勘探的难度都很大，具体表现在：第一，高科技、高风险、高投入是海上石油开发和勘探的特点。海洋开发勘探面临复杂多变的海洋和海水情况，且地质构成结构复杂，开发一口井的投资是陆地上的十倍。第二，西部地区油气资源深埋于地下3500米以下，且地质结构复杂。开发勘探的区域多在黄土地、沙漠和山区，以碳酸盐岩、高陡和深层构造为主要开发勘探目标，开发勘探难度均比较大。第三，东部地区油田开发勘探同样难度较大。主要开发勘探对象以岩性、地层等隐蔽油气藏为主，地质结构复杂，加大了开发勘探难度。石油开发勘探难度加大，风险也随之增加，要吸引外资难度也就越大。

3. 中国石油的供给趋势

我国石油产量发展大致可以分为三个阶段：一是 20 世纪 60 年代中期～70 年代末期的 10 年间，原油产量处于快速递增阶段，原油生产量快速递增超过 1 亿吨；二是 20 世纪 80 年代的 10 年时间，原油产量处于稳定递增阶段，生产总量稳定在 1.4 亿吨；三是 1990 年以来，原油产量处于平稳递增阶段，到 2013 年达到了 2.1 亿吨，其中 1990～2008 年年平均增长率为 1.8% 左右（中国能源中长期发展战略研究项目组，2011）。我国原油产量的三个阶段决定了我国石油供给的三个阶段，先是快速递增，再是稳定增长，最后是平稳递增。随着经济社会发展，对石油需求快速增加，而我国石油供给增长缓慢，未来石油进口将快速增长，对外依存度将不断提高，我国石油供给风险也随之上升。

国家提出要加快开发勘探海上油气资源，坚持用远储近，前景良好，深水资源勘探是重点开发领域。西部地区开发勘探前景向好，是未来石油产量增储的主要区域；东部区域开发勘探仍有较大潜力，可保持原油产量的稳定。2018 年，新增石油探明地质储量为 9.59 亿吨，同比增长 9.4%。

2.1.3　我国天然气生产状况

1. 中国天然气资源概况

"十三五"规划资料显示，预计 2020 年常规天然气探明储量累计 16 万亿立方米，年均增速为 4.3%，开采量每年为 2070 亿立方米，年均增速为 8.9%。南海海域、塔里木盆地、四川盆地和鄂尔多斯盆地是我国四大天然气产区，合计探明产量和剩余技术可采储量分别约占比全国的 73% 和 78%，是未来增储上产的重要地区。

我国煤层气资源比较丰富。2000 米以下，浅煤层气可以开采资源储量约为 10.8 万亿立方米，地质资源储量约为 36.8 万亿立方米。2010 年油气资源动态评价资料显示，探明煤层气地质储量为 2734 亿立方米，2011 年煤层气新探明地质储量为 1421.74 亿立方米。

我国还有比较丰富的页岩气资源。预测显示，我国页岩气可开采储量资源为 25 万亿立方米，与常规天然气储量的资源大致相当。目前，我国在陕西、贵州、湖北、云南、重庆、四川等地进行了试验井钻探页岩气，已钻 62 口井，其中有天然气流的有 24 口井，表明我国页岩气的开发前景较好。

总体上说，我国天然气资源蕴藏丰富、可开发潜力大。

2. 中国天然气供应趋势

目前全国已逐步形成天然气基干管网架构。截至 2010 年年底，已建成 3 座液化天然气接收站，总的液化天然气接收能力达到 1230 万吨/年。截至 2016 年年底，天然气主干管道长度达 6.8 万公里，地下储气库气量达到 18 亿立方米。

2010 年，我国天然气储采比约为 40，产量为 948 亿立方米，处于开发勘查快速发展阶段。连续 10 年我国天然气产量保持了快速的增长，2000 年天然气产量为 272 亿立方米，2011 年就达到了 1011.15 亿立方米，年均增长率为 13.3%。

2006 年我国开始进口天然气，当年进口天然气 9000 万立方米。2010 年天然气对外依存度达到 15.8%，进口量达 170 亿立方米。随着天然气中亚管道及一批液化天然气接收站投入运营，天然气的进口比例还将继续攀升，进口量也将持续增加，对外依存度也不断上升。我国天然气生产量在 2006 年突破 500 亿立方米，在 2011 年突破 1000 亿立方米，2016 年达到 1368.7 亿立方米。

天然气"十三五"规划资料显示，预计 2020 年常规天然气开采量每年达 2070 亿立方米，年均增速 8.9%。以沿海主干道、陕京线、川气东送和西气东输为大动脉初步形成，天然气管道中亚 A、B 线顺利投产，西南、西北陆路进口的战略管道铺设进展取得重大突破。连接储气库的全国主干管网、消费区、主要生产区和四大进口战略通道，形成多方式调峰、多气源供应、平稳安全的供气格局。

2.1.4 我国电力生产状况

1. 我国电力供给特征

我国电力工业保持平稳快速的发展态势。"十五"规划制定了严格限制电力投资的紧缩方针政策。据中国国家电网公司对外的开工机组的统计，2001~2003 年，各国的用电量分别增长了 9.03%、11.6% 和 15.4%，而发电装机却只增长了 6.88%、6% 和 8.39%。由此电力需求和新增装机之间出现了巨大的缺口，最终出现全国大规模缺电的局面。

中国的一个经济增长周期为约 9 年，而一个电力建设周期只需要 3~4 年，这样就出现了电力需求和投资之间的时间差，导致需求和投资脱节的周期循环。为了解决电力紧张困境，缓解电力供需矛盾，2002 年以来，国家加快了电力建设，并采取了一系列措施。为了缓解大规模全国电力紧张情况（除了因建设周期的原因，2003 年仅投产 1800 万千瓦外），2004 年开始，电源建设新增投产出现了快速发展，2004 年装机新增 5055 万千瓦，2005 年电源装机新增 6500 万千瓦，新增装机总量相当于整个瑞典。

2006 年，电源装机新增 1.02 亿千瓦，这相当于整个英国的装机总量，全国整体装机总量已达 6.22 亿千瓦，全国发电总量突破 2.8 万亿千瓦时。

截至 2010 年 12 月底，根据国家电网公司统计数据，经营区域发电设备容量为 74388 万千瓦，同比增长 10.84%，其中，水电、火电、核电及新能源的比重分别为 19.42%、76.77%、0.77% 和 3.04%。全年公司经营区域新增装机 7796 万千瓦。公司经营区域发电量 33176 亿千瓦时，同比增长 15.28%。其中，水电同比增长 22.28%，火电同比增长 13.66%，核电同比增长 8.32%，风电同比增长 82.61%。全年公司经营区域全社会用电量 33619 亿千瓦时，同比增长 14.92%。受国家节能减排实施力度加大和房地产调控政策加强的影响，用电增速逐月下降，第四季度仅增长 6.12%。高耗能行业用电下降速度更为明显。

根据《全国电力工业统计快报（2016）》，目前，我国发电装机容量 16.5 亿千瓦，同比增长 8.2%。具体火电 10.5 亿千瓦，占比装机总容量的 64.0%，其中含气电 7008 万千瓦、煤电 9.4 亿千瓦；水电 3.3 亿千瓦，占比装机总容量的 20.2%，其中含抽水蓄能 2669 万千瓦；另外，核电 3364 万千瓦、并网太阳能发电 7742 万千瓦与风电 1.5 亿千瓦。

2016 年，全国基建新增发电设备容量 12061 万千瓦，其中，火电、水电、核电分别新增 4836 万千瓦、1174 万千瓦、720 万千瓦，并网太阳能发电新增 3459 万千瓦与风电新增 1873 万千瓦。

我国电力供给仍以火电为主，这是我国电力供给的基本特征（见表 2-7）。

表 2 - 7   2016 年全国电力工业统计快报一览

指标名称	单位	2016 年	2015 年	同比增长（%）
发电装机容量	万千瓦	164575	152121	8.2
水力发电	万千瓦	33211	31953	3.9
火力发电	万千瓦	105388	100050	5.3
核力发电	万千瓦	3364	2717	23.8
风力发电	万千瓦	14864	13130	13.2
太阳能发电	万千瓦	7742	4263	81.6
发电量	亿千瓦时	59897	56938	5.2
水力发电	亿千瓦时	11807	11117	5.2
火力发电	亿千瓦时	42886	41868	2.4
核力发电	亿千瓦时	2132	1714	24.4
风力发电	亿千瓦时	2410	1853	30.1
太阳能发电	亿千瓦时	662	385	72.0

资料来源：《全国电力工业统计快报（2016）》。

2. 电力供给的影响因素

宏观经济政策。国家对电力行业的政策是影响电力供给的一大因素。近年来，随着环保的压力，国家进一步实施宏观调控政策，并取得了较好的效果，类似高耗电行业的重工业、水泥、陶瓷等用电需求逐渐减弱，使得电力供给相对有所增加。

电力产业投资。近年来电力建设进入了高潮，电力行业投资加大，电源电网建设速度的加快，增加了供电量，使我国缺电面积大幅度减少，也提高了供电的稳定性。

电力市场化。电力市场化改革，包括市场参与方式的公平性、定价水平更加市场化以及电力改革的深层次推进。电价是国家"计划价"，而电煤则是市场价；若因煤价持续走高，超出发电厂的承受能力，可能会影响到电煤供给。如不能解决诸如此类的问题，我国电力供应将有可能会陷于过剩轮回与短缺的怪圈之中。

运输能力。我国现在运输能力还比较吃紧，电煤运输的"卡脖子"现象较严重，影响了电力的供给。因此加强运输基础设施建设，是提高电煤供给能力的重要一环。

3. 中国电力供给的增长趋势

电力工业是关系国民经济的支柱性行业，电力工业的健康发展是国民经济增长的基础和保障。我国改革开放之初仅有装机容量 5800 万千瓦，1987 年达到 1 亿千瓦，1994 年达到 2 亿千瓦，2000 年达到 3 亿千瓦，2004 年上半年达到 4 亿千瓦，2004 年底达到 4.4 亿千瓦，2007 ~ 2010 年我国电力行业装机容量一直保持在 10% 以上的高速增长，随着我国电力行业装机容量的不断发展，2011 年我国电力行业装机容量为 105576 万千瓦，电源建设基本满足我国电力供应的需求，装机容量增速呈逐渐小幅下降趋势。2010 ~ 2016 年我国电力生产结构如表 2 - 8 所示，2010 年火电占比电力 79.2%，水电占比 17.17%，核电和风电不足 3%；2016 年火电占比 72.24%，水电占比 19.43%，核电和风电占比超过了 7%。核电和风电占比逐年小幅提升，2013 年以后，风电总量和占比超过了核电。

表 2 - 8　　　　　　　　中国电力供应增长率与 GDP 增长率

年份	GDP 增速（%）	电力生产增速（%）
1990	3.8	6.2
1991	9.2	9.1
1992	14.2	11.3
1993	14.0	15.3
1994	13.1	10.7
1995	10.9	8.6
1996	10.0	7.2
1997	9.3	5.1
1998	7.8	2.7
1999	7.6	6.3
2000	8.4	9.4
2001	8.3	9.2
2002	9.1	11.7

年份	GDP 增速（%）	电力生产增速（%）
2003	10.0	15.5
2004	10.1	15.3
2005	11.3	13.5
2006	12.7	14.6
2007	14.2	14.5
2008	9.6	5.6
2009	9.2	7.1
2010	10.4	13.3
2011	9.3	12.0
2012	7.9	5.8
2013	7.8	8.9
2014	7.3	4.0
2015	6.9	2.9
2016	6.7	5.6

资料来源：《中国统计年鉴（2017）》。

尽管我国电力装机容量发展很快，然而，我国电力工业的发展却未能与国民经济的发展步调相协调。1990～1993 年，电力生产快速增长，随后开始回落，直到 1999 年又开始止跌回升，随之快速增长并保持高增长率，直到 2008 年、2009 年增速出现回落，2010 年、2011 年增长率又回到两位数以上（见表 2－8）。

从 1998 年、1999 年的电力过剩到自 2002 年开始的电力短缺，周而复始，制约了国民经济的健康发展。随着我国国民经济发展的快速增长，刺激少数行业快速发展而导致过热的经济，使其全国电力供应有着较大的缺口，缺电涉及范围不断扩大，缺电状况始于 2002 年的拉闸限电。

2003 年夏季电力消费高峰时，有 20 个省市区拉闸限电。2004 年上升为 24 个省市区进行了拉闸限电，缺电量达 3500 万千瓦，其主要原因在于电源建设不足。随之我国电源建设投入加大、采取区域联网互供、用电需求侧管理、新机组相继投产发电，效果明显，2005 年虽仍缺电约 2500 万千瓦，但限电省市区有所减少。

由于国内电力结构仍以火电为主，电煤的生产和运输直接影响到电煤的有效供给进而影响电力供应，2008 年初的冰雪灾害和汶川地震等自然灾害进一步加剧了电煤的有效供给不足，加上拉闸限电有所增加，从而导致这一年是我国电力发展史上极不寻常的一年。

2.2　我国能源消费状况分析

1990～2011 年，我国能源消费总量中煤炭消费在所占的比重平均约为 71.5%，石油约为 19.4%，天然气约为 2.6%，电力约为 6.5%（见表 2-9）。而世界能源消费平均水平分别是：煤炭占比为 26.2%、石油占比为 41%、天然气占比为 23.2%、电力占比为 8.5%。可以看出，我国能源消费主要以煤炭为主，相差不大的是电力消费。通过以上与世界平均水平的简单对比分析可知，我国优质能源在能源消费总量中所占的比例是非常低的。另外，我国天然气主要用于化工、油气田开采和发电等领域，而居民用气在天然气消费结构中所占比例不到 11%。从长期的发展来看，天然气由于清洁、热效率高、资源丰富，专家预计其在未来能源结构中比重可能升至第一，将占能源消费总量的 35%～40%，煤炭比重相应降至 30% 左右。正如前所述，我国的消费结构与生产结构一样"合情"但"不合理"。

表 2-9　　　　　　　　我国 1990～2016 年能源消费结构和增长率

年份	占能源消费总量的比重							
	煤炭（%）	增长率（%）	石油（%）	增长率（%）	天然气（%）	增长率（%）	电力（%）	增长率（%）
1990	76.2	—	16.6	—	2.1	—	5.1	—
1991	76.1	0.00	17.1	0.03	2.0	-0.05	4.8	-0.06
1992	75.7	-0.01	17.5	0.02	1.9	-0.05	4.9	0.02

续表

年份	占能源消费总量的比重							
	煤炭（%）	增长率（%）	石油（%）	增长率（%）	天然气（%）	增长率（%）	电力（%）	增长率（%）
1993	74.7	−0.01	18.2	0.04	1.9	0.00	5.2	0.06
1994	75.0	0.00	17.4	−0.04	1.9	0.00	5.7	0.10
1995	74.6	−0.01	17.5	0.01	1.8	−0.05	6.1	0.07
1996	73.5	−0.01	18.7	0.07	1.8	0.00	6.0	−0.02
1997	71.4	−0.03	20.4	0.09	1.8	0.00	6.4	0.07
1998	70.9	−0.01	20.8	0.02	1.8	0.00	6.5	0.02
1999	70.6	0.00	21.5	0.03	2.0	0.11	5.9	−0.09
2000	68.5	−0.03	22.0	0.02	2.2	0.10	7.3	0.24
2001	68.0	−0.01	21.2	−0.04	2.4	0.09	8.4	0.15
2002	68.5	0.01	21.0	−0.01	2.3	−0.04	8.2	−0.02
2003	70.2	0.02	20.1	−0.04	2.3	0.00	7.4	−0.10
2004	70.2	0.00	19.9	−0.01	2.3	0.00	7.6	0.03
2005	72.4	0.03	17.8	−0.11	2.4	0.04	7.4	−0.03
2006	72.4	0.00	17.5	−0.02	2.7	0.13	7.4	0.00
2007	72.5	0.00	17.0	−0.03	3.0	0.11	7.5	0.01
2008	71.5	−0.01	16.7	−0.02	3.4	0.13	8.4	0.12
2009	71.6	0.00	16.4	−0.02	3.5	0.03	8.5	0.01
2010	69.2	−0.03	17.4	0.06	4.0	0.14	9.4	0.11
2011	70.2	0.01	16.8	−0.03	4.6	0.15	8.4	−0.11
2012	68.5	−0.02	17.0	0.01	4.8	0.04	9.7	0.15
2013	67.4	−0.02	17.1	0.01	5.3	0.10	10.2	0.05
2014	65.6	−0.03	17.4	0.02	5.7	0.08	11.3	0.11
2015	63.7	−0.03	18.3	0.05	5.9	0.04	12.1	0.07
2016	62.0	−0.03	18.3	0.00	6.4	0.08	13.3	0.10

资料来源：占能源消费总量的比重数据来源于《中国统计年鉴（2017）》，增长率是由相邻两年数据计算得出。

从煤炭在总量消费中所占比重的趋势来看（见图 2－5），1997 年以后（"九五"的第二年），在能源消费总量中呈现下降趋势，但趋势不太明显，趋于平缓，从走势上看，短期内很难有大幅度下降的可能；同样，石油、天然气、水电在总量消费中所占比重在 1997 年以后，略有增加，但也趋于平缓，所以在短时期，我国很难改变目前这种消费结构。

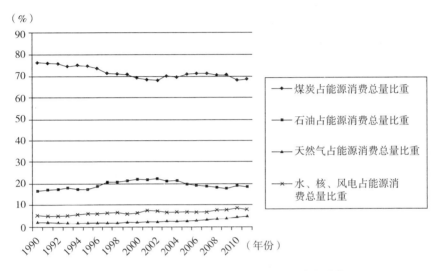

图 2－5　我国各种能源消费总量的比重变化趋势

从煤炭、石油、天然气、水电所占比重的增长率来看（见图 2－6），似乎是混乱一片，每种能源所占比重的增长难以保持一种稳定的趋势，并且没有一种能源的比重增长率始终保持为正，这也说明我国能源消费结构处于调整时期。虽然各种能源消费总量都呈现递增趋势，而我国政府也想调整能源消费结构，减少煤炭的消费比重，增加其余能源的消费比重，但一方面受能源供给的影响，短时期很难大幅度增加石油、天然气、水电的供给；另一方面，经济的高速发展需要高速增长的能源作为保证，而煤炭的供给可以提供这个保障。因此，我国要想发展循环经济、实行国民经济可持续发展战略，能源消费结构的调整任重而道远。

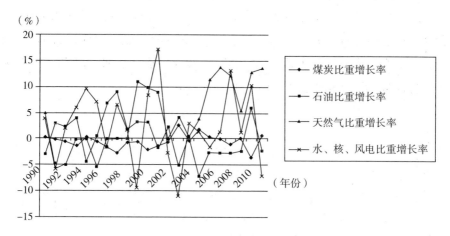

图 2 - 6　我国各种能源消费比重增长率变化趋势比较

2.2.1　我国煤炭消费状况

1. 中国煤炭消费的基本特征

煤炭行业是国家重要的基础能源产业。中国是世界产煤大国和煤炭消费大国，BP 世界能源统计的排名指出，中国 2010 年煤炭消费量达到 1713.5 百万吨油当量，占全球总量的 48.2%，而第二名美国仅占 14.8%。根据世界煤炭协会（World Coal Association）2011 年的统计，中国是世界煤炭进口第一大国。能源在世界煤炭探明的可采储量中我国占 12%，位居第三。由于中国"富煤缺油少气"的能源资源特点和煤炭的廉价性，使得煤炭在部分行业中拥有不可替代性。此外，由于经济增长对能源的依赖，对其能源产业的拉动作用还将持续一个相当长的时间，煤炭需求总量也还将在一定时期呈现逐步上升的趋势，只不过增长将会放缓。煤炭作为中国最可靠、最重要基础能源的地位不可动摇。

煤炭在中国能源消费中的地位相当重要。据统计，20 世纪 50 年代至 1961 年，中国一次能源消费中煤炭占比一直在 90% 以上，1962 ~ 1970 年在 81% ~ 89%，1970 ~ 1976 年由 81% 下降到 69.91%。1977 年以后，直到 1997 年煤炭在我国一次能源消费中所占比重都在 70% 以上。到了 1998 年及以后，由于中国产业结构的调整，开始进行粗放型经济向集约型经济的转变，能源消费结构也得到了一定的改变，其中煤炭在中国一次能源消费中所占的比重有所下降

（70%以下），石油消费比重略有上升，天然气消费略有下降，水电消费略有上升，但即使这样，煤炭在中国能源消费中所占的比重仍然很大，中国的能源结构以煤炭为主仍是不争的事实（见表 2 – 10）。

表 2 – 10　　　　　　　　1978～2016 年中国能源消费总量及其构成

年份	能源消费总量（万吨标准煤）	构成（能源消费总量＝100）（%）			
		煤炭	石油	天然气	水电、核电、风电
1978	57144	76.2	16.6	2.1	5.1
1980	60275	76.1	17.1	2.0	4.8
1985	76682	75.7	17.5	1.9	4.9
1990	98703	74.7	18.2	1.9	5.2
1991	103783	75.0	17.4	1.9	5.7
1992	109170	74.6	17.5	1.8	6.1
1993	115993	73.5	18.7	1.8	6.0
1994	122737	71.4	20.4	1.8	6.4
1995	131176	70.9	20.8	1.8	6.5
1996	135192	70.6	21.5	2.0	5.9
1997	135909	68.5	22.0	2.2	7.3
1998	136184	68.0	21.2	2.4	8.4
1999	140569	68.5	21.0	2.3	8.2
2000	146964	70.2	20.1	2.3	7.4
2001	155547	70.2	19.9	2.3	7.6
2002	169577	72.4	17.8	2.4	7.4
2003	197083	72.4	17.5	2.7	7.4
2004	230281	72.5	17.0	3.0	7.5
2005	261369	71.5	16.7	3.4	8.4
2006	286467	71.6	16.4	3.5	8.5
2007	311442	69.2	17.4	4.0	9.4
2008	320611	70.2	16.8	4.6	8.4

年份	能源消费总量（万吨标准煤）	构成（能源消费总量=100）（%）			
		煤炭	石油	天然气	水电、核电、风电
2009	336126	68.5	17	4.8	9.7
2010	360648	67.4	17.1	5.3	10.2
2011	387043	65.6	17.4	5.7	11.3
2012	402138	63.7	18.3	5.9	12.1
2013	416913	62.0	18.3	6.4	13.3
2014	425806	76.2	16.6	2.1	5.1
2015	429905	76.1	17.1	2.0	4.8
2016	435819	75.7	17.5	1.9	4.9

资料来源：《中国统计年鉴（2017）》。

从煤炭在能源总量消费中的比重趋势来看（见图2-7），1978～1990年逐渐上升，并且在1990年达到历年比重最大值的76.2%，然后基本上逐年下降，在2002年降到最低点的68.0%，其后煤炭消费在能源总量消费中的比重有上升的趋势。近几年又开始稳中有降。

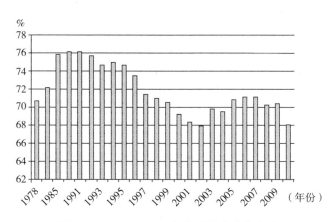

图2-7　1978～2010年中国煤炭消费比重

中国是世界上最大的煤炭消费国。在20世纪90年代末期，曾一度出现煤炭消费量持续递减，这主要是国民经济结构在进行全局性、战略性调整中，发展速度放慢，对煤炭的需求减少，同时产业结构的变化，降低了煤炭消耗量，以及节能技术的应用，提高煤炭使用效率，减少了煤炭消耗，能源消费结构的变化也有所影响。随着国民经济发展和产业结构调整，煤炭消费量一直呈现旺盛增长的态势。2010 年煤炭消费总量是 1990 年的近 5 倍，随着"十一五"关于节能减排的力度逐渐加大，煤炭消费增速开始趋缓（见表 2–11）。

2015 年，我国煤炭消费量为 39.7 亿吨，同比下降 3.5%，但仍占世界煤炭消费量的一半。煤炭在我国能源消费结构的比例达到 64%，远高于 30% 的世界煤炭平均水平，截至 2016 年，我国煤炭消费量为 38.5 亿吨，同比下降 3.1%。

表 2–11　　　　　　　　1990～2016 年中国煤炭年度消费量　　　　　单位：万吨标准煤

年份	煤炭消费量	比上年增长（%）
1990	75212	—
1995	97857	—
2000	135 690	—
2001	143 063	7. 35
2002	153 585	19. 65
2003	183 760	15. 46
2004	212 162	14. 71
2005	243 375	11. 20
2006	270 639	7. 31
2007	290 410	3. 51
2008	300 605	8. 12
2009	325 003	7. 39
2010	349 008	11. 45
2011	388 961	5. 85
2012	411 727	3. 08
2013	424 426	− 3. 02
2014	411 614	− 3. 55
2015	397 014	− 3. 14
2016	384 560	5. 43

资料来源：煤炭消费量来源于《中国统计年鉴（2016）》，比上年增长率是相邻两年计算而得出。

2. 中国煤炭需求的影响因素

国民经济快速增长是拉动煤炭需求增长的主要因素。国民经济的增长尤其是电力、钢铁、建材和化工等几大主要耗煤行业的发展将直接拉动煤炭需求。煤炭是保障我国能源安全的基石，煤炭工业的健康发展有待于建立完善的煤炭价格机制，调节煤炭市场的供求，价格机制是否完善、价格水平是否合理将对煤炭产业结构合理化和开发利用水平起到重要的决定作用。

随着清洁能源和新能源的开发利用，天然气、太阳能、石油、风能、水能、核能、煤层气等的消费比例逐渐上升，在一次能源消费中煤炭的比重逐渐下降。

随着经济总量增长，产业结构发生较大变化，煤炭消费强度下降。1953～1978 年，煤炭消费年平均增长率为 10.57%，同期我国国民经济发展的年平均增长率为 6.45%，煤炭消费弹性系数为 1.64；而 1991～2010 年的 20 年间，煤炭消费年平均增长率为 6.21%，同期我国国民经济发展的年平均增长率为 10.5%，煤炭消费弹性系数为 0.59。

随着广泛使用节能新设备和新技术，促使单位消耗煤炭量得以大幅度降低。为了降低生产成本，煤炭消费者采用新设备和新技术，使其单位能耗得以降低。从目前煤矿自身来说，为了提高市场竞争力，提质降价争市场，商品煤热值普遍提高 200 千卡以上，用煤企业相继降耗 4%～5%，年耗降煤 3000 万吨以上。如 1990 年陕西省电力行业单位耗煤量是 530 克/度，2001 年降低到 330 克/度，降幅达 38%，随之耗煤量逐渐减少，发电量却出现着较大幅度的增长，另外通过提高煤炭的质量，使其煤炭消费总量缓慢增长。

国家不断加大环保力度，鼓励使用洁净能源，限制使用煤炭。比如某些地方（一般是大城市）对消费的煤炭进行了严格的质量规定，这样就减少了煤炭的消费量。另外国家实施关闭小钢铁厂、小水泥厂、小火电厂等政策，也减少了煤炭消费量。

3. 中国煤炭消费的增长趋势

中国当前的产业结构升级和经济增长导致了对能源的旺盛需求，而煤炭在中国一次能源的消费中占 70% 左右。目前中国以煤炭为主的能源消费体系、工业利用技术及工业设施都已经形成或比较完备了，因而尽管这种以煤炭为主的消费结构对运输和环境造成的压力越来越大，但从长期来看，以煤炭为主的能源消费体系暂时是不会改变的。从图 2-8（由表 2-11 的数据得到）可以看出中国经济快速发展对煤炭需求的持续增长。

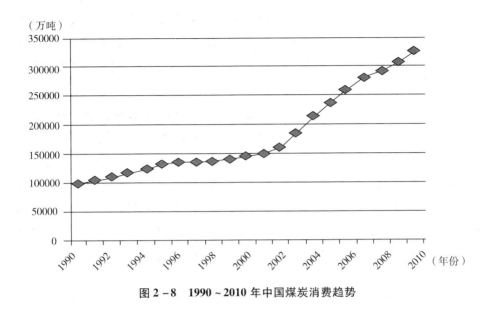

图 2－8　1990～2010 年中国煤炭消费趋势

　　我国煤炭的需求量在 1989 年到"八五"期末都保持着总量的持续平稳的增长,其增长速度在 4%～6%。此后,随着社会化程度的提高、国民经济市场化,出现了一系列的问题:宏观调控实力不强,国家财力不足;在经济体制转换过程和经济快速增长中,通货膨胀压力较大;国有企业生产经营困难重重,经营机制和管理体制不适应市场经济的发展要求;农业基础薄弱,不适应生活改善、人口增加和经济发展的需要;经济效益较差,经济素质不高,经营管理粗放;受亚洲金融风暴的影响;等等。从而导致生产能力下降,需求不足。

　　因此,进入"九五"期间后煤炭需求总量持续递减,1997～2000 年,中国的煤炭需求总量连续四年都呈递减趋势,其中煤炭需求总量 2000 年(86126.32万吨)比 1993 年(86646.77 万吨)还低。从煤炭消费增长率来看,1997 年、1998 年两年煤炭消费出现负增长,这可能是源于受亚洲金融危机和国内紧缩政策的影响。

　　近几年,随着电煤需求的急剧增加,中国煤炭的需求量快速膨胀。"十五"期间,煤炭工业有效发挥了基础能源的支撑作用,保障了国民经济发展的需求。在市场的强劲拉动下，煤炭消费持续快速增长，年均增速达到 10%。从图 2-8 可以看出，1990～1996 年煤炭消费量持续增长，增长势头较平缓，1997～2000 年煤炭消费量处于一个起伏阶段，2001 年以后煤炭消费量出现快速增长。而由于"十一五"规划纲要的提出，高耗能产业增速趋缓，中国的煤炭需求状况出现了需求增速放缓，煤炭消费进一步集中的局面，其煤炭的消费将进一步集中在燃煤发电上。

国家能源发展"十二五"规划纲要提出，实施能源消费总量和消费强度双控制，单位 GDP 能耗比 2010 年下降 16%，用电量 6.15 万亿千瓦时，能源消费总量 40 亿吨标煤。炼油综合加工能耗下降到 63kg 标准油/吨，火电供电标准煤耗下降到每千瓦时 323 克，能源综合效率提高到 38%。非化石能源消费占比提高到 11.4%，非化石能源发电装机占比提高到 30%。一次能源消费中天然气占比上升到 7.5%，煤炭消费比重下降到约 65%。中国降低 GDP 能耗的落实，将会减缓中国煤炭需求增长速度，随着节能技术的发展，煤炭需求滞后于 GDP 增长速度。

国外煤炭利用的经验表明，燃煤发电是煤炭消费的主体。发达国家一般占全部煤炭消费量的 80% 以上，目前美国占到 90% 以上，比我国高出 30 多个百分点。我国燃煤发电与水电、核电相比，具有投资少、建设周期短的优点；与燃气、燃油发电相比，具有燃料供应充足、成本低的优点。因此我国燃煤发电有很大的发展空间。

2010 年我国用于燃煤发电用煤 154542.5 万吨，比 2005 年增加了 50%。2010 年煤电装机 6.6 亿千瓦时，能源"十二五"规划提出 2015 年要达到 9.6 亿千瓦时，年均增长 7.8%。《电力发展"十三五"规划》指出，到 2020 年，随着经济进入新常态，增长速度换挡，结构调整加快，发展动力转换，节能意识增强，全国煤电装机规模力争控制在 11 亿千瓦以内，力争淘汰落后煤电机组约 2000 万千瓦。

进入 21 世纪后，受钢铁、水泥、电解铝等高耗能产品产量过快增长的影响，电力消费弹性系数一直保持在 1 以上。受 2008 年自然灾害以及 2009 年金融危机波动的影响，电力弹性系数有所下降，随着经济发展的恢复，电力弹性系数回到 1 以上。"十二五"期间，随着国家宏观调控成效的进一步显现，高耗能产业增速趋缓，发电量将逐步回落到正常水平。"十二五"期间开工建设的发电设备逐步投入运行，局部地区电力供过于求，设备利用小时数偏低，电力系统整体利用效率下降，我国电力供应将进入持续宽松的新阶段。

2.2.2 我国石油消费状况分析

1. 中国石油消费的基本特征

石油极大地影响着人民生活、政治、经济和军事，它是任何一个国家的经济、生活、社会发展的生命线。石油在国民经济发展中有着重要的地位和作用，有人誉它为"工业的血液""黑色的金子"等；它是现代文明的神经动脉，缺少了石油，维持现代文明的一切工具便宣告瘫痪，在建设和发展中，石油是不可或缺的。

中国作为世界上能源消费增速最快的大国，从 1993 年开始大量进口石油，目前石油进口已经是全球第二大国。二十几年来，我国石油需求越来越大，截至 2011 年，石油消费量已达到 4.45 亿吨。

由中国石油年度消费量图 2-9 可以清楚地看出中国年度石油消费近年的变化趋势。

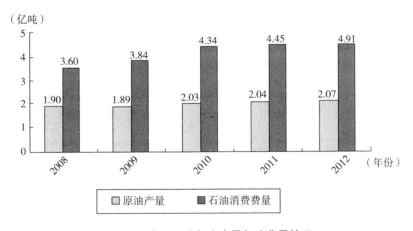

图 2-9 我国石油年度产量与消费量情况

"十五"期间，我国石油产量增长缓慢，但伴随经济建设的飞速发展，石油消费量却快速增长，这就带来了我国石油量进口的迅猛增长。我国石油表观消费量的大幅增长，主要来自工业、交通运输仓储及邮电通讯业、建筑业、零售和餐饮业的迅速发展。"十一五"期间，石油消费比重与"十五"期间平均相比下降了 2.6 个百分点，"十二五"期间有继续下降的趋势。

其特点是：（1）石油消费增长趋势与经济增长趋势相似。（2）油品消费结构有新变化。化工轻油、石油沥青等油品消费增长缓慢，非液体石蜡和石油焦等石油产品消费下降呈现负增长态势，而燃料油、润滑油、汽油、煤油、柴油等油品消费呈现大幅增长态势。（3）"十二五"以前石油消费呈现平稳增长，尔后呈现跳跃式增长。2009 年消费增长率为 6.7%，2010 年为 13%，2011 年为 2.5%，2012 年为 10.3%。

2. 中国石油需求的影响因素

根据中国统计年鉴，2015 年和 2016 年石油在能源消费总量中占比均为 18.3%。未来一段时期内，中国石油消费在能源消费中占比预计在 18% ~ 20%。我国对石油的对外依存度呈现逐年递增趋势，并且已经超过 50%，而影响石油消费需求的因素亦纷繁复杂，但影响最为明显的是国家宏观政策和石油价格。

（1）国家政策。首先是宏观调控政策。作为国家重要战略物资之一的石油，世界上绝大多数国家对石油都实行了宏观调控。比如，20 世纪 70 年代晚期至 80 年代中期，我国压缩国内石油消费，采取"以煤代油"的政策，目的是出口石油换取外汇，维持外汇的平衡，仅 1985 年我国石油产量的 1/4 被用于出口，高达 3003 万吨。其次是能源消费政策。不同时期不同能源紧缺程度，国家往往会制定不同的消费政策。当石油供应缓和时，为了减轻环保压力，优化能源消费结构，国家会鼓励石油消费，一定程度上促进石油消费需求的增长。反之，当石油供应紧张时，主要石油消费国纷纷降低对石油的过分依赖，采取发展核能、水电、天然气等替代能源，一定程度上对石油需求的过快增长起到抑制作用。

（2）石油价格。石油价格包括国内石油价格和国际石油价格，其影响主要表现在国际油价对每个国家石油需求的影响。中国自 1993 年以来，便成为石油净进口国家，石油消费对外依存度越来越大，国际油价就成了影响石油消费需求的重要因素之一。影响体现在对国内石油价格和对石油进出口水平的影响。特别是国内油价正式与国际油价接轨以后，国际油价便成了反映国内油价的晴雨表，从而对国内石油消费水平产生影响（见表 2 - 12）。从表中可知，除 2001 年、2005 年石油进口量稍有回落外，其他年份都呈现增长态势，且增长幅度较大。从 1999 年到 2010 年已增长了近 4 倍。从进口油量回落的前一年份 2000 年和 2004 年可知，这两个年份的国际油价皆表现出突然拉高，且增长幅度超过了 35%。而综合来看，石油进口量的小幅回落，有国家宏观调控的因素，致使石油需求有所下降，但国际油价对我国石油消费影响巨大。

表 2 – 12   1999～2016 年国内石油进口量与国际油价

	1999 年	2000 年	2001 年	2002 年	2003 年	2004 年
石油进口量 （万吨）	6483.300	9748.500	9118.200	10269.300	13189.600	17291.300
WTI 年均价 （美元/桶）	19.252	30.298	25.924	26.098	31.140	41.438
	2005 年	2006 年	2007 年	2008 年	2009 年	2010 年
石油进口量 （万吨）	17163.150	19452.960	21139.400	23015.500	25642.400	29437.200
WTI 年均价 （美元/桶）	56.466	66.103	72.363	99.568	61.693	79.428
	2011 年	2012 年	2013 年	2014 年	2015 年	2016 年
石油进口量 （万吨）	31593.700	33088.800	34264.800	36179.600	39748.600	44502.900

资料来源：《中国统计年鉴》、美国联邦储备银行。

3. 中国石油需求的增长趋势

据统计资料显示，1981～2000 年我国 GDP 增长率与石油消费增长率之间具有一定的数量关系，经济增长 1%，则拉动石油消费增长 0.7%～0.8%。在 1981～1990 年，我国经济平均增长速度为 9%，石油消费平均增长率为 5.94%；在 1990～2000 年，我国经济平均增长速度为 9.8%，石油消费平均增长率 7.0%。而到了 2000～2010 年，我国经济平均增长速度为 10.3%，石油消费平均增长率 6.8%，表明改革开放 30 年的后 10 年，石油消费需求的增长比例逐渐低于前 20 年所形成的经济增长和石油消费增长比例。

20 世纪 90 年代初期以来，随着经济的快速发展，我国石油需求已成为世界上增长最快的国家。1993 年的石油需求量只有日均 307.1 万桶，2002 年需求量已达日均 516.1 万桶，10 年间需求净增长 68%，同期全球日均量分别为 6777.8 万桶和 7692 万桶，且同期全球需求净增长仅为 13.5%，在此期间，中国石油需求占比全球份额由 4.5% 上升到 6.7%。随后，中国石油需求所占份额仍然持续增长，增长趋势强劲。

从消耗石油的各行业来看，占比最多的行业是工业、交通运输业和农林牧渔。这些行业对于国家经济发展、人民生活水平有着非常重要的影响，对这三个行业的石油消费分析有助于从宏观上把握石油需求的趋势。2000～2003 年农林牧渔的石油消费水平变动不大（见图 2 - 10），年消费量在 1500 万吨左右。但在 2004 年，石油消费达到了 2000 万吨，消费水平迈上了一个新台阶，快速的增长主要源于农业机械的使用增加和对农业发展的重视所致。2008 年主要由于金融危机的冲击，导致了石油消费的一个短暂的下降。

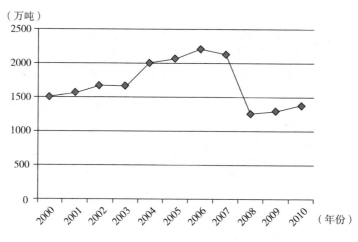

图 2 - 10   2000～2010 年农林牧渔业石油消费增长趋势

中国的工业石油消费稳步增长（见图 2 - 11）。2004 年，工业石油消费达到了局部极值 15000 万吨左右，2005 年有所回落，随后便呈现缓慢增长态势。

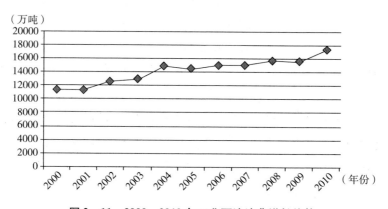

图 2 - 11   2000～2010 年工业石油消费增长趋势

交通运输业的石油消费呈现快速增长态势（见图 2 - 12）。从图中可知，2000～2002 年，石油消费水平比较接近，2003 年以后，石油消费量每年增幅达到了 20%～30%，即使 2008 年及以后每年石油消费量仍然保持较快增长。在未来一个时间段，我国交通运输业还将快速发展，唯一受到困扰的将是道路的容量限制和环境的压力，预示石油的消费量还将冲向新高。

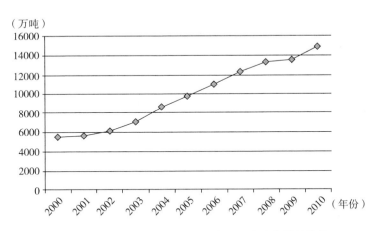

图 2-12　2000～2010 年交通运输业石油消费增长趋势

2.2.3　我国天然气消费状况

1. 中国天然气的需求规模

2000～2016 年，中国天然气消费量年均增长 14.61%，2013 年达到 1676 亿立方米。目前，天然气占我国一次能源消费比例为 4.6%，与国际平均水平 23.8% 差距较大。从世界范围来看，在世界天然气消费总量中的比重也偏低，仅有 1.8%，而美国的比重高达 23%。与此同时，我国也伴随城镇化的大力发展，不断增长的城镇人口规模，促进了日益增加的天然气需求。促进天然气快速发展，提升能源消费结构中天然气占比，以便大幅度降低细颗粒物（$PM_{2.5}$）、二氧化碳等污染物和温室气体排放，改善空气和气候环境，实现节能减排，这既是我国强化节能减排的迫切需要，也是实现能源结构优化调整的必然选择。

2. 中国天然气的需求分布

在我国的天然气市场中，天然气需求主要分布在两类行业或用户之中：城市燃气和工业燃气。不同的用户或行业，其用气特征和需求各不相同。

（1）城市燃气。城市燃气用户主要包括居民生活、工商企业、公共建筑、夏季空调、冬季采暖、天然气汽车等。按季节性需求可分为季节性用户和常年用户。工商企业、公共建筑、居民生活、天然气汽车等用户属非季节性用户，它们的用气量虽然与季节、气候条件有关，但是一年四季变化幅度不大。夏季空调与冬季采暖属季节性用户，各地气候条件各异，空调期、采暖期1~7个月不等，用气期限时间也不相同，这类用户具有明显的季节特征。

居民生活。居民用于餐饮、生活热水需要天然气，这涉及千家万户的居民。随着人口和经济生活条件的改善，将会有更多的居民用上天然气，未来居民的年用气量会呈现增长态势。

由于生活习惯、气候条件、环境温度等因素的影响，居民生活的月用气量表现出一定的周期性变化。南方城市，春秋季最小、冬季次之、夏季用气量最大。北方城市则有所不同，春秋季最小、夏季次之、冬季用气量最大。同时，居民生活用气量与休息日、工作日、早中晚、昼夜，还有季节和温度的变化有关，表现出一定的趋势性和不确定性。

公共建筑。公共建筑用户主要是针对职工食堂、饭店、宾馆、医院和学校等。公共建筑用户的用气量与第三次产业的发展水平、居民生活水平、城市经济发展状况等因素相关紧密，其与居民用户用气特点整体上大致相似，但对它的影响更为明显的是作息时间。

工商企业。工商企业用户主要是生产经营中使用天然气为燃料的商业和需要天然气进行热加工的工业用户。由于天然气燃烧相比煤炭、石油消费对环境的污染更小，因此，随着城市总体生产规模的增长，工商企业用户的总体年用气量具有增长态势。

冬季采暖。为了减少城市环境污染，天然气采暖正在城市基本建设中逐步推广，所以在未来一定时期内，用于采暖的天然气量逐年呈现增长的态势，其增长幅度受多种因素的影响。

夏季空调。空调用气量的影响因素和变化规律与采暖基本相似，不同的是空调用气量高峰主要出现在酷暑时期。

天然气汽车。随着环境问题导致越来越多的压力，我国日益重视环境保护和绿色发展，逐步普及和推广天然气等节能清洁型汽车势在必行，增长数量呈现逐年递增的趋势，其年用气量因而也呈现大致相同的增长趋势性。

（2）工业燃气。工业燃气用户主要包括采掘业企业、制造业企业和电力企业用户。采掘业企业和制造业企业对天然气需求相对稳定，属于常年用户；而电力企业用户对天然气需求则具有明显的季节性，属于季节性用户。

采掘业企业和制造业企业。此类用户生产规模一般较大，尤其是石油天然气开采业企业和化工行业企业，其用气量因而也较大，供气系统一般是单独配置。其与城市燃气用户中的工商企业用气量的变化规律大致类似。伴随科学技术的进步和发展，将不断增多和扩大这类用户。

电力企业。电力企业主要有各类电厂：发电厂、调峰电厂和热电厂。电厂的天然气用量较大，供气系统一般比较独立。已建成电厂的年用气量一般是比较稳定的，可能改扩建或新建的电厂将导致电厂的天然气年用气量大幅增加。因此，电力企业使用天然气的年用气量具有一定的随机性和增长的趋势性。

其中热电厂具有供电和供热双重功能，遵循的原则是"以热定电，热电结合"。用气量变化规律除具有发电厂的以外，还由于季节性较强的热负荷因素，具有较强的季节性特征也是其用气量变化的表现。

2.2.4　我国电力消费状况

1. 我国电力消费的基本特征

我国正处于重工业化时期，这是任何国家走向繁荣富强不可逾越的阶段，随着经济的大幅度增长，对电力的消费进入一个高速增长阶段。截至 2011 年，国内装机容量不到 9 亿千瓦，全国人均装机不足 1 千瓦，而美国和日本分别是 3 千瓦和 2 千瓦，国内年人均用电量不足 2000 千瓦时，仅为世界水平的一半。图 2 - 13 是我国 2000 ~ 2015 年的电力消费量。2015 年，我国全社会用电量 58019.97 亿千瓦时，同比增长 2.9%。

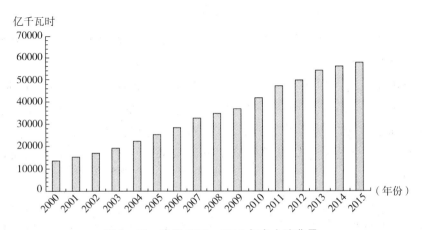

图 2 - 13　我国 2001 ~ 2015 年电力消费量

2. 我国电力需求的影响因素

第一，宏观经济形势。电力需求随宏观经济的波动而变化。如宏观经济运行形势发生变化，影响电力需求格局也随之变化，当宏观经济环境向好时，电力需求快速增长。1999 年、2002 年电力消费增长率分别为 6.1%、11.8%，2008 年、2009 年、2016 年电力消费增长率分别为 5.6%、7.2%、5.6%（数据来源于《中国能源统计年鉴（2017）》）。因此，宏观经济发展对电力消费产生了非常重要的影响。

第二，电价。随着经济体制和改革开放的不断推进，我国市场化程度也在不断提高，调节供需平衡的电力价格对电力需求影响日益显著。主要体现在：一是电价影响着高耗电产业发布局和展的地区分布，耗电高的产业为了降低成本，不断从电价高的地区向电价低的地区转移，导致电力需求增长格局在区域之间发生明显变化。二是电价对企业用电水平的影响，当电价超过企业承受能力时，企业会自动采取节能措施，节约用电，减少用电量。随着电力市场化改革的进行，电价将会更多地影响电力市场的供需状况。

第三，居民生活水平和收入以及人口增长。人口增长率的过快增长会导致电力消费的增加。多年来，虽然中国一直保持较低的人口增长率，但是由于人口基数非常巨大，导致实际增长数量也是比较大的，比如中国人口增长率在 2001 年仅为 0.69%，人口实际增长了 900 万。人们消费观念的变化、生活水平和收入的提高对电力需求的影响越来越明显，比如一般家用电器和大功率电器的普及，居民生活平均用电量持续上升。

第四，经济结构的变化。消费结构与产业结构随不同的经济发展阶段而有所差异。我国目前占比较大的还是以工业为主的第二产业，而一直以来第二产业都是用电大户。"九五"时期以来，第一产业增加值的增长低于 GDP 增长，1996～2000 年第一产业增加值平均增长率为 7.43%，第一产业比重呈下降趋势。2001 年加入 WTO 后第一产业在国民经济中比重继续下降，第一产业用电增长幅度相对缓慢；20 世纪 90 年代以来，第三产业用电一直平稳快速增长，1995～1999 年第三产业用电年均增长 8.9%，高于同期全社会用电增速 3.7 个百分点，第三产业用电比重也相应上升，由 1995 年的 9.3% 上升到 2005 年的 11.1%。

第五，政策因素。电力需求侧管理、电价、能源、经济等间接政策因素，对电力需求周期的扩张与收缩长度、波动幅度和转折点通过社会需求间接影响，甚至在一定程度上延缓或提前电力需求低潮与高潮的来临。

3. 中国电力需求的增长趋势

近年来经济增长对能源的依赖程度呈现稳中上升的趋势，2015 年和 2016 年能源消费弹性系数分别为 0.14 和 0.21，能源消费的增长逐步接近 GDP 增长速度。自 2010 年起电力消费系数也是连续两年大于 1。电力消费快速增长的原因是经济进入新一轮复苏增长时期，经济结构性的变化是经济提高对电力依赖程度的主要原因。按照国际经验，GDP 人均超过 1000 美元之后，将迈向中等收入阶段，是工业化实现的关键时期，也是居民消费结构、城市化水平、经济结构明显改变的阶段。

一方面是中国的重工业化经济。自 2001 年起，新一轮的经济高增长周期表现出了显著的重工业特征，重工业占工业增加值的比例逐年提高并且超过 60%。新一轮经济增长周期，重工业快速增长时期的粗放型经济增长模式被延续并还有所放大，直接导致了对能源及电力消费的大量增加。

另一方面是城市化进程加快。随着新型城镇化的建设，城市化需要大力推进，城市基础设施也尚需大规模建设。中国的城市化率在 2009 年为 46.59%，低于世界平均水平近 4 个百分点。中共十八届三中全会明确提出的新四化中就有 "新型城镇化"，并将是未来一个时期新的经济增长点，因此，加快城市化进程是势在必行，预计 2020 年我国城市化率将达到 55% ~ 60%。一般来说城镇居民人均耗电是农村居民的 25 倍。以此推算，未来将新增大量的电力需求。

2000 ~ 2016 年我国电力消费弹性系数呈现波峰波谷型趋势（见表 2 – 13）。2000 ~ 2003 年缓慢上升，随后到 2008 年一直下降，在 2009 ~ 2011 年上升，自 2012 年开始，随后每年是一增一减，表明我国电力需求随经济增长的变化而变化。

表 2 – 13　　　　　　　　　我国电力消费弹性系数

	2000 年	2001 年	2002 年	2003 年	2004 年	2005 年	2006 年	2007 年	2008 年
弹性系数	1.12	1.12	1.30	1.56	1.52	1.18	1.15	1.01	0.58

	2009 年	2010 年	2011 年	2012 年	2013 年	2014 年	2015 年	2016 年	
弹性系数	0.77	1.25	1.27	0.75	1.14	0.55	0.42	0.75	

资料来源：《中国能源统计年鉴（2017）》。

2.3 我国能源供需平衡分析

从表 2 - 14 可以看出，1989 ～ 1991 年或者说 1991 年以前，我国能源供给大于需求，这是因为在 1992 年以前我国还处在计划经济时期，改革还在部分地方试点，对外开放、工业化和城市化程度还相当低，所以我国能源供给能保证需求，并略有剩余。但随着改革开放的深入，1992 年以后，我国能源需求一直大于我国自身生产能力，国内能源供给已经满足不了经济高速发展的需要，能源进口成为必然。1992 ～ 2000 年，供给和需求缺口基本上呈现递增的态势，仅在 1995 ～ 1997 年稍有缓解。2000 年以后，能源供给和需求缺口进一步扩大，供给增长跟不上需求增长的速度。2007 年能源缺口达到最大值的 33229 万吨标准煤，2016 年能源缺口达到最大值的 90000 万吨标准煤。由于国际局势和经济形势的不确定性，伴随国际能源局势特别是原油供给的不稳定性，因此，我国能源紧张将是一种常态。国际金融危机以后，随着经济发展的恢复，能源供需缺口有逐步拉大的趋势（见图 2 - 14）。

表 2 - 14 我国能源需求总量与能源供给总量比较

年份	能源需求总量（万吨标准煤）	能源需求总量增长速度（%）	能源供给总量（万吨标准煤）	能源供给总量增长速度（%）	供给与需求之差（万吨标准煤）
1990	98703	—	103922	—	5219
1991	103783	5.15	104844	0.89	1061
1992	109170	5.19	107256	2.30	-1914
1993	115993	6.25	111059	3.55	-4934
1994	122737	5.81	118729	6.91	-4008
1995	131176	6.88	129034	8.68	-2142
1996	135192	3.06	133032	3.10	-2160
1997	135909	0.53	133460	0.32	-2449
1998	136184	0.20	129834	-2.72	-6350
1999	140569	3.22	131935	1.62	-8634
2000	146964	4.55	138570	5.03	-8394

续表

年份	能源需求总量（万吨标准煤）	能源需求总量增长速度（%）	能源供给总量（万吨标准煤）	能源供给总量增长速度（%）	供给与需求之差（万吨标准煤）
2001	155547	5.84	147425	6.39	−8122
2002	169577	9.02	156277	6.00	−13300
2003	197083	16.22	178299	14.09	−18784
2004	230281	16.84	206108	15.60	−24173
2005	261369	13.50	229037	11.12	−32332
2006	286467	9.60	244763	6.87	−41704
2007	311442	8.72	264173	7.93	−47269
2008	320611	2.94	277419	5.01	−43192
2009	336126	4.84	286092	3.13	−50034
2010	360648	7.30	312125	9.10	−48523
2011	387043	7.32	340178	8.99	−46865
2012	402138	3.90	351041	3.19	−51097
2013	416913	3.67	358784	2.21	−58129
2014	425806	2.13	361866	0.86	−63940
2015	429905	0.96	361476	−0.11	−68429
2016	436000	1.42	346000	−4.28	−90000

资料来源：能源需求总量和能源供给总量来源于《中国能源统计年鉴（2017）》，增长速度和供需之差是相邻两年数据计算得出。

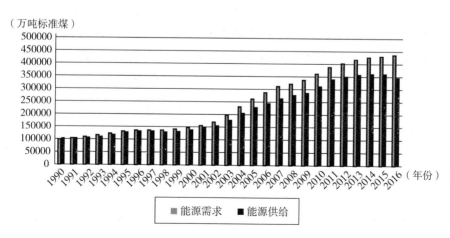

图 2−14　我国能源需求总量与能源供给总量变化趋势比较

从我国能源需求总量和能源供给总量的增长趋势和速度来看，两者大致是相同的（见图2-14和图2-15）。能源供给与需求的变化基本上是同步的，供需总量同步上升，而需求与供给的增长速度在1998年都为最低点。

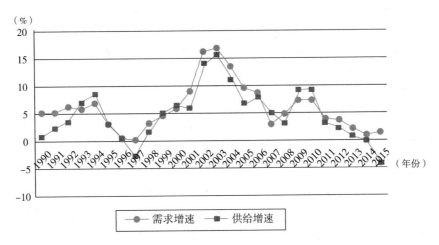

图 2-15 我国能源需求和能源供给增长速度的比较

2.3.1 我国煤炭供需平衡分析

随着我国改革开放的全面推行与经济体制改革，计划经济体制逐渐向市场经济体制的转变，能源供给和需求总量一直持续增长（见表2-15），只是在1997年的亚洲金融危机期间有过回调。与此同时，也出现了一系列的问题：经济效益差、经营管理粗放、通货膨胀压力大、国有企业经营困难、宏观调控力不强、生产能力下降、农业基础薄弱等。因此，"九五"后期煤炭供给和需求总量相继持续递减，其中1998年煤炭生产（951658.32万吨）比1995年（97162.6万吨）还低，同期煤炭需求总量1998年（96554.46万吨）比1995年（97857.3万吨）还低。通过综合治理，有效控制了高通胀，扭转了需求过热的局面，成功应对亚洲金融危机，顺利实现国民经济的"软着陆"，使其经济又进入了一个新的发展时期，随后煤炭供给和需求快速增长。经历了2008年全球金融危机带来的经济运行的短暂下行后，煤炭的供需差额恢复正值，表明我国的煤炭需求可以得到保证。从表2-15可以看出，1991~1995年、1998~2000年以及2003~2016年我国煤炭供需存在缺口，其余年份略大于需求（说明：这里的需求不包括煤炭库存量）。

表 2-15　　　　　　　　　　　煤炭需求总量和供给总量比较

年份	煤炭需求总量（万吨标准煤）	煤炭需求总量增长速度（%）	煤炭供给总量（万吨标准煤）	煤炭供给总量增长速度（%）	供给与需求之差（万吨标准煤）
1990	75211.69	—	77110.12	—	1898.44
1991	78978.86	5.01	77689.40	0.75	-1289.46
1992	82641.69	4.64	79691.21	2.58	-2950.48
1993	86646.77	4.85	82183.66	3.13	-4463.11
1994	92052.75	6.24	88571.83	7.77	-3480.92
1995	97857.30	6.31	97162.60	9.70	-694.69
1996	99366.12	1.54	99774.00	2.69	407.88
1997	97039.03	-2.34	99160.78	-0.62	2121.75
1998	96554.46	-0.50	95168.32	-4.03	-1386.13
1999	99241.71	2.78	97499.97	2.45	-1741.75
2000	100670.34	1.44	101017.53	3.61	347.19
2001	105771.96	5.07	107030.55	5.95	1258.59
2002	110225.05	4.21	114238.49	6.73	4013.44
2003	138352.27	25.52	134972.34	18.15	-3379.92
2004	161657.26	16.85	158084.84	17.12	-3572.43
2005	189231.16	17.06	177274.64	12.13	-11956.52
2006	207402.11	9.60	189691.33	7.00	-17710.78
2007	225795.45	8.87	205526.59	8.35	-20268.86
2008	229236.87	1.52	213057.79	3.66	-16179.07
2009	240666.22	4.99	219718.66	3.13	-20947.56
2010	249568.42	3.70	237839.25	8.25	-11729.17
2011	271704.19	8.87	264658.48	11.28	-7045.70
2012	275464.53	1.38	267493.24	1.07	-7971.29
2013	280999.36	2.01	270523.14	1.13	-10476.23
2014	279328.74	-0.60	266333.38	-1.55	-12995.36
2015	273849.49	-1.96	260985.67	-2.01	-12863.81
2016	270320.00	-1.29	240816.00	-7.73	-29504.00

　　资料来源：煤炭需求总量和煤炭供给总量来源于《中国能源统计年鉴（2017）》，增长速度和供需之差是相邻两年数据计算得出。

从图 2 – 16 不难看出，煤炭的需求总量和生产总量基本上保持着相同的增长趋势，近几年，随着电煤需求的急剧增加，所以导致煤炭需求的膨胀。

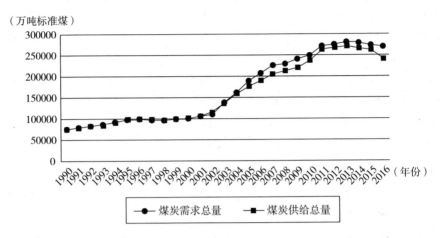

（万吨标准煤）

图 2 – 16　我国煤炭需求总量与煤炭供给总量变化趋势比较

着力减少污染物排放、降低成本和提高煤炭利用或燃烧技术效率，将有助于改善煤炭未来消费的限制。近年来大力发展洁净煤技术，显示其很强的市场竞争力。未来洁净煤技术如果在中国得到推广，对以煤为主的能源结构和日益严重的环境污染无疑具有重要意义，而且是对全球气候保护的重要贡献。

2.3.2　我国石油供需平衡分析

从表 2 – 16 中可以看出，在 1993 年以前我国石油除了自给自足外还略有盈余。进入"八五"中期，随着改革开放的全面展开，产业结构的调整，固定资产投资的快速增加，刺激了能源需求的急剧增长，石油需求同样快速增加，但石油供给由于受开采技术、自然资源的限制，增长缓慢，以致在 1999 年、2009 年、2011 年、2016 年还出现了负增长。1990 ~ 2011 年，石油消费需求总量年平均增长率为 6.83%，而供给总量年平均增长率只有 1.85%。1990 ~ 2016 年，石油消费需求总量年平均增长率为 6.35%，而供给量年平均增长率只有 1.44%。从石油供需之差可知，我国石油供给缺口越来越大。从石油需求总量和供给总量的增长趋势来看（见图 2 – 17），需求增长势头强劲，而供给增长势头平缓。所以供需之差势必越来越大。而对外依存度由 1993 年的 1.62%，到 2016 年增长到近 64%，随着依存度的越来越高，我国能源安全问题便更加凸显。

表 2 - 16　　　　　　石油供给总量与需求总量比较

年份	石油需求总量（万吨标准煤）	石油需求总量增长速度（%）	石油供给总量（万吨标准煤）	石油供给总量增长速度（%）	供给与需求之差（万吨标准煤）	石油对外依存度（%）
1990	16384.70	—	19745.18	—	3360.48	—
1991	17746.89	8.314	20130.05	1.95	2383.16	—
1992	19104.75	7.650	20271.38	0.70	1166.63	—
1993	21110.73	10.500	20768.03	2.45	-342.69	1.62
1994	21356.24	1.160	20896.30	0.62	-459.93	2.15
1995	22955.80	7.490	21419.64	2.50	-1536.16	6.69
1996	25280.90	10.130	22482.41	5.00	-2798.50	11.07
1997	27725.44	9.670	22955.12	2.10	-4770.32	17.21
1998	28326.27	2.170	22980.62	0.11	-5345.65	18.87
1999	30222.34	6.700	22824.76	-0.68	20716.22	24.48
2000	32332.08	7.000	23279.76	1.99	-9052.32	28.00
2001	32975.96	1.990	23440.58	0.69	-9535.39	28.92
2002	35611.17	7.990	23910.38	2.00	-11700.79	32.86
2003	39613.68	11.240	24248.66	1.41	-15365.02	38.79
2004	45825.92	15.680	25145.18	3.70	-20680.74	45.13
2005	46523.68	1.520	25881.18	2.93	-20642.50	44.37
2006	50131.73	7.760	26434.40	2.14	-23697.32	47.27
2007	52945.14	5.610	26681.47	0.93	-26263.67	49.61
2008	53542.04	1.130	27187.06	1.89	-26354.98	49.22
2009	55124.66	2.960	26892.65	-1.08	-28232.02	51.22
2010	62752.75	13.840	29027.63	7.94	-33725.13	53.74
2011	65023.22	3.620	28915.13	-0.39	-36108.09	55.53
2012	68363.46	5.140	29838.49	3.19	-38524.98	56.35
2013	71292.12	4.280	30137.86	1.00	-41154.27	57.73

续表

年份	石油需求总量（万吨标准煤）	石油需求总量增长速度（%）	石油供给总量（万吨标准煤）	石油供给总量增长速度（%）	供给与需求之差（万吨标准煤）	石油对外依存度（%）
2014	74090.24	3.930	30396.74	0.86	−43693.50	58.97
2015	78672.62	6.190	30725.46	1.08	−47947.16	60.95
2016	79788.00	1.420	28372.00	−7.66	−51416.00	64.44

资料来源：石油需求总量和石油供给总量来源于《中国能源统计年鉴（2017）》，增长速度和供需之差是相邻两年数据计算得出。

虽然世界上并不缺油，石油储量还可以满足全球需求几十年，而且我国外汇储备十分充足，有足够的财力购买，但石油安全问题不仅仅是一个经济问题，更多地表现为一种复杂的政治问题，能否在世界范围内获得石油资源依赖于该国在政治、军事、外交、经济等多方面综合国力的考量。尤其是近些年来，中国经济一枝独秀，世界经济增长缓慢，一些西方列国试图通过操纵石油供应及国际油价来达到遏制中国崛起的企图。

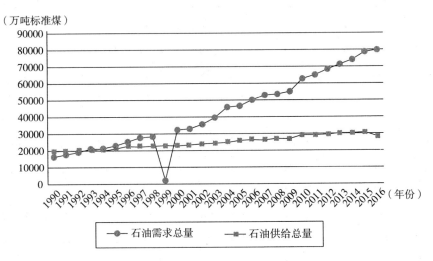

图 2-17 我国石油需求总量与石油供给总量变化趋势比较

因此，我们应进一步挖掘国内产能、海外资源，向海外扩张，加紧进行战略储备；发展替代资源、建立需求管理体系；大力发展远洋运输能力。

2.3.3　我国天然气供需平衡分析

天然气主要成分是甲烷（CH_4），热值、能源效率高，一般超过每立方米
9000 千卡。从表 2-17 中可以看出，天然气的需求总量在 20 世纪末开始持续
增长，1999 年的年均增长率比 1998 年高出 14.49 个百分点。经历了 2002 年的
增速突然下降以后，在 21 世纪初的头 10 年基本保持大于 10% 的增速增长。
1990~1998 年天然气的需求总量年均增长仅有 2.15%。1999~2011 年天然气
需求总量年均增长率达到 16.37%。天然气的供给总量从 1999 年以来，一直保
持较高的增长趋势，1999~2016 年平均增长率达到了 14.6%，而从近几年的
增长率来看，需求总量的增长率明显大于供给增长率，并有扩大的趋势。这主
要在于人们环保意识的提高，特别是城市使用天然气弃用煤炭，带来对天然气
需求的强劲增长。近些年天然气需求缺口逐年增大，而天然气生产能力的大幅
度提高则需要一个较长的周期，短时期内可以大幅增产的余地不大。

表 2-17　　　　　　　　　　　天然气需求总量和供给总量比较

年份	天然气需求总量（万吨标准煤）	天然气需求总量增长速度（%）	天然气供给总量（万吨标准煤）	天然气供给总量增长速度（%）	供给与需求之差（万吨标准煤）
1990	2072.76	—	2078.44	—	5.68
1991	2075.66	0.14	2096.88	0.89	21.22
1992	2074.23	-0.07	2145.12	2.30	70.89
1993	2203.87	6.25	2221.18	3.55	17.31
1994	2332.00	5.81	2255.85	1.56	-76.15
1995	2361.17	1.25	2451.65	8.68	90.48
1996	2433.46	3.06	2660.64	8.53	227.18
1997	2446.36	0.53	2802.66	5.34	356.30
1998	2451.31	0.20	2856.35	1.92	405.04
1999	2811.38	14.69	3298.38	15.48	487.00

年份	天然气需求总量（万吨标准煤）	天然气需求总量增长速度（%）	天然气供给总量（万吨标准煤）	天然气供给总量增长速度（%）	供给与需求之差（万吨标准煤）
2000	3233.21	15.00	3602.82	9.23	369.61
2001	3733.13	15.46	39804.75	10.48	247.35
2002	3900.27	4.48	4375.76	9.93	475.49
2003	4532.91	16.22	4635.77	5.94	102.87
2004	5296.46	16.84	5564.92	20.04	268.45
2005	6272.86	18.43	6642.07	19.36	369.22
2006	7734.61	23.30	7832.42	17.92	97.81
2007	9343.26	20.80	9246.06	18.05	-97.20
2008	10900.77	16.67	10819.34	17.02	-81.43
2009	11764.41	7.92	11443.68	5.77	-320.73
2010	14425.92	22.62	12797.13	11.83	-1628.80
2011	17803.98	23.42	13947.30	8.99	-3856.68
2012	19302.62	8.42	14392.68	3.19	-4909.94
2013	22096.39	14.47	15786.50	9.68	-6309.89
2014	24270.94	9.84	17007.70	7.74	-7263.24
2015	25364.40	4.51	17350.85	2.02	-8013.55
2016	27904.00	10.01	18338.00	5.69	-9566.00

资料来源：天然气需求总量和天然气供给总量来源于《中国能源统计年鉴（2017）》，增长速度和供需之差是相邻两年数据计算得出。

由于天然气不能像煤或石油那样在靠近市场的地方大量储存，天然气供应首先要确定客户规模，从气田生产、气的输送到客户使用，形成一条链，也即供给总量和需求总量基本保持同步增长，买卖双方相互依存（见图2-18）。但由于石油对外依存度不断上升，煤炭价格的上扬，关键是人们环保意识的增强必将促进天然气需求规模的不断增长。据资料显示 2007 年开始我国天然气生产已经不能满足自身需求。虽然向澳大利亚、俄罗斯、哈萨克斯坦（管道已贯通）签订进口协议，实施"西气东送"工程，但天然气供需失衡的状况仍在加剧。

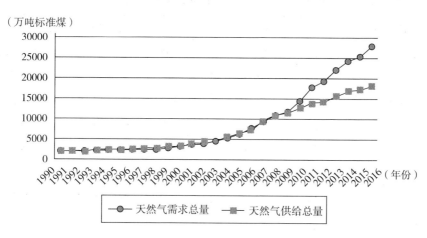

图 2 – 18 我国天然气需求总量与供给总量变化趋势比较

由于其他甲烷气体和天然气与煤炭相比优越性明显。第一，开发利用氢或甲醇质子交换膜燃料电池、天然气，以满足快速发展的汽车市场，这样可以减少石油进口的订单。第二，将要和已经进入市场的新的天然气动力技术，既是低成本又是高效的。第三，天然气可以减少对环境的影响。核电成本高、风险又高。因此，扩大天然气的需求，增加天然气的供给是大势所趋。

2.3.4 我国电力供需平衡分析

我国电力装机规模在 2010 年比 2005 年增长将近一倍，排名世界第二，达到 9.7 亿千瓦。2010 年，中国水电装机规模排名世界第一，达到 2.2 亿千瓦；核电在建规模占比超过世界 40%，达到 0.29 亿千瓦；风电装机规模在"十一五"时期新增约 0.3 亿千瓦，在 2010 年并网以后，世界排名第二位；发展迅速的太阳能热水器集热面积继续排名世界第一位。由于"十一五"时期贯彻节能减排政策的力度加大，电力行业实行"上大压小"的策略，降低单位能耗 19.1%，降低火电供电单位煤耗 37g，持续增加脱硫机组的比重。比 2010 年单位能耗下降 16%，用电量为 6.15 万亿千瓦时。炼油综合加工能耗下降到每吨63千克标准油，火电供电煤耗下降到每千瓦时323克，能源综合效率上升到38%。"十三五"规划2015年电力发展指标如表2-18所示。

表2-18　　　　能源发展"十三五"规划2015年电力发展指标

指标	单位	2015年	2020年	年均增速（%）	属性
电力装机容量	亿千瓦	15.30	20.00	5.5	预期性
其中：煤电	亿千瓦	9.00	<11	4.1	预期性
水电	亿千瓦	2.97	3.40	2.8	预期性
核电	亿千瓦	0.27	0.58	16.5	预期性
天然气发电	亿千瓦	0.66	1.10	10.8	预期性
风电	亿千瓦	1.31	2.10	9.9	预期性
太阳能发电	亿千瓦	0.42	1.10	21.2	预期性

资料来源：《能源发展"十三五"规划》。

根据表2-19可以发现，因为电力能源的特殊性质，需求与供给基本呈相同趋势和速度增长，在个别年份有需求不足的情况，但整体来说，我国电力供应一直比较充分。

表2-19　　　　　　　　电力需求总量和供给总量比较

年份	电力需求总量（万吨标准煤）	电力需求总量增长速度（%）	电力供给总量（万吨标准煤）	电力供给总量增长速度（%）	供给与需求之差（万吨标准煤）
1990	5033.85	—	4988.26	—	-45.60
1991	4981.58	-1.04	4927.67	-1.21	-53.92
1992	5349.33	7.38	5148.29	4.48	-201.04
1993	6031.64	12.76	5886.13	14.33	-145.51
1994	6996.01	15.99	7005.01	19.01	9.00
1995	8001.74	14.38	8000.11	14.21	-1.63
1996	8111.52	1.37	8114.95	1.44	3.43
1997	8698.18	7.23	8674.90	6.90	-23.28
1998	8851.96	1.77	8828.71	1.77	-23.25

续表

年份	电力需求总量（万吨标准煤）	电力需求总量增长速度（%）	电力供给总量（万吨标准煤）	电力供给总量增长速度（%）	供给与需求之差（万吨标准煤）
1999	8293.57	− 6.31	8311.91	− 5.85	18.33
2000	10728.37	29.36	10669.89	28.37	− 58.48
2001	13065.95	21.79	12973.40	21.59	− 92.55
2002	13905.31	6.42	13752.38	6.00	− 152.94
2003	14584.14	4.88	14442.22	5.02	− 141.92
2004	17501.36	20.00	17313.07	19.88	− 188.28
2005	19341.31	10.51	19239.11	11.12	− 102.20
2006	21198.56	9.60	20804.86	8.14	− 393.70
2007	23358.15	10.19	22718.88	9.20	− 639.27
2008	26931.32	15.30	26354.81	16.00	− 576.52
2009	28570.71	6.09	28037.02	6.38	− 533.69
2010	33900.91	18.66	32461.00	15.78	− 1439.91
2011	32511.61	− 4.10	32657.09	0.60	145.48
2012	39007.39	19.98	39316.59	20.39	309.21
2013	42525.13	9.02	42336.51	7.68	− 188.61
2014	48116.08	13.15	48128.18	13.68	12.10
2015	52018.51	8.11	52414.02	8.91	395.51
2016	57988.00	11.48	58474.00	11.56	486.00

资料来源：电力需求总量和电力供给总量来源于《中国能源统计年鉴（2017）》，增长速度和供需之差是相邻两年数据计算得出。

国家能源"十三五"规划也提出要积极有序发展水电，安全高效发展核电，加快发展风能，高效清洁发展煤电，同时也要加强天然气发电的要求，随着输电管网的进一步建设，预计未来我国电力供应仍能满足消费需求。

2.4　本章小结

我国的能源生产自 20 世纪 90 年代以来经历了大幅、快速的增长。近年

69

来，尤其是"十一五"期间，能源保障能力显著增强，是我国能源发展最快的五年。我国一次能源生产总量连续 5 年排名世界第一位，能源自给率保持在 90% 以上。但我国能源生产结构还需调整，煤炭的比重一直在 70% 以上，天然气、水电等清洁能源比重还有待提高。

根据中国能源研究会发布的《2017 中国能源发展报告》，清洁低碳、安全高效已成为能源发展的总方向。从能源发展绩效指标来看，产能利用明显提升，能源清洁发展成为亮点。2016 年我国能源消费总量为 43.6 亿吨标准煤，比前一年增加 1.4%，2015 年我国的人均能源消费量为 365.4 千克标准煤，达到世界平均水平。但我国依然存在着能源消费结构不合理，高耗能企业为保增长过度消耗能源，粗放型经济增长模式还未根本扭转等问题。按照"十三五能源规划"的发展要求，将来应该着力提高清洁低碳化石能源和非化石能源比重，大力推进煤炭高效清洁利用，科学实施传统能源替代，加快优化能源生产和消费结构，保证我国能源供需平衡，继续促进经济转型和平稳健康发展。

第3章

我国水电开发的协调机制分析

控制能源消费总量主要是因随经济发展、社会进步所需能源总量增速过快而导致能源的短缺，以及因能源过度消费带来的环境污染，即为降低碳排放而需要减少能源消费。而水电开发可以破解能源紧缺和节能减排降低碳排放的困境，因此，大力开发水电是能源政策的重要对策之一。

水电开发的最终目标是实现经济、社会与环境和谐发展，走可持续发展之路。因此，涉及经济、环境与社会的三个利益主体的水电开发者、生态环境与移民之间的协调发展便是水电开发研究的重要内容之一。水电开发的协调机制，就是为了实现系统内的演进目标——经济、环境与社会的可持续发展，三个主体要素水电开发者、生态环境与移民，三者之间的相互联系相互作用。

本章运用进化博弈模型对水电开发者与生态环境的协调关系以及水电开发者与移民之间的协调关系进行博弈分析。得到其博弈均衡稳定点，为了水电开发者与生态环境或者经济与环境之间的协调发展，水电开发者与移民或者经济与社会之间的协调发展，必须对生态环境与移民进行补偿，从而实现水电开发的可持续发展。

3.1 我国水电资源开发现状分析

水电是优质的可再生能源，它有利于增加能源供给规模、改善能源结构、保障能源安全、恢复大气及改善生态环境。加快水电资源开发是时代的选择，应得到各级政府部门的高度重视与大力支持。水电具有六大优点（见表3-1）。

表 3 – 1 水电的优点

优点	具体内容
再生能源	虽有丰季、枯季之别，但无用完的顾虑；核电、火电消耗的是有限资源铀、油、煤、气等
发电成本低	火电的成本是水电的 4 倍左右；经济效益水电是火电的 3 倍左右
清洁能源	可以改善自然环境；火电却排众多有害物资，尤其是高硫煤的燃烧会导致酸雨。核电会产生难以处理的核废料
有综合功效	水电有航运、防洪、养殖、灌溉、旅游、供水等众多效益；而火电效益相对较少
效率高	火电厂为 30% ～ 50%，大中型的水电站为 80% ～ 90%；厂站用电率，火电厂为 8.22%，而水电站只有 0.3%
机组启停灵活	可变幅度大，输出功率增减快，是电力系统理想的调频、调峰、调相和事故备用电源

目前，水电资源作为唯一能够大规模商业化开发的再生清洁能源，其已经具有成熟的技术和良好的经济效益。由于具有河流众多、落差巨大、径流面积广等地理特点，中国水能资源丰富，其中技术可开发量为 5.42 亿千瓦，理论蕴藏量为 6.94 亿千瓦。因此，水电资源开发对中国能源消费具有重要意义。

3.1.1　中国水电发展历程

1882 年，上海南京路第一组发电机投入使用，这翻开了中国电力工业历史的第一页。1912 年，云南省石龙坝水电站投入使用，装机规模为 480 千瓦，其经过 7 次扩建后，1958 年装机容量达到 6000 千瓦。

在中华人民共和国成立后，中国逐渐开始重视水电资源的开发。1957 年，中国开始建设新安江水电站，这是新中国第一座自主设计、自制设备、自行施工的大型水电站，其标志着中国水电开发序幕的拉开。同年，黄河第一水电站——三门峡水电站开始建设。1975 年，中国首座百万千瓦级水电站刘家峡水电站建成。截至 1978 年改革开放，中国水电装机容量已有 1867 万千瓦，年发电量 496 亿千瓦时，人均发电量和装机为 51.5 千瓦时、0.02 千瓦。

在改革开放后，中国水电开发进入快速发展时期。1980 年，中国政府明确提出"重点发展水电"的目标，一大批水电站开始修建，号称"五朵金花"的广蓄、岩滩、漫湾、隔河岩、水口等水电站成为受益者。随后，中国水电发展迎来小阳春，国内水电站遍地开花，比如五强溪、天荒坪、李家峡、天生桥一二级、万家寨、小浪底、二滩、大朝山等水电站投入使用。特别地，中国开始新建世界级水电工程——三峡水电站。截至 2000 年，中国水电装机容量达 7700 万千瓦，超过加拿大，位居世界第二。

在 21 世纪，中国水电行业更是取得历史性突破。2004 年，公伯峡 1 号机组投产，中国水电装机容量突破 1 亿千瓦，成为水电第一大国。2010 年，小湾 4 号机组投产，中国水电装机超过 2 亿千瓦。同时，这一时期世界第一大水电工程——三峡水电站也全面竣工。可以说，中国不仅是世界水电装机第一大国，而且也是在建规模最大的国家，其已经成为全球水电开发中心。

3.1.2　中国水电开发现状

对于水电资源利用程度的阐述，国际通行是采用年发电量作为衡量尺度。目前，国内还未形成统一口径衡量水电资源的程度。而多数学者认为，根据中国水电现阶段的实际情况，年发电量与技术可开发年发电量的比例能够比较准确地衡量中国水电资源的实际利用率。基于上述观点，本文从流域、水电基地、大型水电站三个角度，分析中国水电开发现状，其采用第三次水能资源复查数据。

1. 流域视角下的水电开发

从第三次水能资源复查可知，中国已经建成、在建水电站 6053 座，装机容量为 13098 万千瓦，年发电量为 5259 亿千瓦时。首先，从技术可开发量和已开发量来看，长江流域都是位居第一，并且其水电站分布也是最多，拥有三峡、丹江口、安康、隔河岩等大型水电站。其次，珠江流域已经建成 957 座水电站，装机容量 1810.07 为万千瓦。该流域主要有天生桥一级（二级）、龙滩、洋溪等水电站。最后，黄河流域，已经建成 238 座水电站，装机容量达 1203.04 万千瓦。该流域的水电站主要分布于黄河中下游的干流，比如，刘家峡、刘家峡、龙羊峡、三门峡、小浪底等。而根据已经建成水电站的装机容量的大小，可分为河海流域、其他河流流域、雅鲁藏布江流域、淮河流域。在上述流域中，雅鲁藏布江流域具有非常丰富的水能资源，但是因政治、经济、交通、地理环境等原因，其水电开发程度仍远远低于全国平均水平，或者说其未来具有较大开发潜力。

2. 水电基地视角下的水电开发

从分布情况来看，中国水电资源主要集中于长江、金沙江、黄河、澜沧江、乌江等大江大河的干流。基于这样的分布特点，使得中国水电资源便于集中开发。目前，中国已经提出建设 15 个大型水电基地的规划，旨在对水电流域进行阶梯滚动开发，实现水电资源最优配置，带动地区经济发展。

具体而言，中国 15 大水电基地是指长江上游、金沙江、澜沧江、大渡河、雅砻江、怒江、乌江、南盘江、湘西、黄河上游、黄河北干流、东北三省诸江、闽浙赣诸江、雅鲁藏布江和新疆诸江。根据第三次水能资源复查，上述基地技术规划可开发装机容量 33581.5 万千瓦，占全国总体规模 52.8%。

3. 百万千瓦级水电站

在水电资源开发中，百万千瓦以上水电站被列为重点水电项目，属于中国加速水电开发的重大举措，也是属于西电东送、南北互供的重要工程。目前，中国拥有 84 座千瓦级水电站（不包含雅鲁藏布江和澜沧江、怒江、金沙江、大渡河等干流上游的百万千瓦水电站），装机容量达 24070 万千瓦。从数量上看，金沙江水电基地拥有 12 座百万千瓦级水电站，是最多的基地；雅砻江水电基地拥有 10 座百万千瓦以上水电站，位居第二。在 84 座水电站中，三峡水电站是最大水电站，其装机容量为 240 万千瓦。

3.1.3　中国水电开发面临的困境

改革开放后，中国水电开发进入一个快速发展阶段。在技术水平上，中国已经完成许多复杂性技术，为建设大型水电站提供技术支撑，同时在重大装备上、施工技术、营运管理等方面也取得重大突破。但是，中国水电开发仍然面临着诸多问题。

第一，水电开发管理体系。作为社会主义国家，中国政府积极参与各项大型水电开发项目，为其提供资金、人力、物力等方面支持，但是这也给水电开发带来了行政问题。由于各级政府介入水电项目中，部门之间出现规划、权限等方面的矛盾，导致中央与地方政府权限极其模糊，制约了水电资源开发。同时，水电开发将会给地方带来税收、产业、就业等利益，这就导致区域之间利益纠纷。

第二，水电开发投资体系。在市场经济体制确立后，中国水电资源开发的投资体系发生非常深刻的变化，其投资主体、建设主体、管理机制等方面都表现出多元化趋势。但是，水电项目却依旧保持烦冗的审批程序，这大大增加了水电建设周期，降低了工作效率。值得注意的是，投资主体多元化带来更加丰裕的资金，其也伴随着更大投资风险。

第三，水电移民与生态补偿困境。在水电资源开发过程中，不可避免地需要占用和淹没土地，这样带来了非自愿移民群体与对区域性生态环境的影响。但是，移民工作却非常复杂，加剧了水电资源开发的难度，主要表现为：（1）补偿标准低。一般而言，每个区域都有明确的非自愿移民搬迁补偿标准，但是水电移民往往是整体搬迁，其带来的经济损失远远超过地方补偿标准，使得其无法实现房屋重置或者降低生活水平。（2）移民就业困难。在中国水电开发中，主要集中于西部边远山区，其移民群体文化程度比较低，就业能力非常差。（3）生态环境补偿机制不健全。对环境影响程度的大小、修复成本的多少等问题有待形成比较健全的机制进行处理。

3.2　我国水电开发博弈分析

水电开发的协调机制（其框架如图 3 - 1 所示）就是为了实现系统内的演进目标——经济、环境与社会的可持续发展，三个主体要素——水电开发者、生态环境与移民三者之间的相互联系相互作用。水电开发者、生态环境与移民三者呈现相互博弈而又相互依存的关系，本文旨在研究三者之间的博弈关系，并且由于生态环境与移民和水电开发者相比，同处于弱势状态，所以没对他们之间的博弈进行研究。在水电开发者与生态环境的博弈中，水电开发者处于强势，而在水电开发过程中或多或少会对生态环境造成一定的破坏性，同样，在水电开发过程中，如果出现移民，那么移民必将遭受到一定的损失。因此，为了经济、环境与社会的和谐与可持续发展，必须对生态环境与移民进行补偿，其实现路径如图 3 - 1 所示。在图 3 - 1 中，对生态环境、移民实施补偿，同时水电开发者的经济效益得到实现，便完成了在水电开发过程中经济、环境与社会的可持续发展。

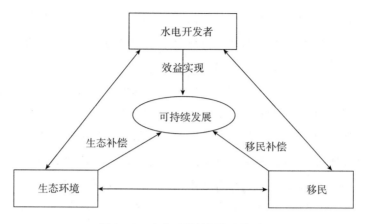

图 3 -1　水电开发协调机制框架

3.2.1　水电开发者与生态环境之间的进化博弈分析

水电是可再生的清洁能源，在我国水能资源丰富，具有很大的开发潜力。通过博弈支付矩阵，对水电开发项目中开发者与生态环境之间进行进化博弈分析，得出水电开发的最佳稳定点或策略是水电开发者与移民双低成本方可使项目成功开发。建议完善生态环境补偿制度，实现水电开发项目与环境的和谐发展，拓宽水电开发项目融资渠道，加大政府支持力度，加强水电开发管理，推进水电项目有序开发。

能源是社会、经济发展所必需的物质资源。目前，我国能源短缺越来越明显，2011 年我国能源生产总量 317987 万吨标准煤，能源消费总量 348002 万吨标准煤，供给缺口为 30015 万吨标准煤，表明未来社会、经济的发展会受到能源短缺的制约①。在能源短缺的同时，能源消费还会受到碳排放目标的影响。中共十八大明确提出要建立环境友好型社会，支持节能低碳产业、可再生能源、新能源发展，确保国家能源安全，加大自然生态系统和环境保护力度，加强生态文明制度建设。大力开发水电这一清洁能源既能缓解能源供需矛盾，也顺应能源消费理应降低碳排放与可持续发展这一时代要求。

---

① 数据来源:《中国统计年鉴（2012）》。

在水电项目开发过程中，有可能引发流域沉淀物特性的改变、水质的恶化、下游环境用水量的缺乏和水文特征的改变、鱼类迁徙途径受阻、威胁稀缺和濒危物种、发电蓄水库中有害物种增加、水土流失等生态环境恶化等问题，这将会给环境带来破坏，惩罚子孙后代。这在水电项目中开发者与生态环境之间就形成了一种博弈关系，开发者总是希望获得更多收益而不愿对生态环境给予较多的补偿，生态环境就根据水电项目对其破坏性补偿程度做出反应。当生态环境得到补偿以后，就会发挥其正效应，这样开发者与生态环境之间就会在某一个稳定点达到均衡，使其社会、环境和谐发展。因此，谋求水电开发项目与生态环境之间的和谐发展有着非常重要的意义。

关于水电项目开发者与生态环境之间的博弈竞争分析，国内外研究文献较少。以政府、农民为主体建立"囚徒困境"博弈模型，分析岷江上游退耕还林生态补偿问题（李镜，2008）。以上、中下游为主体构建"囚徒困境"模型，探讨对生态环境进行补偿问题，双方的理性选择是考虑合作（彭扬，2008；徐健，2009）。针对华电集团、华能集团开发金沙江带来生态环境问题而暂停开发，评述了水电与生态环境之间的博弈（李鹏，2009）。以流域中生态环境的受益者、实施者为主体进行了进化博弈分析（王俊能等，2010）。对水源地与下游生态环境之间进行了进化博弈分析（接玉梅，2012）。然而，有不同的观点认为，大力开发水电是当前能源短缺与经济发展的需要，水电项目开发与河流生态环境之间不存在博弈之说（水博，2008）。在对国外公共品博弈实验问题进行综述中，认为在公共产品博弈问题上应非货币性惩罚与货币性惩罚相结合（刘建华，2013）。

从已有研究文献看，众多研究者集中在上、中下游之间的生态环境补偿博弈分析，虽然水博否认水电与流域环境之间的博弈，但水电开发给生态环境带来的影响已是不争的事实。本文拟对水电开放项目中开发者与生态环境之间进行进化博弈分析，探求开发者与生态环境之间的均衡稳定点，实现经济、环境的和谐发展。

1. 模型描述

水电项目能否成功开发，可以被假定是水电开发项目中开发者与生态环境之间博弈竞争的结果。由于信息的不完全与有限理性，在做出决策时水电开发者难以确认自身选择是否会使自己利益最大化。为此，本项目对研究做如下假定。

第一，参与主体。水电开发者和生态环境。水电开发者指水电项目开发商或政府，它在博弈竞争中具有优势地位。生态环境看作是博弈主体的另一方，基于金纬亘提出与自然博弈的概念，即"对弈的自然"（金纬亘，2008）。金纬亘从生态伦理学角度，认为人们如果把自然当作主体看待，能更好地体现自然与人类和谐的核心伦理诉求，人们也由此可以规范自己的行为。这里我们虽然把不具有主动意识的生态环境作为博弈主体，但它会对另一主体开发者的决策或行为以一种客观现实发生的方式进行回应（环境做出的影响可能会有一个时滞，但这里假定暂不考虑时滞），比如水文条件与气候的改变、引发自然灾害等，从而迫使开发者做出相应的补偿或采取相应的措施（否则会影响开发进程，甚至暂停开发），进而影响开发者的决策。同时假定生态环境的决策有惩罚与不惩罚，其中惩罚表示生态环境恶化，不惩罚表示生态环境良好（不受影响或还有所改善）。

第二，主体行为。每个群体在博弈过程中，都面临着两种不同策略的选择。在本项目博弈模型策略的选择中，开发者可以选择的策略是：开发和不开放，生态环境可以采取的策略是：惩罚和不惩罚（生态环境恶化和生态环境良好）。

第三，作为水电项目开发者，无论是实施开发还是放弃开发都要承担调研成本。在进行水电资源开放前，都要进行前期调研分析工作，这种调研工作不但带不来收益，而且会增加一定的调研分析成本。因此，本项目对开发者进行假定：当开发者能从水电开发项目中获得收益时，才会选择开发，所获得的收益越大，进行开发的动力也越大。而开发者选择放弃开发，其调研成本仍然存在。

根据以上假定，以及在借鉴现有文献研究的基础上，对水电开发项目中开发者与生态环境两个主体不同策略下的收益、成本做以下假设。设开发者的调研工作成本为 $S(c)$，主体无论选择开发还是不开发，$S(c)$ 都是存在的；当开发者选择开发时，获得的收益为 ρ，同时导致生态环境"恶化"时，将会对开发者产生负效应 $-\mu$（包括生态环境恶化对人们所处环境的消极影响以及开发者遭受到的负面谴责等，它表示开发带来环境恶化的负效用因素函数与获得正效用因素函数之差）。如果在水电项目开发中，稀有濒危物种适宜生存、人文景观完好无损、森林植被良性循环等等，可设生态环境主体收益为 θ；如果当生态环境表现"环境良好"时，则会产生一个额外的正效应 δ（比如由水电资源开发产生的正社会效益)。当开发者选择不开发时，表明通过调研发现开发不会带来正的效益，这样开发者会节省时间成本投资于其他项目，产生的收益就相当于节省的时间价值 r；此时若生态环境显示"环境良好"，则有一个正常的收益 θ（包括生态环境带给人们的一些积极影响或效应等），若生态环境显示"环境恶化"，则会给社会带来不良的影响，同时还会损失水电开发所带来的正效应 Δ（水电开发对生态环境给予的补偿），最终会导致生态环境损失 Δ。水电项目开发者与生态环境主体之间博弈的支付收益矩阵如表 3-2 所示（吴祥佑，2010；靳景玉等，2012）。

表 3-2　　　　水电项目开发者与生态环境主体之间博弈的支付收益矩阵

博弈主体		生态环境	
		不惩罚	惩罚
开发者	开发	$\rho - S(c), \theta + \delta$	$\rho - S(c) - \mu, \Delta - \mu$
	不开发	$r - S(c), \theta$	$r - S(c), -\Delta$

2. 模型分析

对水电项目中开发者与生态环境主体之间的博弈模型，进行适应度与稳定性分析。

(1) 博弈模型的适应度分析。在双方博弈过程中，我们假定开发者选择"开发"策略的概率为 x，选择"不开放"策略的概率为 $(1-x)$；生态环境主体表现为"环境良好"的概率为 y，出现"环境恶化"的概率为 $(1-y)$。

由以上可得开发者选择"开发"策略的适应度如式（3-1）。

$$\Phi_1 = y[\rho - S(c)] + (1-y)[\rho - S(c) - \mu] = \rho + y\mu - S(c) - \mu \tag{3-1}$$

开发者选择"不开发"策略的适应度如式（3-2）。

$$\Phi_2 = y[r - S(c)] + (1-y)[r - S(c)] = r - S(c) \tag{3-2}$$

则开发者的期望适应度如式（3-3）。

$$\bar{\Phi} = x\Phi_1 + (1-x)\Phi_2 = x[\rho + y\mu - S(c) - \mu] + (1-x)[r - S(c)] \tag{3-3}$$

由此可以得到，开发者选取该策略的复制动态微分方程如式（3-4）。

$$\Phi'_t = x(\Phi_1 - \overline{\Phi}) = x(1-x)(y\mu + \rho - \mu - r) \qquad (3-4)$$

同理，生态环境表现"环境良好"策略的适应度如式（3-5）。

$$\Psi_1 = x(\theta + \delta) + (1-x)\theta = x\delta + \theta \qquad (3-5)$$

生态环境显示"环境恶化"策略的适应度如式（3-6）。

$$\Psi_2 = x(\Delta - \mu) + (1-x)(-\Delta) \qquad (3-6)$$

则，生态环境主体的期望适应度如式（3-7）。

$$\overline{\Psi} = y\Psi_1 + (1-y)\Psi_2 = y(x\delta + \theta) + (1-y)[x(\Delta - \mu) + (1-x)(-\Delta)]$$
$$(3-7)$$

同理得到生态环境采用策略的复制动态微分方程如式（3-8）。

$$\Psi'_t = y(\Psi_1 - \overline{\Psi}) = y(1-y)[x(\mu + \delta - 2\Delta) + \theta + \Delta] \qquad (3-8)$$

根据复制动态微分方程（3-4），令 $F(x) = \Phi'_t = 0$，则可得到三个可能的平衡点，$x = 0$，$x = 1$ 及 $y^* = (\mu + r - \rho)/\mu$。但这三个点并非都是进化稳定策略（ESS）。在进化博弈中，进化稳定策略（ESS）是指必须具有抗扰动功能的一个稳定状态。换言之，y^* 作为进化稳定策略点，除了自身必须处于稳定均衡状态以外，如果 y 偏离了 y^*，复制动态仍然会使 y 回复到 y^*。其数学含义就是，当 $y < y^*$ 时，$\dfrac{\mathrm{d}x(t)}{\mathrm{d}t} > 0$；当 $y > y^*$ 时，$\dfrac{\mathrm{d}x(t)}{\mathrm{d}t} < 0$，即稳定点 $F(x)$ 的倒数小于 0，或者说 $F(x)$ 与横轴相交处的切线斜率为负值，需满足：$F(y^*) = 0$，且 $F'(y^*) < 0$。

由 $F'(x) = (1 - 2x)(y\mu + \rho - \mu - r)$，可以分析开发者的进化稳定策略（ESS）。

如果 $y^* = (\mu + r - \rho)/\mu$，$F'(x) = 0$，这表明所有 x 轴上的点都是稳定状态；

如果 $y^* \neq (\mu + r - \rho)/\mu$，得到两个可能的平衡点，即 $x = 0$，$x = 1$，此时有两种情况：

$y > y^*$ 时，$F'(0) > 0$，$F'(1) < 0$，则 $x = 1$ 是进化稳定策略（ESS）；

$y < y^*$ 时，$F'(0) < 0$，$F'(1) > 0$，则 $x = 0$ 是进化稳定策略（ESS）。

同理，根据复制动态微分方程（3-8），令 $F(y) = \Psi'_t = 0$，则可得到三个可能的平衡点，$y = 0$，$y = 1$ 及 $x^* = (\Delta + \theta)/(\mu + \delta - 2\Delta)$。

由 $F'(y) = (1 - 2y)[x(\mu + \delta - 2\Delta) + \theta + \Delta]$，可以分析生态环境的进化稳定策略（$ESS$）。

如果 $x^* = (\Delta + \theta)/(\mu + \delta - 2\Delta)$，$F'(y) = 0$，这表明所有 y 轴上的点都是稳定状态；

如果 $x^* \neq (\Delta + \theta)/(\mu + \delta - 2\Delta)$，得到两个可能的平衡点，即 $y = 0$，$y = 1$，此时有两种情况：

$x^* > (\Delta + \theta)/(\mu + \delta - 2\Delta)$ 时，$F'(0) > 0$，$F'(1) < 0$，则 $y = 1$ 是进化稳定策略（ESS）；

$x^* < (\Delta + \theta)/(\mu + \delta - 2\Delta)$ 时，$F'(0) < 0$，$F'(1) > 0$，$y = 0$ 是进化稳定策略（ESS）。

通过以上分析可知，开发者与生态环境两博弈主体的博弈策略情形是对等的，用以下的相位图（见图 3 - 2 ~ 图 3 - 4）可以表示二者的复制动态：

图 3 - 2　当 $y^* = (\mu + r - \rho)/\mu$ 或 $x^* = (\Delta + \theta)/(\mu + \delta - 2\Delta)$ 时的复制动态相位

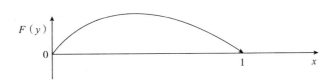

图 3 - 3　当 $y^* > (\mu + r - \rho)/\mu$ 或 $x^* > (\Delta + \theta)/(\mu + \delta - 2\Delta)$ 时的复制动态相位

图 3 - 4　当 $y^* < (\mu + r - \rho)/\mu$ 或 $x^* < (\Delta + \theta)/(\mu + \delta - 2\Delta)$ 时的复制动态相位

（2）博弈模型的稳定性分析。由雅克比行列式局部稳定性分析可得到系统均衡点的稳定性。水电开发项目中开发者与生态环境主体之间博弈演化过程的复制动态微分方程如式（3-9）。

$$\begin{cases} \Phi'_t = x(1-x)(y\mu + \rho - \mu - r) \\ \Psi'_t = y(1-y)[x(\mu + \delta - 2\Delta) + \theta + \Delta] \end{cases} \quad (3-9)$$

由式（3-9）可得雅可比矩阵如式（3-10）。

$$J = \begin{vmatrix} (1-2x)(y\mu + \rho - \mu - r) & \mu x(1-x) \\ (\mu + \delta - 2\Delta)y(1-y) & (1-2y)[x(\mu + \delta - 2\Delta) + \theta + \Delta] \end{vmatrix}$$
$$(3-10)$$

由式（3-10）可得矩阵 J 的行列式（3-11）。

$$\det J = (1-2x)(y\mu + \rho - \mu - r)(1-2y)[x(\mu + \delta - 2\Delta) + \theta + \Delta]$$
$$- \mu x(1-x)(\mu + \delta - 2\Delta)y(1-y) \quad (3-11)$$

矩阵 J 的迹为式（3-12）。

$$tr J = (1-2x)(y\mu + \rho - \mu - r) + (1-2y)[x(\mu + \delta - 2\Delta) + \theta + \Delta]$$
$$(3-12)$$

基于水电开发项目中开发者本位利益界定的假定，由此可以引申出双方博弈存在的二种博弈情形，下面就二种博弈情形下开发者的策略行为取向与稳定点进行讨论。

a. 水电项目开发中开发者低成本与生态环境修复低成本的情形。

由式（3-9）可知，当 $\rho > \mu + r$ 且 $\Delta < \mu + \delta + \theta$ 时，微分复制动态方程有4个平衡点 (0,0)、(1,0)、(1,1)、(0,1)。每个平衡点行列式的值与迹如表3-3所示。

表3-3　　水电项目开发中开发者低成本与生态环境修复低成本的情形

平衡点		表达式	符号	局部稳定性
$x=0,y=0$	$\det J$	$(\rho - \mu - r)(\theta + \Delta)$	>0	不稳定点
	$tr J$	$(\rho - \mu - r) + (\theta + \Delta)$	>0	
$x=1,y=0$	$\det J$	$(-1)(\rho - \mu - r)(\mu + \delta + \theta - \Delta)$	<0	鞍点
	$tr J$	$(-1)(\rho - \mu - r) + (\mu + \delta + \theta - \Delta)$		

平衡点		表达式	符号	局部稳定性
$x = 1, y = 1$	$\det J$	$(-1)(\rho - r) \times (-1)(\mu + \delta + \theta - \Delta)$	> 0	ESS
	trJ	$(-1)(\rho - r) + (-1)(\mu + \delta + \theta - \Delta)$	< 0	
$x = 0, y = 1$	$\det J$	$(\rho - r) \times (-1)(\theta + \Delta)$	< 0	鞍点
	trJ	$(\rho - r) + (-1)(\theta + \Delta)$		

由表 3 - 3 可知，水电项目开发中开发者低成本与生态环境修复低成本情形的稳定点为 (1,1)，即开发中选择开发，生态环境表现为"环境良好"。其现实含义在于：开发者通过调研分析，发现这片区域的水电资源开发成本较低，同时考虑对生态环境的影响或破坏力度，如果对生态环境带来的影响或破坏程度较低，修复或补偿的费用也在可接受的范围，并且通过对生态环境的修复而使其显示"环境良好"，开发者就选择"开发"这一进化稳定策略（ESS）。如果一旦对生态环境破坏比较严重，项目就会受到相关政府部门的干涉，以避免出现外部不经济性。这种情形一般会出现在水电资源比较丰富，周围植被较好的河流区域。

b. 水电项日开发中开发者高成本与生态环境修复高成本的情形。

由式 (3 - 9) 可知，当 $\rho < r < \mu + r$ 且 $\Delta > \mu + \delta + \theta$ 时，微分复制动态方程有 4 个平衡点 (0,0)、(1,0)、(1,1)、(0,1)。其中 (0,0)、(1,0) 两点行列式的值 $\det J < 0$，此时该平衡点为鞍点；(1,1) 行列式的值与迹皆大于 0，此时该点为不稳定点；(0,1) 行列式的值 $\det J > 0$，迹 $trJ < 0$，此时该点为稳定点。由此可知，水电开发项目中开发者与生态环境修复高成本时的稳定点为 (0,1)，即开发者放弃开发，生态环境显示"环境良好"。其现实含义在于：开发者经过调研分析，发现在这一区域开发水电资源成本较高，成本回收周期较长，同时对生态环境的影响或破坏力度较大，面临较高的修复和补偿生态环境的费用。此时开发者的策略是放弃开发，而对生态环境无影响，保持"环境良好"，最终博弈稳定点是 (0,1)。这种情况一般会出现在水电资源比较匮乏，周围生态环境比较脆弱的河流区域。

c. 水电项目开发中开发者低成本与生态环境修复高成本的情形。

由式 (3 - 9) 可知，当 $\rho > \mu + r$ 且 $\Delta > \mu + \delta + \theta$ 时，微分复制动态方程

有 4 个平衡点 (0,0)、(1,0)、(1,1)、(0,1)。每个平衡点行列式的值与迹如表 3 - 4 所示。

表 3 - 4   水电项目开发中开发者低成本与生态环境修复高成本的情形

平衡点		表达式	符号	局部稳定性
$x = 0, y = 0$	$\det J$	$(\rho - \mu - r)(\theta + \Delta)$	> 0	不稳定点
	trJ	$(\rho - \mu - r) + (\theta + \Delta)$	> 0	
$x = 1, y = 0$	$\det J$	$(-1)(\rho - \mu - r)(\mu + \delta + \theta - \Delta)$	> 0	ESS
	trJ	$(-1)(\rho - \mu - r) + (\mu + \delta + \theta - \Delta)$	< 0	
$x = 1, y = 1$	$\det J$	$(-1)(\rho - r) \times (-1)(\mu + \delta + \theta - \Delta)$	< 0	鞍点
	trJ	$(-1)(\rho - r) + (-1)(\mu + \delta + \theta - \Delta)$		
$x = 0, y = 1$	$\det J$	$(\rho - r) \times (-1)(\theta + \Delta)$	< 0	鞍点
	trJ	$(\rho - r) + (-1)(\theta + \Delta)$		

由表 3 - 4 可知，水电项目开发中开发者低成本与生态环境修复高成本情形的稳定点为 (1,0)，即开发中选择开发，生态环境不修复。其现实含义在于：开发者进行水电开发时成本低，但是会带来很高的生态环境修复成本，这样开发者在选择开发的同时会选择对生态环境不修复，此时政府对开发者不修复行为会加以干预，导致开发项目的落空。这种情况一般会出现在水电资源比较丰富但对生态环境影响较大的河流区域。

d. 水电项目开发中开发者高成本与生态环境修复低成本的情形。

由式 (3 - 9) 可知，当 $\rho < r < \mu + r$ 且 $\Delta < \mu + \delta + \theta$ 时，微分复制动态方程有 4 个平衡点 (0,0)、(1,0)、(1,1)、(0,1)。其中 (0,1) 行列式的值 $\det J > 0$，迹 $trJ < 0$，此时该点为稳定点（ESS）。由此可知，水电开发项目中开发高成本与生态环境修复低成本时的稳定点为 (0,1)，即开发者放弃开发，生态环境显示"环境良好"。其现实含义在于：在生态环境修复低成本，表明水电开发项目对环境的影响较小，而开发成本较高有可能对此地的开发带来其他一些高成本（比如移民成本）。这种情况一般会出现在水电资源开发带来大批移民搬迁的区域。

从以上对水电开发项目中开发者与生态环境之间的进化博弈分析可知，双方竞争博弈的稳定点或者最佳策略是开发者开发低成本与生态环境修复低成本，才能促使水电项目的成功开发，在实际水电开发项目中也可能有其他几种情况存在。进行水电资源项目开发，对生态环境修复无论是低成本还是高成本，都应安排其相应的费用，维持生态环境的良好状况，以谋求经济、环境的和谐与可持续发展。随着经济的快速发展、人们环保意识的增强，水电开发项目在维持生态环境平衡投入的费用呈现大幅上升趋势，导致水电资源开发成本倍增已是公认的事实。水电开发项目中开发者应事先做好生态环境影响评估，进行合理的补偿或修复，以避免被中途叫停的事件发生。

3.2.2　水电开发者与移民之间的进化博弈分析

水电是可再生的清洁能源，在我国水能资源丰富，具有很大的开发潜力。通过博弈支付矩阵，对水电开发项目中开发者与移民之间进行进化博弈分析，得出水电开发的最佳稳定点或策略是水电开发者与移民双高成本方可使项目成功开发。建议完善移民补偿制度，实现水电开发项目与社会的和谐发展，拓宽水电开发项目融资渠道，加大政府支持力度，加强水电开发管理，推进水电项目有序开发。

目前，我国能源短缺越来越明显，表明未来社会、经济的发展会受到能源短缺的制约。在能源短缺的同时，能源消费还会受到碳排放目标的影响。大力开发水电这一清洁能源既能缓解能源供需矛盾，也顺应能源消费理应降低碳排放与可持续发展这一时代要求。然而，水电开发项目的顺利实施，必将涉及因水电开发而需搬迁的移民问题。水电开发者与移民之间形成一种博弈关系，对移民迁出补偿过低，移民会不愿搬迁，使水电项目难以实施，同样，移民要求补偿过高，使其水电开发成本过高，也会使水电开发项目无法进行。寻求水电开发者与移民之间一种协调稳定的关系，对于水电开发有着重要的意义。

对于水电开发项目中有关移民与水电开发者之间的博弈研究，国内外现有文献较少。施祖留（2003）分析了中央与地方政府，以及业主三方在水电开发项目中与移民管理的联系，利用"囚徒困境"的博弈模型，对三方在移民管理中的立场与如何完善移民政策提出了建议。范卉（2004）对处在快速发展时期的水电开发项目中，地方利益与水电开发者利益之间的博弈进行了定性分析。李松慈（2004）定性分析了小浪底水利工程的水库移民问题，其宗旨是实施可持续发展。苏茜（2006）对在水电工程项目中的水电开发公司、移民、地方政府、环保志愿者等利益相关者之间进行了博弈分析。曾建生（2008）对地方政府、移民机构、移民等移民工作中的三大利益主体进行了简单的博弈描述分析。李庆滑（2009）认为水电开发中企业、居民、政府、非政府组织之间的利益调节需要应用相应的法律法规。严登才（2012）以广西为例，探讨了水电开发与当地少数民族移民发展问题。

从对研究文献分析来看，专家学者主要是对水电开发者（或水电开发公司）、政府、移民机构、移民（或居民）之间博弈关系进行定性分析，而运用博弈模型进行分析也仅是利用"囚徒困境"模型。本文以现有文献为基础，运用进化博弈模型分析水电开发者与水电移民之间的博弈关系，寻求他们之间博弈的稳定点，实现协调发展，从而达到水电开发项目的可持续发展。

1. 模型描述

在水电开发项目中，根据移民与水电开发者之间的利益关系，对博弈双方做以下假定：

第一，参与主体。水电开发者（开发公司或者政府）是博弈模型中的一方主体，他在博弈竞争中拥有一定的优势地位；另一参与主体就是移民（或居民）。假定参与双方都是有限理性。

第二，行动策略。在博弈模型策略选择中，移民可以采用的策略方案是：自愿搬迁与非自愿搬迁。而水电开发者可以采用的策略方案是：开发成功与未开发成功（未开发成功并非是水电开发者自身放弃开发，其原因主要来自开发中带来的一些非常严重的负面影响，比如给环境、社会）。

第三，信息获取。在模型中参与者对对方的行动策略无法准确预知，即信息是不完全的，信息的获取是需要成本的。

第四，收益集。水电开发者能从成功开发水电项目中获利 R，水电开发项目中移民的搬迁成本为 c，移民获取的移民补偿为 P（这也是按照国家规定政策标准，水电开发者支付的移民搬迁成本），这里有 $P > c$，即移民获取的补偿应该比搬迁成本要高，移民获取的补偿资金除了搬迁、安居之外，还应包括未来的生存与发展资金。

水电开发者从水电开发项目成功中获利为 R_s，若不成功会获利 R_f（比如来自政府的补偿或获得社会效益）、损失或成本 c_2，移民在自愿搬迁中获取的收益为 P，同时也是水电开发者为了水电开发项目顺利实施而支付给移民的搬迁成本，在开发不成功的情况下，移民可以获得收益或者挽回损失 Q（Q 来自水电不合理开发给予移民的补偿）。移民搬迁时所需要的成本为 c，如果移民非自愿搬迁，那么其收益即为节省的成本 c，在水电项目开发不成功的情况下，移民则损失 c_1。假定水电开发项目能否开发成功的概率为 f。水电开发者在开发成功下的支付收益分别为 $R_s - P$，在未开发成功下的支付收益分别为 $R_f - fc_2 - Q$、$R_f - fc_2$；移民在自愿搬迁情况下的支付收益分别为 P、Q，移民在非自愿搬迁情况下的支付收益分别为 c、$c - fc_1$。由此，构建如表 3 - 5 所示的博弈支付矩阵。

表 3 - 5　　　水电开发项目中开发者与移民之间博弈的支付收益矩阵

		移民	
		自愿搬迁	非自愿搬迁
水电开发者	开发成功	$R_s - P$，P	$R_s - P$，c
	未开发成功	$R_f - fc_2 - Q$，Q	$R_f - fc_2$，$c - fc_1$

2. 模型分析

分别进行模型的适应度和稳定性分析。

（1）博弈模型的适应度分析。由表 3 - 5 可知水电开发者与移民的博弈支付收益矩阵，由此进行其适应度分析。现假设水电开发项目中移民愿意搬迁的概率为 y，非自愿搬迁的概率为 $(1 - y)$；水电项目能够开发成功的概率为 x，则开发不成功的概率为 $(1 - x)$。

水电开发者能够成功开发水电项目时的适应度为：

$$u_1 = y(R_s - P) + (1 - y)(R_s - P) = R_s - P \qquad (3 - 13)$$

水电开发者不能够成功开发水电项目时的适应度为：

$$u_2 = y(R_f - fc_2 - Q) + (1 - y)(R_f - fc_2) = R_f - fc_2 - yQ \quad (3 - 14)$$

水电开发者的期望适应度为：

$$\bar{u} = x(R_s - P) + (1 - x)(R_f - fc_2 - yQ) = (R_f - fc_2 - yQ) + x(R_s - R_f + yQ + fc_2 - P)$$
$$\qquad (3 - 15)$$

则水电开发者能够成功开发水电项目时的复制动态方程为：

$$u'_t = x(u_1 - \bar{u}) = x\{(R_s - P) - [(R_f - fc_2 - yQ) + x(R_s - R_f + yQ + fc_2 - P)]\} = x(1 + x)(R_s - R_f + fc_2 + yQ - P) \qquad (3-16)$$

同理可得，移民在选择自愿搬迁时的适应度为：

$$v_1 = xP + (1-x)Q \qquad (3-17)$$

同时，移民在选择非自愿搬迁时的适应度为：

$$v_2 = xc + (1-x)(c - fc_1) = c - (1-x)fc_1 \qquad (3-18)$$

可得移民的期望适应度为：

$$\bar{v} = y[xP + (1-x)Q] + (1-y)[c - (1-x)fc_1] \qquad (3-19)$$

由此，移民在选择愿意搬迁时的复制动态方程为：

$$v'_t = y(v_1 - \bar{v}) = y(1-y)((Q + fc_1 - c) - x(Q - P + fc_1)) \qquad (3-20)$$

式（3-16）和式（3-20）描述了水电开发项目中水电开发者与移民之间博弈竞争演化系统的群体动态。由此可知，这个演化系统的复制动态方程为式（3-21）：

$$\begin{cases} u'_t = x(1+x)(R_s - R_f + fc_2 + yQ - P) \\ v'_t = y(1-y)[(Q + fc_1 - c) - x(Q - P + fc_1)] \end{cases} \qquad (3-21)$$

根据弗里德曼（1991）提出的方法，对博弈竞争系统的雅可比行列式进行局部稳定性分析，可得到其均衡点的稳定性。其雅可比矩阵如式（3-22）：

$$J = \begin{vmatrix} (1+2x)(R_s - R_f + fc_2 + yQ - P) & x(1+x)Q \\ -y(1-y)(Q - P + fc_1) & (1-2y)[(Q + fc_1 - c) - x(Q - P + fc_1)] \end{vmatrix}$$
$$(3-22)$$

矩阵 J 的行列式为式（3-23）：

$$\det J = [(1+2x)(R_s - R_f + fc_2 + yQ - P)](1-2y)[(Q + fc_1 - c) - x(Q - P + fc_1)] + [x(1+x)Q][y(1-y)(Q - P + fc_1)] \qquad (3-23)$$

矩阵 J 的迹为式（3-24）：

$$trJ = [(1+2x)(R_s - R_f + fc_2 + yQ - P)] + (1-2y)[(Q + fc_1 - c) - x(Q - P + fc_1)] \qquad (3-24)$$

（2）博弈模型的稳定点分析。上述条件和假设是以模型演化稳定策略为原则，即水电项目开发中开发者与移民之间没有串谋或相互勾结的有限理性行为，事实上，水电开发项目过程中开发方与移民之间博弈皆是考虑自身效益最大化。由此，在排除串谋或勾结行为的前提下，我们可以通过对水电开发项目中开发者与移民之间的博弈过程分析，从中揭示出双方理性行为取向及其稳定点。基于水电开发项目中开发者与移民相互本位利益界定的假设，由此，可以引申出开发者与移民博弈双方的如下四种情形。

第一，水电开发者与移民之间双方高成本情形的博弈行为。

由式（3-21）、式（3-23）、式（3-24）可知，当 $P > (R_s - R_f + fc_2 + Q)$ 且 $c > (Q + fc_1)$ 时，博弈模型复制动态方程有 4 个平衡点 $(0,0)$、$(1,0)$、$(1,1)$、$(0,1)$，每个平衡点行列式的值与迹如表 3-6 所示。

表 3-6　　　　水电开发者与移民之间双方高成本情形的稳定点分析

平衡点		表达式	符号	局部稳定性
$x = 0, y = 0$	$\det J$	$(R_s - R_f + fc_2 - P)(Q + fc_1 - c)$	> 0	ESS
	trJ	$(R_s - R_f + fc_2 - P) + (Q + fc_1 - c)$	< 0	
$x = 1, y = 0$	$\det J$	$3(R_s - R_f + fc_2 - P)(P - c)$	< 0	鞍点
	trJ	$3(R_s - R_f + fc_2 - P) + (P - c)$		
$x = 1, y = 1$	$\det J$	$3(R_s - R_f + fc_2 + Q - P)(-P + c)$	> 0	ESS
	trJ	$3(R_s - R_f + fc_2 + Q - P) + (-P + c)$	< 0	
$x = 0, y = 1$	$\det J$	$-(R_s - R_f + fc_2 + Q - P)(Q + fc_1 - c)$	< 0	鞍点
	trJ	$(R_s - R_f + fc_2 + Q - P) - (Q + fc_1 - c)$		

由表 3-6 可知，水电开发项目中开发者与移民双方，在各自高成本情形下的稳定点为 $(0,0)$、$(1,1)$。稳定点 $(0,0)$ 表明当水电项目开发中，开发者进行水电项目开发的成本大于其未来所获利润与其产生的社会影响之和时，水电项目开发者宁可选择不开发；同样，移民的搬迁成本比得到的补偿还要大时，则移民宁可选择不搬迁，在这种情况下，如果国家或地方政府政策强制要求，将会出现移民的上访、骚乱，阻挠其水电项目开发，影响社会治安和稳定，这会加大水电开发项目的开发成本，开发者这时也会选择不开放。$(1,1)$ 为稳定点，表明水电开发者与移民之间可以接受各自的高成本而促使水电开发项目的顺利进行。水电开发者与移民能够接受双高成本，这似乎与常识相悖，而其实这可能正是双方有限理性的结果。随着经济的快速发展，人们生活水平的提高，水电项目要想成功开发，其成本居高已成不争的事实，而移民为了在

搬迁以后能够获得更好的生活条件和安居乐业，也愿意在获取高额补偿的同时，在高成本下选择搬迁。

第二，水电项目开发中开发者低成本与移民搬迁高成本情形的博弈行为。

当 $P < (R_s - R_f + fc_2 + Q)$ 且 $c > (Q + fc_1)$ 时，博弈模型复制动态方程有 4 个平衡点 $(0,0)$、$(1,0)$、$(1,1)$、$(0,1)$，每个平衡点行列式的值与迹如表 3 – 7 所示。

表 3 – 7　　　　水电项目开发者低成本移民搬迁高成本情形的稳定点分析

平衡点		表达式	符号	局部稳定性
$x = 0, y = 0$	$\det J$	$(R_s - R_f + fc_2 - P)(Q + fc_1 - c)$	< 0	鞍点
	$\text{tr} J$	$(R_s - R_f + fc_2 - P) + (Q + fc_1 - c)$		
$x = 1, y = 0$	$\det J$	$3(R_s - R_f + fc_2 - P)(P - c)$	> 0	不稳定点
	$\text{tr} J$	$3(R_s - R_f + fc_2 - P) + (P - c)$	> 0	
$x = 1, y = 1$	$\det J$	$3(R_s - R_f + fc_2 + Q - P)(-P + c)$	< 0	鞍点
	$\text{tr} J$	$3(R_s - R_f + fc_2 + Q - P) + (-P + c)$		
$x = 0, y = 1$	$\det J$	$-(R_s - R_f + fc_2 + Q - P)(Q + fc_1 - c)$	> 0	ESS
	$\text{tr} J$	$(R_s - R_f + fc_2 + Q - P) - (Q + fc_1 - c)$	< 0	

由表 3 – 7 可知，水电项目开发中开发者低成本与移民搬迁高成本下的稳定点为 $(0,1)$。说明水电开发者虽然面临开发低成本时，而移民搬迁高成本也可能使其水电开发者选择不开发。这在水电开发项目中也是有可能的，移民搬迁需要高成本且愿意搬迁，同时水电开发者开发成本较低，一方面，有可能移民的自愿搬迁借助的是政府的强制行为；另一方面，移民的高成本搬迁必将转嫁给水电开发者。虽然对于水电开发者而言显示的是低成本，但付出的仍是高成本，同时还承受着被政府强制搬迁的移民在未来有可能追加补偿或寻衅滋事的风险，这时开发者可能选择放弃开发。

第三，水电开发项目中开发者高成本与移民搬迁低成本情形的博弈行为。

当 $P > (R_s - R_f + fc_2 + Q)$ 且 $c < (Q + fc_1)$ 时，博弈模型复制动态方程有 4 个平衡点 $(0,0)$、$(1,0)$、$(1,1)$、$(0,1)$，每个平衡点行列式的值与迹如表 3 – 8 所示。

表 3 - 8　水电开发项目中开发者高成本与移民搬迁低成本情形的稳定点分析

平衡点		表达式	符号	局部稳定性
$x = 0, y = 0$	$\det J$	$(R_s - R_f + fc_2 - P)(Q + fc_1 - c)$	< 0	鞍点
	trJ	$(R_s - R_f + fc_2 - P) + (Q + fc_1 - c)$		
$x = 1, y = 0$	$\det J$	$3(R_s - R_f + fc_2 - P)(P - c)$	< 0	鞍点
	trJ	$3(R_s - R_f + fc_2 - P) + (P - c)$		
$x = 1, y = 1$	$\det J$	$3(R_s - R_f + fc_2 + Q - P)(-P + c)$	> 0	ESS
	trJ	$3(R_s - R_f + fc_2 + Q - P) + (-P + c)$	< 0	
$x = 0, y = 1$	$\det J$	$-(R_s - R_f + fc_2 + Q - P)(Q + fc_1 - c)$	> 0	不稳定点
	trJ	$(R_s - R_f + fc_2 + Q - P) - (Q + fc_1 - c)$	> 0	

由表 3 - 8 可知，水电开发项目中开发者高成本与移民搬迁低成本时的稳定点为 (1,1)。说明水电开发者在面临开发高成本移民搬迁低成本时选择开发，而移民也选择了搬迁。基于能源短缺、人们对清洁能源的旺盛需求，水电开发便带有一定的公用事业性质，再有政府对水电开发的扶持，水电开发者在面临开发高成本时，也会选择开发。

第四，水电开发项目中开发者与移民双方低成本情形的博弈行为。

当 $P < (R_s - R_f + fc_2 + Q)$ 且 $c < (Q + fc_1)$ 时，博弈模型复制动态方程有 4 个平衡点 (0,0)、(1,0)、(1,1)、(0,1)，每个平衡点行列式的值与迹如表 3 - 9 所示。从表 3 - 9 中可以看出，在水电开发项目中开发者与移民没有稳定点。如当 $P < c$ 时，有一个中心点 (x_0, y_0)，其中 $x_0 = (Q + fc_1 - c)/(Q + fc_1 - P)$，$y_0 = (P - R_s + R_f - fc_2)/Q$，如表 3 - 9 所示，中心点会向 (0,0) 移动。当 P 比 c 越来越小时，即水电开发者为了降低开发成本，不断压低对移民的补偿，这时移民会选择不搬迁，同时还会找水电开发者讨说法，使其项目不能正常开工，这会导致开发者放弃开发。

表 3 - 9   水电开发项目中开发者与移民双方低成本情形的稳定点分析

平衡点		表达式	符号	局部稳定性
$x = 0, y = 0$	$\det J$	$(R_s - R_f + fc_2 - P)(Q + fc_1 - c)$	> 0	不稳定点
	$tr J$	$(R_s - R_f + fc_2 - P) + (Q + fc_1 - c)$	> 0	
$x = 1, y = 0$	$\det J$	$3(R_s - R_f + fc_2 - P)(P - c)$	> 0	不稳定点
	$tr J$	$3(R_s - R_f + fc_2 - P) + (P - c)$	> 0	
$x = 1, y = 1$	$\det J$	$3(R_s - R_f + fc_2 + Q - P)(-P + c)$	< 0	鞍点
	$tr J$	$3(R_s - R_f + fc_2 + Q - P) + (-P + c)$		
$x = 0, y = 1$	$\det J$	$-(R_s - R_f + fc_2 + Q - P)(Q + fc_1 - c)$	< 0	鞍点
	$tr J$	$(R_s - R_f + fc_2 + Q - P) - (Q + fc_1 - c)$		
$x = x_0, y = y_0$	$\det J$	$[x_0(1 + x_0)Q][y_0(1 - y_0)(Q - P + fc_1)]$	> 0	中心
	$tr J$	0		

从以上对水电开发项目中开发者与移民之间的进化博弈分析可知，双方竞争博弈的稳定点或者最佳策略是开发者与移民双高成本，才能促使水电开发项目的成功，在实际水电开发项目中也可能有其他情况存在。在水电开发项目中，无论移民搬迁高成本还是低成本，都应该得到其相应的补偿。随着我国整体生活水平的提高、经济的快速发展、人们自我维权意识的增强等因素，当前水电开发项目对移民搬迁的成本呈现较高势头已是不争的事实。对于移民的补偿不仅仅是房屋住宅的迁移，还要为移民今后的生存发展进行后期补偿。

3.3   本章小结

构建水电开发项目中开发者与生态环境之间的博弈支付矩阵，对博弈双方进行适应度与稳定性的进化博弈分析，得出开发者低成本与生态环境修复低成本的均衡稳定性策略的结论，由此方可使其水电项目开发成功。为此给出以下对策建议。

第一，完善生态环境和移民补偿制度，实现清洁能源水电开发与生态环境、社会的和谐发展。水电资源的开发对生态环境有或多或少的影响，在进行水电资源开发时，首先要做好对生态环境的补偿或修复工作。环保、水利、地质、国土等作为社会利益代表的相关政府部门，应代为行使生态环境主体权利的职能，获取对生态环境有利的补偿或修复，促进水电资源的顺利开发，从而谋求人与自然以及环境、社会、经济的和谐发展。其具体体现在建立动态生态环境与移民补偿机制、科学的生态补偿评价体系与生态补偿法制化，实施"先补偿后建设、后期不断修复""前期补偿、补助与后期扶持"的长期政策措施。把水电资源开发带给生态环境的影响掌握在可控之内，避免开工后停工及群体事件的发生。完善移民补偿制度，实现水电开发项目与社会的和谐发展。

第二，拓宽水电资源开发项目资金融通渠道，加大政府扶持力度。按照"谁开发，谁受益，谁补偿"的原则，水电资源开发项目中开发者应该承担相应的补偿资金和水电项目建设资金，但是水电资源开发项目也应该有着公用事业的性质。因此，为了水电资源项目的顺利实施，政府可以给予一定的政策和资金的支持，给予水电开发者更多资金融通渠道。比如减税、提供低息贷款、发行企业债券，以及提供环保资金和地质灾害防治资金等措施。

第三，加强水电开发管理，推进水电项目有序开发。水电是可再生能源，具有发电成本低、清洁、电网输送灵活等优点。而我国水能资源丰富，未来水电开发还具有很大的潜力。根据开发者与生态环境之间的进化博弈稳定点，我们可以在水能资源丰富、对生态环境影响较小的区域进行大力开发，而在一些生态比较脆弱的地区慎重开发。换言之，在大力提倡水电开发的同时，必须加强水电开发项目的管理，避免无序开发，也由此避免因水电资源开发所带来的生态环境、移民、利益纠纷等问题。

第4章

我国水电开发的替代效应

我国以煤炭为主的能源消费结构，它是主要的大气污染源。在控制能源消费总量的同时，关注增加清洁能源的消费也是非常重要的事情。寻找可替代的清洁能源是调整我国能源消费结构的当务之急，水电就是一种重要的可再生清洁能源，也是可替代煤炭的能源之一。

本章将探讨水电消费对其他三种能源消费的替代效应，从两个方面考虑，一是运用 VAR（向量自回归模型，vector autoregression）模型的脉冲响应函数（impulse response function，IRF）分析水电消费对其他三种能源替代效应；二是由水电消费替代煤炭消费所带来的空气污染的改善。

4.1　我国能源消费结构

由于我国能源资源多煤少油少气，导致长期以来，我国能源消费以煤为主的消费结构（如表 4 - 1 所示），其中电力包括水电、核电、风电等，由于核电、风电以及其他清洁能源比例较小，所以水电就用电力来表示。从表中可以看出能源消费结构中煤炭占比为 70% 左右，石油占比为 20% 左右。以煤和石油为主的能源消费结构导致了中国主要的大气污染。据研究表明，中国排入大气中的 85% 的二氧化碳（CO_2）、60% 的氮氧化物（NO_x）、85% 的二氧化硫（SO_2）和 70% 的烟尘来自煤炭的燃烧（朱达，2004），大量的燃煤对我国大气环境带来了比较大的影响。由于粗放型的能源发展模式以及低效率的能源利用方式和以煤为主的能源结构，我国能源消费所造成的环境污染问题日渐严重。在我国经济快速发展的同时，二氧化碳排放的增加量占世界增加量的很大比例，国际社会不断要求中国政府控制二氧化碳排放量，这也使我们在国际上由应该承担的环境义务所带来的压力越来越大。资料显示，我国由火电排放的二氧化硫和烟尘的排放量及占比如表4-2所示。

表 4-1　　　　　　　**1978~2007 年我国能源消费结构**　　　　单位:%

年份	占能源消费总量的比重			
	煤炭	石油	天然气	电力
1978	70.7	22.7	3.2	3.4
1980	72.2	20.7	3.1	4.0
1985	75.8	17.1	2.2	4.9
1990	76.2	16.6	2.1	5.1
1991	76.1	17.1	2.0	4.8
1992	75.7	17.5	1.9	4.9
1993	74.7	18.2	1.9	5.2
1994	75.0	17.4	1.9	5.7
1995	74.6	17.5	1.8	6.1
1996	73.5	18.7	1.8	6.0
1997	71.4	20.4	1.8	6.4
1998	70.9	20.8	1.8	6.5
1999	70.6	21.5	2.0	5.9
2000	69.2	22.2	2.2	6.4
2001	68.3	21.8	2.4	7.5
2002	68.0	22.3	2.4	7.3
2003	69.8	21.2	2.5	6.5
2004	69.5	21.3	2.5	6.7
2005	70.8	19.8	2.6	6.8
2006	71.1	19.3	2.9	6.7
2007	71.1	18.8	3.3	6.8
2008	70.3	18.3	3.7	7.7
2009	70.4	17.9	3.9	7.8

年份	占能源消费总量的比重			
	煤炭	石油	天然气	电力
2010	68.0	19.0	4.4	8.6
2011	68.4	18.6	5.0	8.0
2012	66.6	18.8	5.2	9.4
平均	72.3	19.2	2.6	5.9

资料来源:《中国统计年鉴(2013)》。

表4-2　　　　　中国火电二氧化硫和烟尘排放量及占全国比例

年份	二氧化硫排放量			烟尘排放量		
	全国(万吨)	火电(万吨)	占比例(%)	全国(万吨)	火电(万吨)	占比例(%)
1991	1622.0	460.0	28.36	1324.0	325.0	24.55
2000	1995.1	720.0	36.09	1165.4	301.3	25.85
2001	1947.8	654.0	33.58	1069.8	289.7	27.08
2002	1926.6	666.8	34.61	1012.7	292.4	28.87
2003	2158.7	802.6	37.18	1048.7	312.8	29.83
2004	2254.9	929.3	41.21	1095.0	348.6	31.84

资料来源:《中国环境统计年鉴》1991年和2000~2005年;2001年二氧化硫排放量统计口径为1033家火电厂,消耗燃料5亿吨,占2001年全国火电厂消耗原煤5.76亿吨的86%。

　　面对如此严峻的形势,大力发展可再生的清洁能源,应逐步调整以化石燃料消费为主的能源消费结构,实现能源、社会、环境与经济的可持续发展。鉴于此,如何寻找煤炭和石油的替代能源已是当务之急。水电是清洁可再生能源,它是煤炭和石油比较好的替代能源之一。

　　替代效应是一个经济学概念,以商品A和商品B为例,假设消费者能够消费的商品总量是一定的,如果多消费了商品A,必然减少商品B的消费量,反之亦然;那么,商品A和商品B之间就存在着替代效应。本文所指的替代效应与一般经济学中的替代效应还有所不同,简言之,本文的替代效应就是用水电替代煤炭（或者说是用水电替代火电）或者替代其他能源所带来的效应。

严奇（2006）建立了多变量向量自回归模型（VAR），通过脉冲响应函数（IRF）分析了我国电力、煤炭、石油和天然气四种能源之间的替代性，发现电力与煤炭之间存在显著的替代性，而其余能源之间不具有显著的替代性，由此建议可用煤炭缓解电力的不足。本文与严奇不同的是，除了运用多变量向量自回归模型的脉冲响应函数，还建立了两变量的向量自回归模型的脉冲响应函数，严奇用煤炭替代电力，其用意在于用煤炭消费缓解电力的不足，而实质上我国电力消费中 80% 来自煤炭消耗的火电，用更多的煤炭增加较多的电力供应是显而易见的。本文旨在研究用水电对其他能源的替代性，从而研究其替代效应。本文运用两变量向量自回归模型的脉冲响应函数研究水电对煤炭、水电对石油以及水电对天然气的替代性，以及建立水电、煤炭、石油与天然气的多变量向量自回归模型的脉冲响应函数研究四种能源之间的替代性。其替代性表示的是水电消费量的变化如何引起煤炭（或者其他能源的消费量）消费量的变化，反之，煤炭消费量（或者其他能源的消费量）的变化如何引起水电消费量的变化。

4.2　模型的描述

4.2.1　ADF 检验

在进行 VAR 模型分析以前，必须对相关数据列进行平稳性检验，只有具有同阶平稳性的数据列，才能进行 VAR 模型分析。检查平稳性的方法就是单位根检验，本文选取 ADF（augmented dickey-fuller test）检验。ADF 检验方法就是通过在回归方程右边加上因变量 y_t 的滞后差分项对高阶序列相关进行控制。其模型有如下三种形式：

$$\Delta y_t = \gamma y_{t-1} + \sum_{i=1}^{p} \beta_i \Delta y_{t-i} + u_t \,,\, t = 1,2,\cdots,T \qquad (4-1)$$

$$\Delta y_t = \gamma y_{t-1} + a + \sum_{i=1}^{p} \beta_i \Delta y_{t-i} + u_t \,,\, t = 1,2,\cdots,T \qquad (4-2)$$

$$\Delta y_t = \gamma y_{t-1} + a + \delta t + \sum_{i=1}^{p} \beta_i \Delta y_{t-i} + u_t \,,\, t = 1,2,\cdots,T \qquad (4-3)$$

检验假设: $H_0 : \gamma = 0$, $H_1 : \gamma < 0$ （4 - 4）

原假设为: 序列存在一个单位根; 备选假设为: 不存在一个单位根序列 y_t 可能还包含时间趋势项和常数项。判断 γ 的估计值 $\hat{\gamma}$ 是接受备选假设或接受原假设者, 由此判断一个高阶自相关序列 AR（p）过程是否有单位根存在。通过模拟可以得出在不同样本容量及不同回归模型下检验 $\hat{\gamma}$, 在设定显著性水平下 t 统计量的临界值。这让我们能够在设定的显著性水平下很方便地判断高阶自相关序列是否有单位根存在。

4. 2. 2　VAR 模型的一般表示

VAR（p）模型的数学表达式是:

$$y_t = A_t y_{t-1} + \cdots + A_p y_{t-p} + B x_t + \varepsilon_t \qquad (4-5)$$

其中, $t = 1,2,\cdots,T$, y_t 是 k 维内生变量向量, x_t 是 d 维外生变量向量, p 是滞后阶数, T 是样本个数。$k \times k$ 维矩阵 $A_1,\cdots,A_p$ 和 $k \times d$ 维矩阵 B 是要被估计的系数矩阵。ε_t 是 k 维扰动向量, 他们相互之间可以同期相关, 但不与等式右边的变量相关及不与自己的滞后值相关, 假设 Σ 是 ε_t 的协方差矩阵, 它是一个 $k \times k$ 的正定矩阵。式（4 - 5）可以用矩阵表示为:

$$\begin{bmatrix} y_{1t} \\ y_{2t} \\ \vdots \\ y_{kt} \end{bmatrix} = A_1 \begin{bmatrix} y_{1t-1} \\ y_{2t-1} \\ \vdots \\ y_{kt-1} \end{bmatrix} + A_2 \begin{bmatrix} y_{1t-2} \\ y_{2t-2} \\ \vdots \\ y_{kt-2} \end{bmatrix} + \cdots + B \begin{bmatrix} x_{1t} \\ x_{2t} \\ \vdots \\ x_{dt} \end{bmatrix} + \begin{bmatrix} \varepsilon_{1t} \\ \varepsilon_{2t} \\ \vdots \\ \varepsilon_{kt} \end{bmatrix} \qquad (4-6)$$

其中, $t = 1,2,\cdots,T$ 。式（4 - 6）含有 k 个时间序列变量的 VAR（p）模型由 k 个方程组成。还可以将式（4 - 6）简单变换, 表示为:

$$\tilde{y}_t = A_1 \tilde{y}_{t-1} + \cdots + A_p \tilde{y}_{t-p} + \tilde{\varepsilon}_t \qquad (4-7)$$

其中, $\tilde{y}_t$ 是 y_t 关于外生变量 x_t 回归的残差。式（4 - 7）简写为:

$$A(L) \tilde{y}_t = \tilde{\varepsilon}_t \qquad (4-8)$$

其中, $A(L) = I_k - A_1 L - A_2 L^2 - \cdots - A_p L^p$, 是滞后算子 L 的 $k \times k$ 的参数矩阵, 一般称式（4 - 8）为非限制向量自回归模型（unrestricted VAR）。冲击向量 ε_t 是白噪声向量, 因为 ε_t 没有结构性的含义, 它被称为冲击向量的简化形式。

4.2.3   脉冲响应函数的基本思想

在分析 VAR 模型时，往往不分析一个变量的变化对另一个变量的影响如何，而是分析当一个误差项发生变化，或者说模型受到某种冲击对系统的动态影响，这种分析方法就是脉冲响应函数方法（IRF）。

用时间序列模型来分析影响关系的一种思路，是考虑扰动项的影响是如何传播到各变量的。下面根据两变量的 VAR（2）模型式（4-9）来说明脉冲响应函数的思想。

$$\begin{cases} x_t = a_1 x_{t-1} + a_2 x_{t-2} + b_1 z_{t-1} + b_2 z_{t-2} + \varepsilon_{1t} \\ z_t = c_1 x_{t-1} + c_2 x_{t-2} + d_1 z_{t-1} + d_2 z_{t-2} + \varepsilon_{2t} \end{cases} \qquad (4-9)$$

其中，$t = 1, 2, \cdots, T$，a_i, b_i, c_i, d_i 是参数，扰动项 $\varepsilon_t = (\varepsilon_{1t}, \varepsilon_{2t})'$，假定是具有下面这样性质的白噪声向量：

$$\begin{cases} E(\varepsilon_{it}) = 0 \quad 对于 \; \forall t \quad i = 1,2 \\ \mathrm{var}(\varepsilon_t) = E(\varepsilon_t \varepsilon'_t) = \sum = \{\sigma_{ij}\}, \; 对于 \; \forall t \\ E(\varepsilon_{it}\varepsilon_{is}) = 0, \; 对于 \; \forall t \neq s \quad i = 1,2 \end{cases} \qquad (4-10)$$

假定上述系统从 0 期开始活动，且设 $x_{-1} = x_{-2} = z_{-1} = z_{-2} = 0$，又设于第 0 期给定了扰动项 $\varepsilon_{10} = 1$，$\varepsilon_{20} = 0$，并且其后均为 0，即 $\varepsilon_{1t} = \varepsilon_{2t} = 0(t = 1, 2, \cdots)$，称此为第 0 期给 x 以脉冲，下面讨论 x_t 与 z_t 的响应，$t = 0$ 时：$x_0 = 1$，$z_0 = 0$。将其结果代入式（4-9），$t = 1$ 时：$x_1 = a_1$，$z_1 = c_1$。再把其结果代入式（4-9），$t = 2$ 时：

$$x_2 = a_1^2 + a_2 + b_1 c_1, \quad z_2 = c_1 a_1 + c_2 + d_1 c_1$$

继续这样计算下去，设求得结果为：$x_0, x_1, x_2, x_3, x_4, \cdots$

称为由 x 的脉冲引起的 x 的响应函数。同样所求得

$$z_0, z_1, z_2, z_3, z_4, \cdots$$

称为由 x 的脉冲引起的 z 的响应函数。

当然，第 0 期的脉冲反过来，从 $\varepsilon_{10} = 0$，$\varepsilon_{20} = 1$ 出发，可以求出由 z 的脉冲引起的 x 的响应函数和 z 的响应函数。以上这样的脉冲响应函数明显地捕捉到冲击的效果。

4.2.4   多变量 VAR 模型的脉冲响应函数

将上一节讨论推广到多变量的 VAR（p）模型上去。考虑不含外生变量

的非限制向量自回归模型,如式(4-1):

$$y_t = A_1 y_{t-1} + \cdots + A_p y_{t-p} + \varepsilon_t \quad \text{或} \quad A(L)y_t = \varepsilon_t \quad (4-11)$$

则可得:

$$y_t = (I_k - A_1 L - \cdots - A_p L^p)^{-1} \varepsilon_t = (I_k + C_1 L + C_2 L^2 + \cdots) \varepsilon_t \quad (4-12)$$

其中,$t = 1, 2, \cdots, T$。如果行列式 $\det [A(L)]$ 的根都在单位圆外,则式 (4-12) 满足可逆性条件,可以将其表示为无穷阶的向量动平均(VMA(∞))形式

$$\psi_1 = \psi_2 = \cdots = 0 \quad (4-13)$$

其中

$$C(L) = A(L)^{-1}, C(L) = C_0 + C_1 L + C_2 L^2 + \cdots, C_0 = I_k$$

VMA(∞)表达式的系数可按下面的方式给出。由于 VAR 的系数矩阵 A_i 和 VMA 的系数矩阵 C_i 必须满足下面的关系:

$$(I - A_1 L - \cdots - A_p L^p)(I_k + C_1 L + C_2 L^2 + \cdots) = I_k \quad (4-14)$$

$$I_k + \psi_1 L + \psi_2 L^2 + \cdots = I_k \quad (4-15)$$

其中,$\psi_1 = \psi_2 = \cdots = 0$。关于 ψ_q 的条件递归定义了 MA 系数:

$$\begin{cases} C_1 = A_1 \\ C_2 = A_1 C_1 + A_2 \\ \vdots \\ C_q = A_1 C_{q-1} + A_2 C_{q-2} + \cdots + A_p C_{q-p} \\ \text{若 } q - p = 0 , \text{令 } C_{q-p} = A_k ; q - p < 0 , \text{令 } C_{q-p} = O_k \end{cases} \quad (4-16)$$

其中,$q = 1, 2, \cdots$

考虑 VMA(∞)的表达式:

$$y_t = (I_k + C_1 L + C_2 L^2 + \cdots) \varepsilon_t , t = 1, 2, \cdots, T \quad (4-17)$$

y_i 的第 i 个变量 y_{it} 可以写成:

$$y_{it} = \sum_{j=1}^{k} (c_{ij}^{(0)} \varepsilon_{jt} + c_{ij}^{(1)} \varepsilon_{jt-1} + c_{ij}^{(2)} \varepsilon_{jt-2} + c_{ij}^{(3)} \varepsilon_{jt-3} + \cdots) , t = 1, 2, \cdots, T$$

$$(4-18)$$

其中 k 是变量个数

现在假定在基期给 y_1 一个单位的脉冲,即:$\varepsilon_{1t} = \begin{cases} 1, t = 0 \\ 0, \text{其他} \end{cases}$, $\varepsilon_{2t} = 0$, $t =$

$0,1,2,\cdots$。则由 y_1 的脉冲引起的 y_2 的响应函数为：

$$t = 0 , y_{20} = c_{21}^{(0)}$$
$$t = 1 , y_{21} = c_{21}^{(1)}$$
$$t = 2 , y_{22} = c_{21}^{(2)}$$
$$\vdots$$

因此，一般地，由 y_j 的脉冲引起的 y_i 的响应函数可以求出如下：

$$c_{ij}^{(0)} , c_{ij}^{(1)} , c_{ij}^{(2)} , c_{ij}^{(3)} , c_{ij}^{(4)} , \cdots$$

且由 y_j 的脉冲引起的 y_i 的累积（accumulate）响应函数可表示为 $\sum_{q=0}^{\infty} c_{ij}^{(q)}$。

C_q 的第 i 行、第 j 列元素可以表示为：

$$c_{ij}^{(q)} = \frac{\partial y_{i,t+q}}{\partial \varepsilon_{jt}} , q = 0,1,2,\cdots , t = 1,2,\cdots,T \qquad (4-19)$$

作为 q 的函数，它描述了在时期 t 其他变量和早期变量不变的情况下，$y_{i,t+q}$ 对 y_{jt} 的一个冲击的反应，我们把它称为脉冲响应函数。也可以用矩阵的形式表示为：

$$C_q = \frac{\partial y_{t+q}}{\partial \varepsilon'_t}$$

即 C_q 的第 i 行第 j 列元素等于时期 t 第 j 个变量的扰动项增加一个单位，而其他时期的扰动项为常数，对时期 $t+q$ 的第 i 个变量值的影响。

4.3　实证分析

选取改革开放以来 1980～2007 年水电、煤炭、石油、天然气消费总量的历史数据，数据来源于历年《中国能源统计年鉴》《中国统计年鉴》、中经网产经数据库。之所以选取这个阶段的数据，没有选取到 2012 年的数据以及没有选取区域能源消费数据，有以下原因：一是选用这个时间段的数据分析结论显著性较好；二是运用 VAR 模型脉冲响应函数，主要是用于分析水电消费与煤炭消费、石油消费及天然气消费之间的可替代性，使用全国数据并不会改变这种替代关系；三是我国目前能源消费还得服从于整体调配，不是仅局限于某一区域，这样更能说明它们之间的关系。

对所用数据取自然对数，以便于消除其序列数据的异方差，再运用模型

（4-3）对进行了处理后的数据进行 ADF 单位根检验，检验结果如表4-3所示。其中用 L、P、G、E 分别表示取自然对数后的煤炭、石油、天然气、水电四种能源消费总量。

从表4-3可以看出，进行自然对数处理的煤炭消费总量、石油消费总量、天然气消费总量、水电消费总量均具有二阶平稳性，也就是说，可以进行下一步的分析。

表4-3　　**中国煤炭、石油、天然气、水电消费的 ADF 单位检验结果**

序列	ADF 检验值	10% 显著水平	5% 显著水平	1% 显著水平	是否平稳
L	-3.171481	-3.2321	-3.5943	-4.3552	否
L 一阶差分	-2.552632	-3.2367	-3.6027	-4.3738	否
L 二阶差分	-4.117245	-3.2418	-3.6118	-4.3942	是
P	-3.161008	-3.2321	-3.5943	-4.3552	否
P 一阶差分	-3.775737	-3.2367	-3.6027	-4.3738	否
P 二阶差分	-4.614862	-3.2418	-3.6118	-4.3942	是
G	1.937740	-3.2321	-3.5943	-4.3552	否
G 一阶差分	-3.140837	-3.2367	-3.6027	-4.3738	是
G 二阶差分	-6.566488	-3.2418	-3.6118	-4.3942	是
E	-2.439723	-3.2321	-3.5943	-4.3552	否
E 一阶差分	-4.959669	-3.2367	-3.6027	-4.3738	是
E 二阶差分	-7.111326	-3.2418	-3.6118	-4.3942	是

注：本文所给出的10%、5%、1%显著水平的临界值是 MacKinnon 协整检验单位根的临界值。

4.3.1　两变量 VAR 模型的脉冲响应函数分析

为了能够比较清楚地知道水电消费与其他三种能源消费之间的冲击响应，我们先选用两变量的 VAR 模型进行脉冲响应函数分析。其结果和图表如下。

1. 水电消费与煤炭消费

水电消费（E）与煤炭消费（L）的脉冲响应函数分析结果如表4-4所示，响应函数冲击图如图4-1、图4-2所示。图中实线表示脉冲响应函数曲线，虚线表示正负两倍标准离差偏离带。

表 4 - 4　　　　　　　　　水电消费与煤炭消费的脉冲响应函数结果

分类	E（-1）	E（-2）	E（-3）	L（-1）	L（-2）	L（-3）	C
E	0.9974 （0.1863） （5.3542）	-0.4691 （0.2574） （-1.8220）	0.38487 （0.1790） （2.1507）	1.1601 （0.3746） （3.0969）	-1.7112 （0.6358） （-2.6914）	0.7291 （0.3872） （1.8828）	-1.1756 （0.9612） （-1.2231）
L	0.1683 （0.1098） （1.5323）	0.0999 （0.1518） （0.6581）	-0.16219 （0.1055） （-1.5371）	1.6657 （0.2209） （7.5417）	-1.0084 （0.3749） （-2.6900）	0.1762 （0.2283） （0.7716）	0.9583 （0.5667） （1.6908）

Adj. R - squared ＝0.9888，AIC ＝ -6.4799，SC ＝ -5.7973

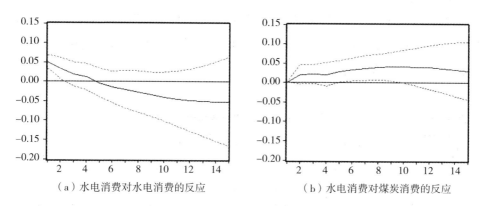

（a）水电消费对水电消费的反应　　　　　（b）水电消费对煤炭消费的反应

图 4 - 1　水电消费与煤炭消费的脉冲响应冲击

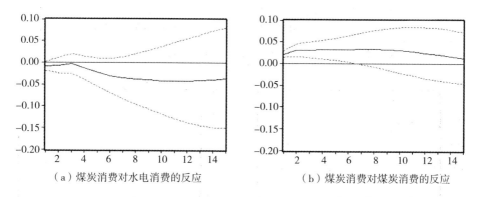

（a）煤炭消费对水电消费的反应　　　　　（b）煤炭消费对煤炭消费的反应

图 4 - 2　水电消费与煤炭消费的脉冲响应冲击

从图 4 - 1 与图 4 - 2 可以看出，在考虑水电消费与煤炭消费之间的脉冲响应冲击效应情况时，水电消费、煤炭消费对来自自身的冲击，以及水电消费对

103

煤炭的冲击与煤炭消费对水电消费的冲击，都有显著的反应。当给水电消费本身一个正的冲击时，水电消费做出的反应是一个逐渐向下的趋势，在第5响应期为0，逐渐成为负的响应，在第13期趋于平稳。当给煤炭消费一个正的冲击时，在第2期就到达响应的最高点，之后逐渐平稳减弱。水电消费对来自煤炭消费的冲击反应是呈现正向的，而煤炭消费对来自水电消费的冲击反应是在前3期有略为向上的趋势，在第3期到达0点以后，便呈现向下的趋势在第10期以后便到达一个平稳的状态。这表明，水电消费与煤炭消费相互之间具有很强的影响，它们相互之间具有可替代性。

2. 水电消费与石油消费

水电消费（E）与石油消费（P）的响应函数分析结果如表4-5所示，响应函数冲击图如图4-3、图4-4所示。图中实线表示响应函数曲线，虚线表示正负两倍标准离差偏离带。

表4-5　　　　　水电消费与石油消费的脉冲响应函数结果

分类	E（-1）	E（-2）	E（-3）	P（-1）	P（-2）	P（-3）	C
E	0.4084 (0.2429) (1.6814)	-0.1255 (0.2545) (-0.493)	-0.1192 (0.2473) (-0.4819)	0.9397 (0.45967) (2.04426)	0.1158 (0.47367) (0.2445)	-0.0874 (0.3089) (-0.2829)	-2.2842 (0.7532) (-3.0325)
P	-0.0466 (0.1394) (-0.3338)	0.2899 (0.1461) (1.9836)	0.0661 (0.1419) (0.4658)	0.6745 (0.2639) (2.5561)	0.0254 (0.2719) (0.0934)	-0.0274 (0.1773) (-0.1547)	0.6438 (0.4324) (1.4889)

Adj. R-squared = 0.9913, AIC = -6.5259, SC = -5.8434

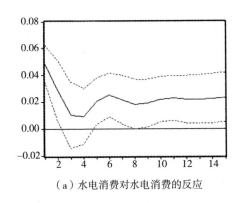

（a）水电消费对水电消费的反应

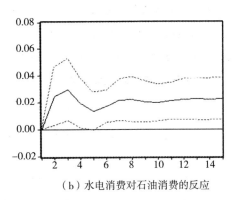

（b）水电消费对石油消费的反应

图4-3　水电消费与石油消费的脉冲响应冲击

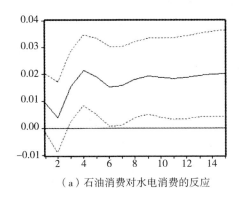　　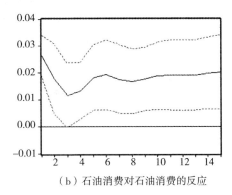

（a）石油消费对水电消费的反应　　　　　（b）石油消费对石油消费的反应

图 4 - 4　水电消费与石油消费的脉冲响应冲击

　　从图 4 - 3 与图 4 - 4 可以看出，在考虑水电消费与石油消费之间的脉冲响应冲击效应情况时，水电消费、石油消费对来自自身的冲击，以及水电消费对石油消费的冲击与石油消费对水电消费的冲击，都有显著的反应。当给水电消费本身一个正的冲击时，水电消费在第 2 期与第 3 期做出了很强的向下趋势的反应，随后趋于平稳向上的态势，在第 6 期到达局部新高，随后出现平稳的反应。当给石油消费一个正的冲击时，其冲击反应曲线同水电消费的自身冲击反应曲线大致相同，只是波动幅度稍小一点。水电消费对来自石油消费的冲击反应是呈现正向的，且在第 3 期达到最高值，随后石油消费对水电消费有一个稳定的正向拉动作用，而石油消费对来自水电消费的冲击反应是在前 2 期下降，随后上升并在第 4 期达到最高值，之后，水电消费对石油消费同样有一个稳定的正向拉动作用。这表明，水电消费与石油消费呈现互相促进的作用。

　　3. 水电消费与天然气消费

　　水电消费（E）与天然气消费（P）的脉冲响应函数分析结果如表 4 - 6 所示，响应函数冲击图如图 4 - 5、图 4 - 6 所示。图中实线表示脉冲响应函数曲线，虚线表示正负两倍标准离差偏离带。

表 4-6　　　水电消费（E）与天然气消费（G）的脉冲响应函数结果

分类	E (-1)	E (-2)	E (-3)	G (-1)	G (-2)	G (-3)	C
E	0.7197 (0.2153) (3.3429)	-0.223 (0.2764) (-0.8069)	0.3732 (0.1995) (1.8705)	-0.0706 (0.2487) (-0.2841)	0.0618 (0.2659) (0.2324)	0.2777 (0.2558) (1.0859)	-0.8197 (0.5082) (-1.6128)
G	0.1624 (0.1440) (1.1275)	-0.5288 (0.1848) (-2.8608)	0.3116 (0.1335) (2.3353)	0.6342 (0.1663) (3.8133)	0.6634 (0.1779) (3.7297)	-0.0428 (0.1711) (-0.2504)	-1.4071 (0.3399) (-4.1393)

Adj. R - squared = 0.9858, AIC = -5.8319, SC = -5.1493

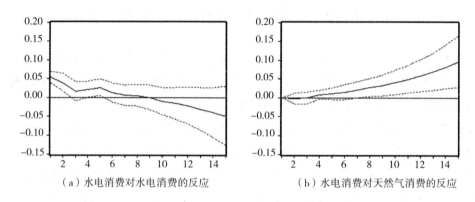

（a）水电消费对水电消费的反应　　　　（b）水电消费对天然气消费的反应

图 4-5　水电消费与天然气消费的脉冲响应冲击

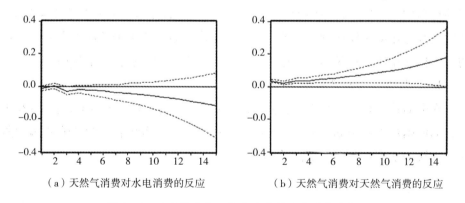

（a）天然气消费对水电消费的反应　　　　（b）天然气消费对天然气消费的反应

图 4-6　水电消费与天然气消费的脉冲响应冲击

从图 4-5 与图 4-6 可以看出，在考虑水电消费与天然气消费之间的脉冲响应冲击效应情况时，水电消费、天然气消费对来自自身的冲击，以及水电消费对天然气消费的冲击与天然气消费对水电消费的冲击，都有显著的反应。当给水电消费本身一个正的冲击时，水电消费做出的反应是一个逐渐向下的趋势，在第 9 响应期为 0，逐渐转为负的响应，并有加大作用的趋势。当给天然气消费一个正的冲击时，只在第 2 期略有下降的反应，随后逐步呈现向上的趋势，并且这种趋势越来越大。水电消费对来自天然气消费的冲击反应，在前三期处于不变状态，随后逐步向上并有加大拉动的趋势。而天然气消费对来自水电消费的冲击反应是在第 2 期没有变化，随后呈现向下的拉动趋势，并且来动作用越来越明显。这表明，水电消费与天然气消费相互之间具有很强的影响，它们相互之间具有可替代性。

综上所述，水电消费与石油消费互相促进，水电消费拉动石油的消费，同样石油的消费拉动水电的消费。而水电消费与煤炭消费之间、水电消费与天然气消费之间具有很强的影响，互相可以替代，且水电的消费对煤炭消费与天然气消费的负向拉动作用更加明显，表明水电对煤炭、天然气的替代作用更大。

4.3.2　多变量 VAR 模型的脉冲响应函数分析

前面讨论了水电消费与其他能源消费每两个变量之间的互相冲击反应，现在把水电消费、煤炭消费、石油消费与天然气消费纳入一起进行分析，顺序为水电消费（E）、煤炭消费（L）、石油消费（P）与天然气消费（G）。其分析结果如表 4 - 7 所示，响应函数冲击图如图 4 - 7 ~ 图 4 - 14 所示。图中实线表示脉冲响应函数曲线，虚线表示正负两倍标准离差偏离带。

表 4 - 7　水电消费、煤炭消费、石油消费与天然气消费的脉冲响应函数结果

分类	E（-1）	E（-2）	E（-3）	L（-1）	L（-2）	L（-3）	C
E	0.2172 (0.3131) (0.6937)	-0.2440 (0.2423) (-1.0068)	0.0129 (0.2261) (0.0569)	1.1666 (0.3561) (3.2765)	-0.7774 (0.7683) (-1.0118)	-0.1942 (0.6557) (-0.2962)	-4.3296 (1.4836) (-2.9183)
L	0.4912 (0.2027) (2.4238)	0.0173 (0.1569) (0.1106)	-0.1972 (0.1463) (-1.3480)	1.4603 (0.2305) (6.3362)	-1.7545 (0.4973) (-3.5282)	1.1239 (0.4244) (2.6483)	2.3493 (0.9603) (2.4465)

续表

分类	E（-1）	E（-2）	E（-3）	L（-1）	L（-2）	L（-3）	C
P	0.2056 (0.1594) (1.2901)	0.2085 (0.1233) (1.6904)	0.1758 (0.1150) (1.5282)	0.6285 (0.1812) (3.4686)	-1.3322 (0.3910) (-3.4073)	0.6583 (0.3337) (1.9729)	1.5533 (0.7550) (2.0573)
G	0.4002 (0.2642) (1.5150)	-0.3717 (0.2044) (-1.8179)	0.3914 (0.1907) (2.0523)	-0.4925 (0.3004) (-1.6394)	0.0438 (0.6482) (0.0676)	0.1232 (0.5532) (0.2227)	1.4885 (1.2517) (1.1893)
	P（-1）	P（-2）	P（-3）	G（-1）	G（-2）	G（-3）	
E	0.2555 (0.4815) (0.5306)	0.8381 (0.5439) (1.5408)	0.2548 (0.5523) (0.4613)	-0.2367 (0.2397) (-0.9874)	-0.1178 (0.2695) (-0.4372)	0.0510 (0.2260) (0.2258)	
L	0.5316 (0.3117) (1.7057)	-0.5673 (0.3521) (-1.6114)	-0.6156 (0.3575) (-1.7223)	0.2507 (0.1552) (1.6157)	0.1551 (0.1744) (0.8889)	0.0173 (0.1463) (0.1180)	
P	0.5996 (0.2450) (2.4469)	0.1896 (0.2768) (0.6851)	-0.4563 (0.2810) (-1.6235)	-0.0920 (0.1220) (-0.7544)	0.0056 (0.1371) (0.0412)	0.1527 (0.1150) (1.3273)	
G	0.1907 (0.4062) (0.4694)	-0.1388 (0.4589) (-0.3026)	-0.5940 (0.4659) (-1.2748)	0.5494 (0.2023) (2.7164)	0.8695 (0.2274) (3.8244)	0.0952 (0.1907) (0.4990)	

Adj. R-squared = 0.9918，AIC = -15.2785，SC = -12.7432

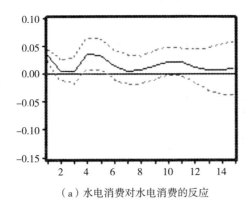

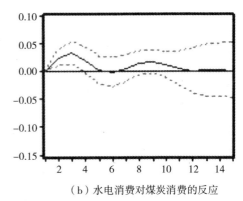

（a）水电消费对水电消费的反应　　　　　　　（b）水电消费对煤炭消费的反应

图 4-7　水电消费与煤炭消费的脉冲响应冲击

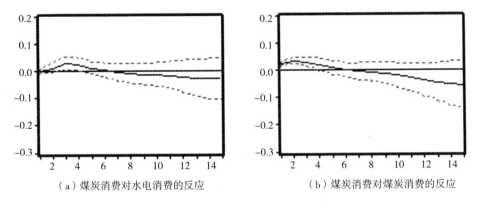

（a）煤炭消费对水电消费的反应　　　　　（b）煤炭消费对煤炭消费的反应

图 4 – 8　水电消费与煤炭消费的脉冲响应冲击

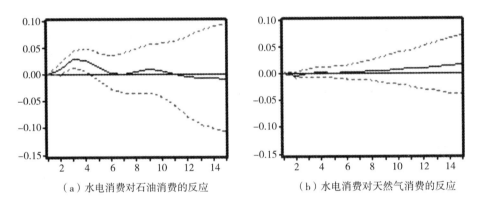

（a）水电消费对石油消费的反应　　　　　（b）水电消费对天然气消费的反应

图 4 – 9　水电消费与石油、天然气消费的脉冲响应冲击

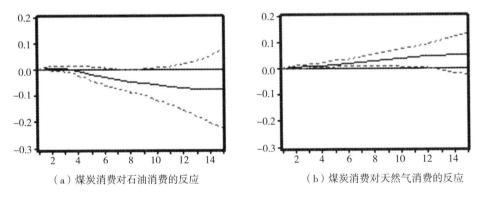

（a）煤炭消费对石油消费的反应　　　　　（b）煤炭消费对天然气消费的反应

图 4 – 10　煤炭消费与石油、天然气消费的脉冲响应冲击

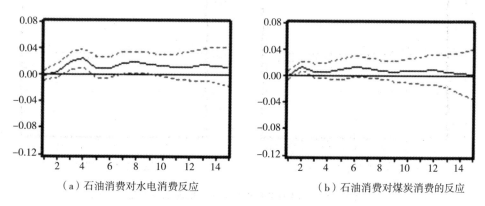

（a）石油消费对水电消费反应　　　　　　（b）石油消费对煤炭消费的反应

图 4 – 11　石油消费与水电、煤炭消费的脉冲响应冲击

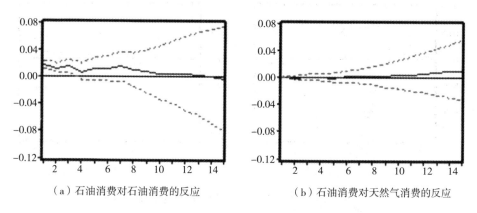

（a）石油消费对石油消费的反应　　　　　　（b）石油消费对天然气消费的反应

图 4 – 12　石油消费与天然气消费的脉冲响应冲击

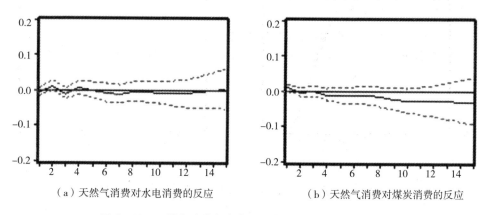

（a）天然气消费对水电消费的反应　　　　　　（b）天然气消费对煤炭消费的反应

图 4 – 13　天然气消费与水电、煤炭消费的脉冲响应冲击

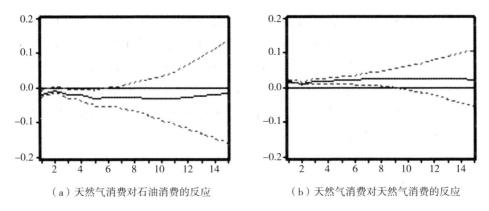

（a）天然气消费对石油消费的反应   （b）天然气消费对天然气消费的反应

图 4 – 14   天然气消费与石油消费的脉冲响应冲击

从图 4 – 7 ~ 图 4 – 14 可知，水电消费（E）同其他三种能源消费之间的相互脉冲响应趋势，与单独考虑水电消费（E）同其他三种能源消费两两之间的相互脉冲响应趋势大致相同，只是水电消费与天然气消费之间略有变化。在同时考虑四个变量时，水电消费对来自天然气消费的冲击，在前 6 期基本没什么反应，随后呈现逐步向上的趋势，并有加大拉动作用的趋势；天然气消费对来自水电消费的冲击，在前 6 期呈现小幅波动的反应，随后趋于平稳，拉动作用消失。

煤炭消费对来自石油消费的冲击，在前 4 期基本没什么反应，但随后呈现向下的负的拉动趋势，并且在 12 期以前有加大的趋势，随后趋于平稳；石油消费对来自煤炭消费的冲击，呈现正向平稳拉动的趋势，在第 14 期以后拉动作用消失。这表明煤炭消费对来自石油消费的冲击，与石油消费对来自煤炭消费的冲击相比较，反应期明显滞后，在第 4 期以后表现出石油对煤炭的明显替代，反之不成立。

煤炭消费对来自天然气消费的冲击，在前 3 期反应较弱，随后呈现向上的正的拉动趋势，并且在 13 期以前有加大的趋势，随后趋于平稳；天然气消费对来自煤炭消费的冲击，给天然气一个正的冲击，但随之下降，在第 2、第 3 期基本没什么拉动作用，随后呈现向下的负的拉动，并有加大的趋势，在第 12 期以后拉动作用才趋于平稳。这表明加大煤炭的消费会减少天然气的消费，在第 3 期以后作用明显，而增加天然气的消费会刺激煤炭的消费，在第 2 期以后就有明显的效果。

石油消费对来自天然气消费的冲击，在前9期基本没什么反应，但随后呈现向上的正的拉动趋势，并且有加大的趋势；天然气消费对来自石油消费的冲击，呈现负的平稳拉动的趋势，在第13期以后拉动作用逐渐减弱。这表明石油消费对来自天然气消费的冲击，与石油消费对来自煤炭消费的冲击相比较，反应期明显滞后，天然气消费对石油的冲击作用有限，而增加石油的消费会明显地减少天然气的消费。

4.4 本章小结

水电消费与煤炭消费之间具有很强的替代性，水电消费与天然气消费之间也具有可替代性，且水电的消费对煤炭消费与天然气消费的负向拉动作用更加明显，表明水电对煤炭、天然气的替代作用更大。石油对煤炭有明显的可替代性，同样石油对天然气有较弱的替代性。分析表明，水电消费与石油消费之间是互相促进的关系，而不具有替代性，但在实际生活中，电能对石油还是有一定的替代性，比如将燃油汽车转换成电能汽车，将用燃油的某些产业转换成使用电能也是可能的，只不过现在作用不明显，这也与实际情况是相符的。但本文基于水电对其他能源的替代效应分析，所以，还是针对对三种能源的替代分析。

如果以大渡河为例，年开发量按 985.78 亿千瓦小时计算，折合标准煤就是 1211.5 万吨标准煤（《中国能源统计年鉴》：1 千瓦小时电力当量 = 0.1299 千克标准煤。燃料油 1.4286 千克标准煤/千克；天然气 1.33 千克标准煤/立方米。），而这 1211.5 万吨标准煤，燃烧后可向大气释放 33.07 万吨的二氧化硫气体（煤炭、石油、天然气燃烧后生成二氧化硫的参数见表 4-8），可以替代燃料油 848.03 万吨，替代 7.725 亿立方米的天然气。

表 4-8　　　　　煤炭、石油、天然气燃烧后生成二氧化硫的参数

	煤炭	石油	天然气
平均含硫量	1.2%	0.15%	0.13%

	煤炭	石油	天然气
燃烧后二氧化硫排放率	81.3%	93%	93%
二氧化硫排放系数	0.027299t/tce	0.0014t/tce	0.00018t/tce

资料来源：周凤起. 可再生能源将进入快速发展期 [J]. 宏观经济管理，2004（10）.

　　这不仅有助于环境空气质量的提高，还可以改变我国能源消费结构，降低我国石油对外依存度。而替换的煤炭可以进行一系列的深加工，比如煤制油、制造水煤浆、煤焦化、煤与气制氢等。这是我国经济、社会与环境可持续发展与能源可持续供给的必然选择。使能源发展对生态环境的改变在生态环境的承载限度内，协调改善能源、生态环境和经济增长的关系，建立稳定、经济、清洁、可靠、安全的能源保障体系的必经之路。

第 5 章

能源消费影响因素与机制分析

能源消费影响因素的研究有助于能源消费总量的控制策略分析。在众多能源消费的影响因素中，从经济、结构、技术、政策四个方面选择了 20 个影响因素。本章对能源消费的影响因素进行了具体分析，以及对能源消费总量影响的传导机制分析。

5.1 能源消费影响因素分析

借助现有文献和专家，将能源消费的影响因素从经济因素、结构因素、技术因素、人口与政策因素（合称政策因素，下同）四个维度进行分析（见图 5 -1），其中经济因素包括宏观经济总量、固定资产投资水平、能源价格、人均 GDP、居民收入水平、外商直接投资，结构因素就是产业结构（三次产业占比）、居民消费结构、产业能耗占比与能源消耗结构、能源效率，技术因素包括技术效率提升、技术水平、能源强度、碳排放强度、研究与实验经费比重、专利申请授权数、科技活动人员数量等，政策因素包括人口数量或增长、城市化和市场化发展水平。

图 5 - 1 能源消费总量的影响因素

在上面的变量中，能源效率和碳排放强度不能直接通过统计年鉴得到，需要进行相关计算或估算获得。

5.1.1　能源效率

1995 年世界能源委员会出版的《应用高技术提高能效》中，曾将"能源效率"定义为：减少提供同等能源服务的能源投入。人们在研究能源效率时，又把能源效率分为能源物理效率和能源经济效率。能源物理效率就是把能源作为原材料，经过加工转换生产出另一种形式的能源，即能源投入与能源产出之比。而通常用宏观经济领域的单位 GDP 能耗和微观经济领域的单位产品能耗指标来表示能源经济效率，比如用能源强度—产出单位经济量（或实物量、服务量）所消耗的能源量，能源强度越低，能源经济效率越高。胡和王（Hu & Wang，2006）认为能源效率的计算方法有两种：一是全要素能源效率，即考虑各种投入要素相互作用的能源效率；二是单要素能源效率，只把能源要素与产出进行比较，不考虑其他生产要素。全要素能源效率更接近实际，但是计算复杂。单要素能源效率虽然计算简单，却夸大了能源效率，而且没有考虑要素之间的替代作用。

国外关于能源效率的研究文献主要集中在各行业能源效率的研究，以及各个经济体之间能源效率的比较研究。如托马斯（1985）使用 DEA（数据包络分析）技术对得克萨斯州的电力效率进行了计算。韦曼（1991）使用 DEA 方法评价了英国和威尔士 12 个地区的电力企业的关联效率。阿姆贾德（2006）使用 DEA 方法，用电力和化石燃料消费作为输入，经济产量作为输出，对爱尔兰的化工业进行效率评价。塞米赫（2007）对土耳其制造业 20 个中小企业运用 DEA 进行能源消费的效率评价。拉马纳坦（2005）使用 DEA 方法对中东和北非的国家进行了能源效率分析。泰辰（2007）利用 2001～2002 年的数据，把劳动力、资本、能源消费作为输入，GDP 作为输出运用 DEA 方法分析了OECD 与非 OECD 经济体 45 个成员国的可再生能源消费效率和整体经济效率。胡（Hu，2007）使用 DEA 方法研究亚洲太平洋经济合作组织（APEC）的经济，发现在完成能源节约目标的同时，并没降低 GDP 的增长。

在 20 多年里，中国的能源效率取得了较大的改进，诸多学者也对其原因进行了有益的探讨。其研究主要体现在以下几个方面。

其一，利用能源消耗强度与能源效率指标对能源效率进行了研究。王玉潜（2003）建立能源消耗强度的投入产出模型和因素分析模型，结果表明，产业结构的调整对降低单位产出能耗的作用是负面的；吴巧生等（2006）利用25年的历史数据，根据能源消耗强度完全分解模型，对六部门结构变化及其能源消耗强度变化进行研究，表明中国能源消耗强度下降主要是各部门能源使用效率提高的结果；宣能啸（2004）以能源经济效率指标与能源技术效率指标为基础，比较了我国与国外在能效方面的差距，并对我国能源效率进行了分析；蒋金荷（2004）从能源物理效率、单位产值能耗、单位产品能耗出发，对我国能源效率与经济结构之间进行了分析，认为要提高能源效率，必须进行经济结构的调整。

其二，对能源效率的影响因素进行了研究。史丹（2002）就能源效率的提高从对外开放、结构变化和市场化程度三个方面进行解释，认为改革开放以来，我国能源消费增长速度减缓甚至下降的根本原因是能源利用效率的改进；曹明（2011）将单位GDP作为能源经济效率，研究了第三产业比重、能源价格指数与能源效率之间的协整关系；姜磊（2011）用单位GDP能耗作为能源效率指标，分析了能源效率与技术进步、产业结构、能源消费结构的回归关系。

其三，运用DEA方法对能源效率进行了研究。魏楚等（2007）对能源生产率和能源效率进行了明确区分和定义，并将资本、劳动力和能源作为投入，GDP作为产出，运用DEA方法进行能源效率计算；史丹（2008）对中国能源效率地区差异进行了研究；把资本、劳动、能源作为投入，GDP作为产出，对我国历年能源消耗效率进行了相对有效性评价，并根据经济惯性原理，对能源效率的趋势进行了分析；王兵（2011）利用方向性距离函数方法将能源、资本与劳动力作为投入，GDP为合意产出与二氧化碳、二氧化硫为非合意产出，对中国省际能源效率进行了实证研究；郑宝华（2011）将二氧化碳排放纳入对中国区域全要素生产率的研究。

从对文献的分析可以看出，学者们从能源经济效率、能源物理效率以及从不同角度来研究提高能源效率。本文研究拟按照胡和王（Hu & Wang, 2006）以及魏楚等（2007）的思路，考虑资本、劳动、能源消费作为投入，GDP作为产出，也拟按照利用C－D函数，寻求能源消费在GDP增长中的贡献率，然后根据贡献率，由能源消费增量换算出GDP增量，运用DEA进行能源消耗效率计算（用能源消费增量的效率作为分析能源消费的效率）。但在以前的文献中没能将效率区分为技术效率和规模效率，并且如果既是将资本、劳动、能源消费三要素作为投入，GDP作为输出或二氧化碳作为非合意产出，运用DEA方法所得到的效率仍然是魏楚（2007）所述的生产率，或者是三要素的总体效率，而并非能源消耗的效率文章将资本、劳动、煤炭、石油、天然气、电力消费作为解释变量，GDP作为被解释变量，利用C-D模型得到能源增长和GDP增长的一个合理的比例关系（李金恺认为能源要素应该作为经济增长的内生要素纳入生产函数之中，2009），并由此比例算出能源的增长能带来多少GDP的增长（能源消耗的GDP贡献）。然后将能源增量作为投入，由能源增量所带来的GDP增量作为产出，运用数据包络分析方法（data envelopment analysis，DEA），对1980~2010年的历史数据进行分析，就能源的使用进行相对有效性评价分析纯技术效率和纯规模效率，发现我国改革开放以来，能源的规模效率一直处在高位波动；通过能源结构与能源效率之间的关系，发现增加煤炭消费量将降低能源效率，增加石油、电力、天然气的消费量将提高能源效率。

　　本研究基于能源消费结构视角，利用C-D生产函数，得到GDP与煤炭、石油、天然气、电力消费之间的比例关系，由四种能源消费增量测算出GDP的增量，运用DEA方法，拟从全要素的角度去研究中国能源效率，将能源效率分为纯技术效率和规模效率。与其他文献研究不同之处在于：一是从能源消费结构视角，计算能源效率；二是用于效率评价的产出指标GDP增量是四种能源消费增量的贡献所得，是通过一定的经济关系和比例测算出来的。

　　1. 能源消费结构与GDP增长的比例关系

　　关于能源消费与经济增长的关系，国内外已有众多学者进行了研究，并且基本形成共识——能源消费与经济增长之间存在单向或双向的因果关系，也分析了能源消费结构与经济增长之间的相关关系，本研究也基于这种因果关系的假定。

　　本文在测算能源消费结构与经济增长的比例关系时，采用刘朝明（2006）所运用的方法。经济增长用国内生产总值（GDP）表示，资本用全国固定资产投资表示，劳动用就业人数表示，能源消费用煤炭、石油、天然气、电力消费量表示。假定GDP、资本、劳动、能源消费满足扩展的C-D生产函数（5-1），即：

$$GDP = AK^{\alpha}L^{\beta}E_1{}^{\gamma}E_2^{\varphi}E_3^{\lambda}E_4^{\theta}e^{\mu} \tag{5-1}$$

其中，K 为全社会固定资产投资，L 为就业人数，E_1 为煤炭消费量，E_2 为石油消费量，E_3 为天然气消费量，E_4 为电力消费量，$A,\alpha,\beta,\gamma,\varphi,\lambda,\theta$ 为未知参数，e^{μ} 为随机扰动项。通过对数变换可以使之线性化。对式（5-1）两边取对数得式（5-2），有：

$$\ln GDP = \ln A + \alpha \ln K + \beta \ln L + \gamma \ln E_1 + \varphi \ln E_2 + \lambda \ln E_3 + \theta \ln E_4 + \mu \tag{5-2}$$

对式（5-2）求时间 t 的导数得式（5-3），则：

$$\frac{\mathrm{d}GDP}{\mathrm{d}t}\frac{1}{GDP} = \alpha\frac{\mathrm{d}K}{\mathrm{d}t}\frac{1}{K} + \beta\frac{\mathrm{d}L}{\mathrm{d}t}\frac{1}{L} + \gamma\frac{\mathrm{d}E_1}{\mathrm{d}t}\frac{1}{E_1} + \varphi\frac{\mathrm{d}E_2}{\mathrm{d}t}\frac{1}{E_2} + \lambda\frac{\mathrm{d}E_3}{\mathrm{d}t}\frac{1}{E_3} + \theta\frac{\mathrm{d}E_4}{\mathrm{d}t}\frac{1}{E_4}$$
$$\tag{5-3}$$

增加满足标准假设的常数项和误差项，式（5-3）变为式（5-4）：

$$Y_t = C + \alpha K_t + \beta L_t + \gamma E_{1t} + \varphi E_{2t} + \lambda E_{3t} + \theta E_{4t} + U_t \tag{5-4}$$

其中，$\dfrac{\mathrm{d}GDP}{\mathrm{d}t}\dfrac{1}{GDP} = Y_t$，$\dfrac{\mathrm{d}K}{\mathrm{d}t}\dfrac{1}{K} = K_t$，$\dfrac{\mathrm{d}L}{\mathrm{d}t}\dfrac{1}{L} = L_t$，$\dfrac{\mathrm{d}E_1}{\mathrm{d}t}\dfrac{1}{E_1} = E_{1t}$，$\dfrac{\mathrm{d}E_2}{\mathrm{d}t}\dfrac{1}{E_2} = E_{2t}$，$\dfrac{\mathrm{d}E_3}{\mathrm{d}t}\dfrac{1}{E_3} = E_{3t}$，$\dfrac{\mathrm{d}E_4}{\mathrm{d}t}\dfrac{1}{E_4} = E_{4t}$。式（4-4）中 Y_t、K_t、L_t、E_{1t}、E_{2t}、E_{3t}、E_{4t} 分别表示经济增长率、资本增长率、劳动增长率、煤炭消费增长率、石油消费增长率、天然气消费增长率以及电力消费增长率；α、β、γ、φ、λ、θ 分别为资本、劳动、煤炭、石油、天然气、电力对产出的弹性，表明资本、劳动力与煤炭、石油、天然气、电力消费每增加 1 个百分点，在其他投入不变的情况下，将引起 GDP 依次增加 α、β、γ、φ、λ、θ 个百分点，常数 C 用来反应 Hicks 中性技术进步可能的生产率。

对式（5-4）进一步展开得式（5-5），有：

$$\frac{\Delta GDP}{GDP} = C + \alpha\frac{\Delta K}{K} + \beta\frac{\Delta L}{L} + \gamma\frac{\Delta E_1}{E_1} + \varphi\frac{\Delta E_2}{E_2} + \lambda\frac{\Delta E_3}{E_3} + \theta\frac{\Delta E_4}{E_4} + U_t \tag{5-5}$$

即：

$$\frac{GDP_{t+1} - GDP_t}{GDP_t} = C + \alpha\frac{K_{t+1} - K_t}{K_t} + \beta\frac{L_{t+1} - L_t}{L_t} + \gamma\frac{E_{1(t+1)} - E_{1t}}{E_{1t}} +$$
$$\varphi\frac{E_{2(t+1)} - E_{2t}}{E_{2t}} + \lambda\frac{E_{3(t+1)} - E_{3t}}{E_{3t}} + \theta\frac{E_{4(t+1)} - E_{4t}}{E_{4t}} + U_t \tag{5-6}$$

其中，$\alpha\dfrac{K_{t+1} - K_t}{K_t}$，$\beta\dfrac{L_{t+1} - L_t}{L_t}$，$\gamma\dfrac{E_{1(t+1)} - E_{1t}}{E_{1t}}$，$\varphi\dfrac{E_{2(t+1)} - E_{2t}}{E_{2t}}$，$\lambda\dfrac{E_{3(t+1)} - E_{3t}}{E_{3t}}$，

$\theta \dfrac{E_{4(t+1)} - E_{4t}}{E_{4t}}$ 分别为（$t+1$）期资本、劳动、煤炭、石油、天然气与电力的增量对 GDP 的增量。

假定，以 t 为基期，假设从 $t+1$ 期开始，仅有能源消耗量的增加，其他要素投入保持不变，则式（5-6）可变为式（5-7）：

$$\frac{GDP_{t+1} - GDP_t}{GDP_t} = C + \gamma \frac{E_{1(t+1)} - E_{1t}}{E_{1t}} + \varphi \frac{E_{2(t+1)} - E_{2t}}{E_{2t}} + \lambda \frac{E_{3(t+1)} - E_{3t}}{E_{3t}} +$$

$$\theta \frac{E_{4(t+1)} - E_{4t}}{E_{4t}} + U_t \qquad (5-7)$$

利用式（5-7），可求出 $t+1$ 期能源消耗增量对（$t+1$）期 GDP 增量的贡献额。

选取我国 30 个省份（由于西藏能源消费数据缺失太多，没有选取）中 1997～2012 年固定资产投资、就业人数、煤炭消费量、石油消费量、天然气消费量、电力消费量与 GDP 的面板数据，数据来自历年《中国统计年鉴》和《中国能源统计年鉴》以及部分地方省市的统计年鉴。按照经济增长规律，从一个较长时期来看，经济的稳步增长与能源消费的稳步增长应该是同步的，能源消费不应该出现负增长。因此，为了能够得出能源消费增长与 GDP 增长合理的比例关系，将煤炭消费、石油消费、天然气消费、电力消费在一些出现负增长的年份进行平均化处理，同时将就业人数出现负增长的年份以及缺失数据也进行相应的处理。进行豪斯曼检验（Hausman 检验）得到的 p 值为 0.000，表明拒绝随机变量模型，接受固定效应模型。因此，选用无个体影响的固定效应面板数据模型，式（5-6）就变为式（5-8）：

$$y_{it} = c + \alpha k_{it} + \beta l_{it} + \gamma coal_{it} + \varphi oil_{it} + \lambda gas_{it} + \theta power_{it} + u_{it} \qquad (5-8)$$

其中，$y_{it} = \dfrac{GDP_{i(t+1)} - GDP_{it}}{GDP_{it}}$，$k_{it} = \dfrac{K_{i(t+1)} - K_{it}}{K_{it}}$，$l_{it} = \dfrac{L_{i(t+1)} - L_{it}}{L_{it}}$，$coal_{it} =$

$\dfrac{E_{1i(t+1)} - E_{1it}}{E_{1it}}$，$oil_{it} = \dfrac{E_{2i(t+1)} - E_{2it}}{E_{2it}}$，$gas_{it} = \dfrac{E_{3i(t+1)} - E_{3it}}{E_{3it}}$，$power_{it} = \dfrac{E_{4i(t+1)} - E_{4it}}{E_{4it}}$，

$i = 1,2,\cdots,30$，$t = 1,2,\cdots,13$，c 为截距项或常数项，u_{it} 为随机误差项。

首先，以 1997 年为基期，利用式（5-8），模型估计结果如表 5-1 所示。

表 5 - 1　　GDP 与资本、劳动力、煤炭、石油、天然气、电力之间关系的估计结果

变量	系数	t 值	p 值
c	0.03894*	2.0401	0.0532
k	0.30658***	16.5200	0.0000
l	0.11589*	1.7893	0.0735
$coal$	0.26199*	1.8330	0.0676
oil	0.03155**	2.1853	0.0295
gas	0.01504**	2.4030	0.0167
$power$	0.37238***	10.8815	0.0000

Adjusted R^2 = 0.83754　　F = 188.74965　　DW = 1.96117

注：* 表示在 10% 水平下显著，** 表示在 5% 水平下显著，*** 表示在 1% 水平下显著。下同。

从表 5 - 1 可以看出，模型拟合优度较好，系数分别在 1%、5%、10% 的显著水平下显著，且通过了符号检验，其中 DW 值也表明不存在自相关。

其次，依据式（5 - 7），煤炭、石油、天然气、电力的消耗量对 GDP 的贡献为式（5 - 9）所示：

$$\frac{\Delta GDP}{GDP} = 0.03894 + 0.26199\frac{\Delta E_1}{E_1} + 0.03155\frac{\Delta E_2}{E_2} + 0.01504\frac{\Delta E_3}{E_3} + 0.37238$$

$$\frac{\Delta E_4}{E_4} \tag{5 - 9}$$

式（5 - 9）说明，煤炭、石油、天然气、电力消费每增长 1 个百分点，在其他投入条件不变的情况下，经济将依次增长 0.26199 个百分点、0.03155 个百分点、0.01504 个百分点、0.37238 个百分点。

我们利用式（5 - 9），根据煤炭、石油、天然气、电力消费的增量，可以算出所带来的 GDP 的增量，将煤炭、石油、天然气、电力消费的增量作为投入，GDP 增量作为输出，就可以进行能源效率的测算。

2. 能源效率的测算

（1）能源效率评价模型描述。非参数估计的 DEA（date envelopment analysis 数据包络）方法，可计算多个决策单元的技术效率和配置效率，技术效率测度在给定投入要素的情况下决策单元获取最大产出的能力（基于产出导向的），或者给定产出的情况下决策单元最小化投入要素的能力（基于投入导向的）；配置效率测度给定投入要素的相对价格下决策单元最优化各项投入要素组合的能力。由于配置效率涉及价格，所以一般仅研究技术效率，而不考虑配置效率，并把技术效率作为决策单元的综合效率。

在规模报酬不变的情况下，技术效率可定义为实际生产线与生产前沿面的距离，该距离越大，表明生产单位的实际产出水平离生产前沿面越远，技术效率水平越低；同时也表明如果提高生产单位的技术效率水平，在不增加投入的情况下，生产单位的产出水平可以提高的数量。在规模报酬可变的情况下，技术效率（或者叫综合技术效率）又可以进一步分解为纯技术效率（PTE）和规模效率（SE）。纯技术效率反映的是生产单位在规模一定（最优规模）时投入要素的生产效率，规模效率反映的是实际规模与最优生产规模的差距。生产单位只有同时达到纯技术有效和规模有效，才是生产单位综合技术有效。如图 5 - 2 所示，CRS 是规模报酬不变条件下的生产前沿面，VRS 为规模报酬可变条件的生产前沿面，则综合技术效率 TE = AC/AP = 1 - CP/AP，P 点与 CRS 前沿面距离越近，TE 就越大，综合技术效率也越高；纯技术效率测度实际生产点 P 与 VRS 前沿面的相对距离是：TE = AR/AP = 1 - RP/AP，规模效率 SE = AC/AR，显然有 TE = PTE × SE，即综合技术效率取决于纯技术效率和规模效率的状况。

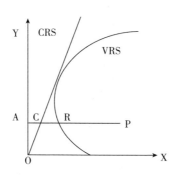

图 5 - 2 效率分解

本研究采用 VRS 模型，其模型如下：

$$\min\theta = \theta^*$$

$$LP \quad s.t. \begin{cases} \sum_{i=1}^{n} \omega_i X_i + S^+ = \theta X_{i0} \\ \sum_{i=1}^{n} \omega_i Y_i - S^- = Y_{i0} \end{cases} \tag{5-10}$$

$$\sum_{i}^{n} \omega_i = 1 \quad i = 1,2,3,\cdots,n \; S^+ \geq 0, S^- \geq 0$$

其中 θ 是标量，表示第 i 决策单元的效率值，一般 $\theta \leq 1$，如果 $\theta = 1$，则表示该单元是相对有效的，且位于前沿线（或面）上；X_i 表示输入向量；Y_i 表示输出向量。

（2）效率的测算。利用式（5-9），以 1980 年的数据为基期数据，由我国煤炭、石油、天然气与电力的消费增量求出 GDP 增量，然后以四种能源增量作为投入，求得的 GDP 增量作为产出，运用模型（5-10）求出能源效率值如表 5-2 所示。

表 5-2　　　　　　　　　　能源消费效率值

年份	总效率	规模效率	纯技术效率	煤炭投入冗余比率[③]（%）	石油投入冗余比率（%）	天然气投入冗余比率（%）	电力投入冗余比率（%）
1981	0.101	1.000	0.101	90.06	90.14	91.20	89.98
1982	0.097	0.987	0.098	90.38	90.94	91.38	90.42
1983	0.082	0.968	0.085	91.50	92.22	92.35	91.53
1984	0.06	0.995	0.060	94.05	94.85	94.94	94.04
1985	0.091	0.977	0.093	92.10	90.63	91.70	90.77
1986	0.061	0.973	0.063	94.89	93.66	94.73	93.72
1987	0.128	0.980	0.131	88.93	86.75	88.22	86.96
1988	0.103	0.960	0.107	91.07	89.15	90.44	89.26
1989	0.18	0.976	0.184	84.52	81.64	83.54	81.60
1990	0.20	0.993	0.201	79.72	81.52	82.98	80.09
1991	0.148	0.983	0.151	88.64	84.97	87.15	84.92
1992	0.216	0.976	0.221	82.44	78.02	80.08	77.80
1993	0.201	0.956	0.210	83.59	78.56	80.42	78.78
1994	0.447	0.982	0.455	54.31	54.59	56.09	54.22

年份	总效率	规模效率	纯技术效率	煤炭投入冗余比率[3]（%）	石油投入冗余比率（%）	天然气投入冗余比率（%）	电力投入冗余比率（%）
1995	0.507	0.989	0.513	56.81	48.92	49.98	48.94
1996	0.294	0.973	0.302	78.88	69.5	75.10	69.85
1997	0.675	1.000	0.675	45.37	66.78	78.32	73.56
1998	0.655	1.000	0.655	55.32	61.23	75.56	77.38
1999	0.636	0.993	0.64	59.68	36.34	50.86	36.36
2000	0.538	0.942	0.571	56.01	43.44	48.94	43.20
2001	0.577	0.979	0.589	47.53	50.33	53.41	46.75
2002	0.689	0.977	0.705	51.58	30.22	38.35	30.21
2003	0.649	0.961	0.675	50.78	46.86	40.02	32.45
2004	0.593	0.906	0.655	55.95	39.33	34.20	41.06
2005	0.709	0.925	0.767	45.73	33.59	41.37	35.72
2006	0.763	0.956	0.798	34.27	25.37	25.15	23.82
2007	0.817	0.933	0.876	12.90	18.20	22.25	13.17
2008	1.000	1.000	1.000	0.00	0.00	0.00	0.00
2009	0.910	0.992	0.917	35.71	17.43	32.23	11.93
2010	1.000	1.000	1.000	0.00	0.00	0.00	0.00
2011	0.925	0.980	0.944	28.65	19.32	27.53	12.21
2012	0.970	0.993	0.977	21.25	18.14	25.46	12.08

　　这里我们将综合技术效率定义为总效率。从表 5-2 可以看出，DEA 总效率值最高的年份是 2008 年、2010 年，其值为 1。1981~2010 年，DEA 总效率值总体呈现波动递增趋势，在 1984 年总效率最低，只有 0.06，在 2008 年与 2010 年达到相对有效。其中，1981~1993 年的平均总效率值最低，1994~2001 年有所增加，2002~2006 年进一步增加，2007~2012 年 DEA 总效率值高位波动螺旋上升，平均总效率值快速增加，显示高位波动，并在 2008 年与 2010 年达到最高。能源效率总体趋势（见图 5-3）是缓慢波动上升到快速波动递增上升趋势，这与一些学者（如史丹，2002；魏楚，2007）对中国能源效

率的研究结论"先上升，后下降"（1998年的效率值为1，随后呈现下降趋势）的趋势有差异。其原因在于，在考虑能源消费结构的情况下，1998年能源消费增量虽然总量投入较少，但从结构上看不一定最优，规模效率值为1，而总效率值却只有0.655，所以在这一年无法达到效率相对有效。

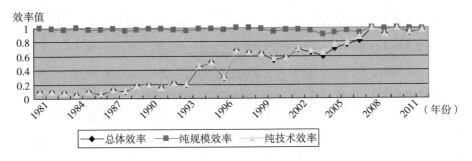

图5-3　1981～2012年中国能源消费效率趋势

　　从总效率中分解的技术效率与规模效率来看。技术效率在1981～1993年处于一个低水平波动阶段，属于变动幅度不大，效率值低下。而从1993～2001年，技术效率出现小幅增长，仍然处在一个水平不高的阶段上波动，但在1997年表现比较突出，其技术效率值达到0.675。2001年以后，只是在2003年、2004年技术效率值出现小幅回落，其余年份出现快速递增，并在2008年与2010年达到技术效率值为1。规模效率一直处在高位波动，有5次取得规模效率值为1，平均规模效率也为0.9744，表明能源消费投入总量的实际规模与最优规模差距较小，而带来总效率的变化的主要是技术效率，总效率的趋势与技术效率的趋势基本一致，这也表明总效率值的提高主要在于技术效率值的上升。我国在1994年以前，能源生产总量大于能源消费总量，经济发展方式采用粗放型，较少考虑资源的节约、环境保护等问题，因此在这个阶段我国能源效率处于极低的层次。随着我国能源供不应求，向外进口能源逐年增多，人们开始重视节约能源与调整能源消费结构，同时在经历1997年的亚洲金融风暴以后，国家宏观层面在考虑经济高速发展的同时，更加关注经济的可持续发展，经济的增长方式，产业结构与能源消费结构的优化，使其在这个阶段我国能源效率进入一个较高水平层次波动。进入21世纪以后，能源供应进一步紧张，节能减排环境保护的要求，节能降耗目标的提出，举国上下各行各业采取节能措施,提高能源技术效率,使我国在这个阶段能源效率得到了快速提升。

从煤炭、石油、天然气、电力四种能源增量的投入冗余比率来看,总体趋势大体一致,波动向下,其中有 9 个年份天然气投入冗余比率为最高,即 1981 年、1982 年以及 1996 ~ 2001 年,其余年份中除 1998 年电力投入冗余比率为最高外,均为煤炭投入冗余比率为最高,这表明我国对煤炭与天然气的消费与石油、电力消费相比有更大的节约空间,而煤炭尤为突出。1981 ~ 1999 年,四种能源增量投入冗余比率皆处在一个较高的程度,表明在这个阶段能源浪费比较大。而我国在这个阶段总体上处于能源供大于求阶段,高能耗产业也发展迅速,能源效率处在低水平,能源有较大的节约空间,也在情理之中。2000 年以后,除了部分年份投入冗余比率出现反弹以外,投入冗余比率呈现明显波动下降的趋势,表明能源消费在这个阶段出现了较大的波动。事实上,在 1996 年以后的 5 年时间里,我国煤炭出现了前所未有的滞销,煤炭消费增长率与 GDP 增长率、其他能源消费增长率相比,处于低水平阶段,使其天然气投入冗余比率超过了煤炭的投入冗余比率。2001 年以后煤炭消费增量出现快速反弹,就导致了在这个阶段煤炭消费投入冗余比率快速反弹,又回到高位波动,但是投入冗余比率比前一阶段明显降低,这可能是由于受到经济转型、环境保护、节能减排等因素的影响。2007 年及以后的几年,各种能源投入冗余比率处在低位波动,并在 2008 年与 2010 年为 0。能源增量投入冗余比率,具有显著的"高位波动,随后逐渐波动下降"的特点,这与总效率的"低位波动,随后逐渐波动上升"趋势是相符合的。

1981 ~ 1993 年,总效率和纯技术效率处在一个较低水平,表明这个时期的年份离有效前沿面较远,在最优规模下的产出率较低,但总效率表现了缓慢提高的态势。从我国经济发展的实际看,在"六五""七五"期间,我国的国民经济处于调整发展期,在能源投入增加的情况下 GDP 产出的增加保持了缓慢、平稳的发展态势。1994 ~ 2001 年,总效率值在技术效率值缓慢波动增长下,表现为在较前一个阶段略高层次上波动,趋势向上,并在 1997 年取得这个阶段效率最大值 0.675,表明技术效率较前一时期有明显的改善。与此相应的,在"八五"期间,我国经济处于快速发展阶段,特别是在 1992 年后,在能源消费快速增加的同时,GDP 产出也得到了迅猛的增加,能源总效率较前两个时期有所提高,不过这时我国是粗放型的经济增长方式,能源效率值的提高在于 GDP 的快速增长。"九五"初期，我国经济表现出发展过热的势头，同时受亚洲金融危机的影响，政府采取紧缩的货币或财政政策，使其投资减缓，生产萎缩，导致能源消费增量骤减，并在 1997 年与 1998 年出现煤炭消费量负增长，这个阶段能源效率值有所提高。在"九五"后期与"十五"期间，我国针对前期的"通货紧缩"，随后采取放松银根、财政政策由适度从紧变为适度扩张、继续实行刺激经济发展的政策，同时提出了经济结构的调整，经济增长方式的转变，在此期间，技术效率与前面几个五年计划相比，明显处在一个较高水平波动，螺旋式上升趋势。在"十五"期末，我国提出了节能降耗的目标——"十一五"期末单位 GDP 能耗在"十五"期末的基础上降低 20%。

在"十一五"期间，全国各级政府把节能降耗作为完成的目标之一，采取了一系列的措施与政策，进行产业结构的升级换代，经济增长方式的转变，使其在本五年计划期末实现了节能降耗的既定目标。纵观我国改革开放以来经济发展历程，能源效率的提高得益于经济发展方式的转变、能源消费结构与产业结构的调整、环境保护意识的提高等诸多提升能源技术效率的因素。

5.1.2 碳排放强度

碳排放强度就是单位国内生产总值所产生的二氧化碳排放量。碳排放强度主要用于对一个国家经济发展与与之相应的二氧化碳排放量之间关系的衡量，即在国家发展经济过程中，国民经济增长的同时，单位 GDP 所产生的二氧化碳排放量呈现降低趋势，表明这个国家逐渐在向低碳发展模式迈进。

世界上二氧化碳排放量主要来源于煤、石油、天然气等化石燃料的燃烧，也即是主要来源于能源消费。《2006 年 IPCC 国家温室气体清单指南》中给出了各类化石能源的碳排放参数（如表 5 – 3 所示）。

表 5 –3 各类能源的碳排放参数

	含碳量 （tc/TJ）	碳氧化率 （%）	IPCC 燃料二氧化碳排放因子的 95% 置信区间下限（kgCO$_2$/TJ）	平均低位发热量 （MJ/t, km^3）
煤炭	25.8	94	87.3	20908
原油	20.0	98	71.1	41816
天然气	15.3	99	54.3	38931

资料来源：《2006 年 IPCC 国家温室气体清单指南》。

二氧化碳排放总量的估算公式如式（5-11）（何小钢，2012）所示：

$$T_{CO_2} = \sum_{i=1}^{3} E_i \times NCV_i \times CEF_i \times COF_i \times 44/12 \qquad (5-11)$$

其中，T_{CO_2} 代表估算的二氧化碳排放总量，E_i（$i=1,2,3$）分别代表煤炭、原油、天然气的消费量，NCV 为平均低位发热量，CEF 为碳排放系数，COF 为碳氧化因子，$44/12$ 为 CO_2 与 C 的分子量比率。

从而碳排放总量估算和碳排放强度计算结果如表 5-4 所示。

表 5-4   1978～2012 年我国碳排放量和碳排放强度

年份	碳排放量（万吨）	碳排放强度	年份	碳排放量（万吨）	碳排放强度
1978	131060.8621	35.95419562	1996	305041.7114	4.285702705
1979	134465.7483	33.09861593	1997	304405.2733	3.854546977
1980	137860.7355	30.32823134	1998	304469.7448	3.607363990
1981	135541.9827	27.70935107	1999	315750.7789	3.520976239
1982	141323.3590	26.54781921	2000	324433.1013	3.270015207
1983	149973.4430	25.15213933	2001	331147.1947	3.019895851
1984	161919.7273	22.46372995	2002	351502.8708	2.921092123
1985	175337.0836	19.44724625	2003	409506.4773	3.015006387
1986	185169.1990	18.02101891	2004	474452.9133	2.967587226
1987	198629.2278	16.47197673	2005	525138.1547	2.839545937
1988	213222.8541	14.17439093	2006	576078.2719	2.663152350
1989	221812.3905	13.05368556	2007	623571.2050	2.345925614
1990	225474.2304	12.07822883	2008	640903.6798	2.040799275
1991	237743.7075	10.91493763	2009	673506.8757	1.975656553
1992	249736.7270	9.275797925	2010	704399.9964	1.754365004
1993	264161.3480	7.476139436	2011	758334.2836	1.603645292
1994	278371.0699	5.775590254	2012	749629.7450	1.451977020
1995	296264.9477	4.873281365			

碳排放量趋势如图 5 – 4 所示。改革开放以来，碳排放量总体趋势呈现递增趋势，这与我国能源消费总量递增趋势是一致的。1978~1985 年增幅较缓，随后到 1997 年出现较快增长，1998~2002 年出现缓慢递增，随后到 2011 出现快速增长的趋势，2012 年有所回落。碳排放量的这种趋势与我国经济发展阶段是相吻合的，第一个增幅较缓期属于我国改革开放初期，经济发展缓慢，能源消费增长幅度也较缓慢；第一个较快增长期出现在 1992 年以后，投资快速增加，能源消费也增长较快，同时通货膨胀也在高位运行，1997 年以后实施紧缩政策，经济增长放缓，其中能源消费还出现负增长，因此这个阶段碳排放量增长明显放缓。经济"软着陆"，2003 年以后，经济出现快速增长，能源消费也快速增长，高耗能在这个阶段提速，碳排放量出现快速增长态势，直到 2012 年才有所放缓。

碳排放量（万吨）

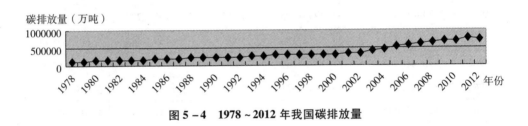

图 5 – 4　1978~2012 年我国碳排放量

碳排放强度趋势如图 5 – 5 所示。改革开放以来，我国碳排放强度呈现下降递减的趋势。1978~1997 年碳排放强度出现快速下降，随后呈现缓慢下降的趋势。碳排放强度趋势表明我国经济结构正在向好发展。

碳排放强度

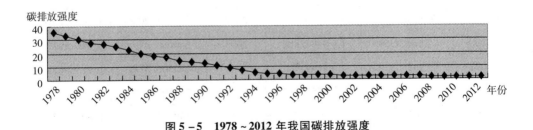

图 5 – 5　1978~2012 年我国碳排放强度

5.1.3　能源强度

能源强度就是单位国内生产总值的能耗，通常以国内能源消费总量与国内生产总值的比值来计算。能源强度是能源利用经济效益的体现，用于对不同地区和国家能源综合利用效率进行对比的常规指标之一。

我国能源强度如表 5 - 5 所示。

表 5 - 5　　　　　　　　　　1978~2012 年我国能源强度

年份	能源强度	年份	能源强度
1978	15.676430940	1996	1.899388505
1979	14.451287530	1997	1.720954501
1980	13.260005740	1998	1.613510919
1981	12.152971060	1999	1.567502416
1982	11.659385300	2000	1.466831162
1983	11.075609440	2001	1.371627067
1984	9.836777367	2002	1.324918449
1985	8.505067533	2003	1.353175309
1986	7.868475897	2004	1.335115206
1987	7.184241233	2005	1.276091475
1988	6.182150780	2006	1.195833329
1989	5.704577426	2007	1.055293921
1990	5.287333360	2008	0.928044082
1991	4.764731667	2009	0.899514433
1992	4.054825542	2010	0.809286787
1993	3.282765810	2011	0.735917894
1994	2.546524038	2012	0.700647960
1995	2.157722543		

资料来源：由能源使用量与国内生产总值计算得出（2013）。

我国能源强度趋势如图 5 - 6 所示。改革开放以来，我国能源强度呈现下降趋势，表明我国能源消费结构与经济增长结构正在向好发展。

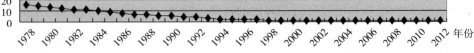

图 5 - 6   1978~2012 年我国能源强度

5.2 能源消费影响因素的机制分析

目前，对于能源消费影响因素的分析主要集中于数量关系的研究，而在能源消费影响因素机制探究甚少。本研究认为，能源消费影响因素具有明显的层次性，并且不同层次的变量构成相对应的作用机制。在这种作用机制下，单个变量的变动、变量之间的互动以及外部环境等方面变化，最终带来能源消费总量的变化。因此，研究各变量构成的能源消费影响因素机制，明确其运行路径、传导方式以及作用，对于控制能源消费总量具有非常重要的意义。

5.2.1 机制

"机制"一词原本指机器内部构造和运作原理，后被引入生物学和医学领域，指生物机体组织结构之间的相互关系，以及有机体内部发生的生理变化。在 20 世纪，"机制"被引入经济学研究之中，即"经济体制"。在现代经济学中，经济体制指在一定经济系统内经济变量之间相互联系和作用的关系以及功能。

从理论上讲，社会系统由不同子系统构成，比如，政治、经济、文化等方面，由于它们不断发生"内部裂变""外部碰撞"等，为整个社会发展提供不可或缺的"动能"。而在这些系统之内，它们都拥有富有特色的组织结构、组织形式以及参与主体，或者说都存在系统自我运行、自我调节的机制，这表明整个社会系统处于所谓的"机制"之中。以经济学为例，在 18 世纪，近代经济学创始人之一亚当·斯密首次提出"无形的手"的理论，向社会大众第一次展示了经济系统的运行机制。在"无形的手"的指挥下，社会经济每个参与者追逐自身利益最大化，最终带来社会经济效益的最大化。同时每个参与者之间也存在相互依存、相互竞争的关系，也正是基于这些"动能"，社会经济总量才能保持持续发展的动力，这就是所谓的"市场机制"。

作为社会系统的组成部分，在既定的社会经济条件下，能源消费体系也拥有属于自身运行特点的机制，其主要由经济、社会、政策等因素所决定。在特定范围内，基于上述能源消费体系内变量的关系，将会形成一个国家或者地区的能源消费路径。一旦能源消费路径形成，其范围内各变量将通过与此对应的路径影响能源消费总量趋势。比如，在市场经济条件下，能源消费遵循价格机制的规律，即能源价格上升能源消费总量下降。

结合现实情况与上述学科经验，本文将"机制"引入能源消费研究之中，即能源消费机制。能源消费机制，指在一定社会经济系统内能源消费影响因素与能源总量存在的"机体"关系的总和。根据上述定义，本文将旨在运用能源消费机制分析，通过研究社会系统内变量与能源消费之间的关系，以及变量之间产生内部"生理反应"，以探究能源消费增长的路径。

5.2.2　影响因素机制的构成

在一定范围内能源消费总量遵循着内部机制的运动规律。根据中国现阶段与能源消费的实际情况，结合前人研究成果，本文收集 20 个影响因素，将其按照四个维度分为经济因素、结构因素、技术因素以及政策因素，构建中国能源消费的影响机制。根据影响因素对能源消费作用机理不同而将能源消费影响机制分为经济机制、运行机制、效率机制和调节机制，其中经济机制包括宏观经济总量、人均 GDP、固定资产投资、居民可支配收入与水平等，运行机制包括产业结构、能耗结构，效率机制包括能源效率、劳动生产率、科技活动与技术水平、能源强度、碳排放强度等，调节机制包括能源价格、城市化率、市场化率、人口因素等。

1. 经济机制

能源消费经济机制，指由一国或地区社会经济发展水平对能源消费影响的总和，其居于能源消费的核心地位。从理论上看，根据大量研究表明经济总量与能源消费存在长期或者短期的均衡关系，比如，卡夫（1978）、黄炳国（Hwang，1992）、李（Lee，1997）、赵进文（2007）等，这表示经济发展带来能源消费总量不断攀升的趋势。当然，由于经济水平的广度与深度不断深化，必将导致整个社会生产生活方式的改变：在生产领域，为了满足市场需求的多样性，厂商将不断扩充生产范围和种类，同时延长生产时间以获得更多的产品；在流通领域，由于经济全球化的盛行，区域内部、区域之间的商品贸易更加频繁，这必将导致交通工具用量、运输里程等的增加。而这些变化必须以能源消费作为支撑，否则社会系统必将陷入"休克状态"。

在经济因素中，国民生产总值与能源消费存在比较明显的相关度。随着GDP不断增长，社会总投资也将不断增长，这带来更多自然资源、劳动力等生产要素的投入，那么为支撑整个社会经济正常运行能源消费必将随之提高。作为衡量国民生产总值的增速指标，GDP增长率主要反映不同年份国内生产的成长情况，这也使得其与能源消费存在一定关联度，即增长率越大能源消费也随之提高。而作为最重要的人均化指标，人均GDP也将于能源消费存在明显的相关性。由于在一定时期内，人口总量将会呈现出稳定状态，这就说明人均GDP越高国内生产总值就越大，那么人均GDP也必将影响能源消费的总量值。除此之外，作为一国或地区最重要的外生变量，外国直接投资（FDI）将会带来额外资本推动国内经济发展，也会带来更多的商业机会，这使得地区经济活动更加频繁，那么能源消费也将随着提高。

同时，在经济因素中，一国或地区居民收入也将影响能源消费总量的趋势，其主要衡量指标有农村人均纯收入、城镇人均可支配收入、农村恩格尔系数、城镇恩格尔系数等指标。从现实情况来看，随着居民收入不断增加，其将不断提高生活消费的质量，比如，增加享受性消费的比例（旅游、娱乐、体育等方面），这必将导致能源消费总量的提高。而从经济理论出发，上述生活方式的转变也将体现在恩格尔系数的变化，即恩格尔系数不断下降。

2. 运行机制

能源消费运行机制，指在既定生产关系下社会经济结构带来能源消费的关系的总和。从逻辑关系上看，运行机制由社会发展水平的阶段决定，或者说它受到社会生产力和生产关系的影响。在不同的生产关系总和，运行机制表现方式与形式具有明显差异。以中国经济发展为例，在封建社会时期，其上层建筑构建于以土地资源为基础的自然经济之上，表现为生产力低下、生产关系落后等特点，能源消费主要集中于农业生产、居民生活、土木建设等方面。而在1978年改革开放后，中国逐步建立社会主义市场经济体制，社会生产力、生产关系发生显著变化，使得能源消费逐步变为工业生产的结果，且能源资源也呈现出多样化的特点。

在结构因素中，主要是从产业结构、能源种类等方面出发。在产业结构方面，由于产业结构出现变化，比如第一产业比例下降、第二产业比例上升，那么这种基于高能耗的产业结构必将导致能源消费总量攀升。特别地，由于工业和制造业的比重不断提高，这也会导致能源消费的压力增加。同时，随着集约化、机械化的农业逐步推广，使得能源消费也呈现出不断上升的趋势；在能源消费种类方面，中国能源消费主要集中于煤炭、电力、石油等资源，以电力消费为例，中国火力发电比例超过 70%，这样居高不下的能源供给在一定程度上也必将带来能源消费总量的攀升。同时，在现代经济活动中，石油是不可或缺的能源消费品之一，其也将在很大程度上影响能源消费总量的变动趋势。而在能源消费结构中，煤炭作为中国最重要的能源消费品，这必将与能源消费总量呈现出高度的统计因果关系。

3. 效率机制

能源消费效率机制，指在既定生产力下能源消费主体运用的生产技术的总和，其是判断社会系统是否有效地运用能源资源的标准。从经济学角度上看，整个社会资源具有稀缺性，任何社会载体都应该有效使用社会资源，以满足人类的愿望和需求。而在能源效率机制内部，由于其内部拥有效率寻优系统，使得消费主体主动寻找新技术、新方法以及新模式，以提高能源使用效率。

对于技术因素而言，其将决定能源资源的利用效率的高低，或者说其改变能源消费总量发展的轨迹，因此本文选择能源效率、R&D 经费、科研经费、劳动生产率等指标表征其对能源消费的影响。从理论上，这些因素都是通过技术层面提升作为能源消费的脉冲因素，它们对于能源消费总量的影响也是具有相同的方式。其主要表现为两个方面：一方面，随着上述指标的刻画值不断增大，即能源技术获长足发展，这必将提高能源利用效率。那么，基于不断提升的能源利用效率，将带来的结果就是不断减少能源消费总量。另一方面，随着能源技术的不断更新换代，毫无疑问地使得整个社会经济系统拥有更多可利用的能源消费品，比如，无污染、可循环的风电、潮汐、太阳能等能源，这将促使市场主体消费更多能源，即能源消费总量随着技术更新不断增加。因此，基于上述两个方面，表明能源消费与技术因素存在比较明显的关联度。但是这种关联度对能源消费总量的影响具有不确定性，这需要进一步分析。

4. 调节机制

能源消费调节机制，指在一定社会管理体制中由政府主导的政策机制带来的能源消费变化的总和，其具有明显的主观性、目的性。在市场经济下，能源消费也具有盲目性、滞后性等缺陷，因此需要政府适时地出台能源消费调节政策，以确保能源机制处于合理的运动轨迹之内。

对于政策因素而言，它主要体现对能源消费的"调节"与"偏好"等方面，实质上其表现为不同政策环境将带来不同的能源消费模式，或者说是由于政府偏好的变化将带来能源消费模式的转变。比如，在政策因素中，基于市场经济条件下的能源价格，将会对能源消费造成非常大的影响。事实上，当中国推行能源价格改革（比如"22 天 +4% 涨跌幅"的油价调整机制改为每 10 天进行油价调整，并取消涨跌幅限制，如遇调整价格每升不足 5 分和特殊情况就采取暂停调价或顺延调价，煤炭也逐步取消重点合同煤和市场煤价格双轨制），这就刺激了中国能源消费。

同时，在中国政府不断推动城镇化的背景下，未来中国能源消费必将围绕这一热点展开，即城镇化基础设施将成为能源消费重要的推动力。其主要表现为：为了提高城镇化率，需要大量新建房屋、公共设施等，这会提高建设性能源消费总量。与此同时，中国政府推行的新一轮城镇化的重大特点，就是要提高居民生活水平，这使得居民生活能源的比例将不断提高，最终导致能源消费总量的攀升。

5.2.3 影响因素机制的传导路径

根据前文所述，已经初步明确能源消费机制，其由经济、运行、效率以及调节机制组成。但是要遏制能源消费总量不断上升的趋势，必须要寻找到系统内能源消费机制传导的路径，以明确导致能源消费总量增长的关键点。

根据中国能源消费的实际情况，可得能源消费机制传导路径如图 5 - 7 所示。由图 5 - 7 可知，能源消费影响机制由经济、运行、效率以及调节机制组成三个板块，其核心部分为经济机制、运作部分为运行机制与效率机制、回调部分为调节机制。在三个板块中，它们相互之间不断发生"作用""裂变""碰撞"等，其将实现局部的短期的均衡，最终能源消费总量也将作为均衡值输出。

从整体上看，能源消费机制以经济发展作为落脚点、社会运行机体作为载体、政府作为调节者，同时这些系统内部还包含若干社会经济变量。基于上述机制，为了明确能源消费运行路径，从两个方面对其进行分析。

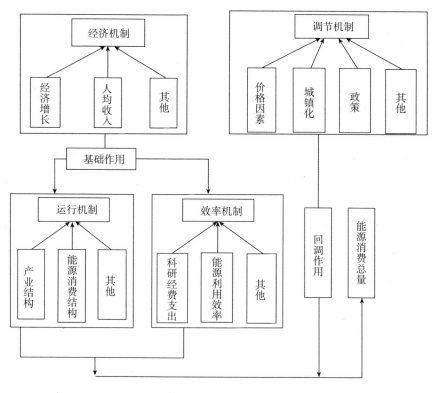

图 5 - 7　能源消费影响因素路径结构

第一，外部链式传导机制。从能源消费机制图可知，其遵循（经济机制）→（运行机制、效率机制），然后（运行机制、效率机制）和（调节机制）共同作用→能源消费总量的运动规律。经济机制起着基础作用，它影响着运行机制和效率机制，在调节机制的影响下共同作用于能源消费。

随着社会经济水平不断提高，导致生产消耗、生活消耗发生巨大变化，尤其是市场出现种类繁多的产品，使得能源消费不断提高，即第一层次链式传导机制。而由于能源消费不断攀升，反过来又制约了社会经济发展的速度，其体现于微观经济主体的经济效益不断降低，这就迫使效率机制开始运行，即能源消费机制不断寻找最优生产方式，这就是第二层链式传导机制。与此同时，由于市场经济处于政府监督之下，一旦能源消费机制出现低效率，或者政府制定新一轮发展规划，能源消费调节机制也会随之启动，将能源消费拉回正常或政府希望的轨迹之内，这是第三层链式传导机制。除此之外，能源消费的链式传导机制不是单独运作的，而是同步进行、实时调整的，应该说它是一个复杂的可适应的有机体。

能源是重要物质资源，影响着经济、社会的发展，同样，经济、社会的发展也反过来影响能源的消费。经济发展总量、增长速度依赖于经济增长方式，经济增长方式的改变取决于产业结构、能源消耗结构的调整以及能源强度和碳排放强度的降低，从而影响能源消费总量。固定投资和 FDI 有助于引导产业结构和能耗结构的调整，推动技术研发水平的提高，促进能源消费结构的调整和总量的下降。居民收入的提高将有助于第三产业的发展和大宗家庭产品的消费，带来能源消费总量的增加。能源价格和政策导向将直接调节能源的供需，影响能源消费总量。

第二，内部叠式传导机制。在能源消费机制中，每个系统还存在内部互动机制，正是由于它们自身不断发生"机体裂变"，迫使内部机制做出相应调整。对于单个机制而言，内部变化是其作为传导机制的核心动力。机制的内部变动带来能源消费变化：（1）随着居民收入不断增加，居民能够支付更高的消费比例，尤其是很多大宗家电进入普通家庭，比如，冰箱、空调、大屏液晶电视等，这必将提高能源消费总量；（2）由于产业结构发生内部调整，高耗能的制造业和建筑业比例逐渐降低，导致能源消费结构也随之改变，这极有可能降低能源消费总量；（3）在生产过程中，由于使用更加先进的节能技术，这将大大提高使用能源效率，其直接结果就是能源消费总量不断下降；（4）由于市场意外出现能源价格上调，从长期看，能源消费品具有明显的价格弹性，导致市场经济参与主体开始注意节约使用资源，这带来能源消费总量的不断下降。

5.3 本章小结

从经济、结构、技术、政策四个维度对能源消费影响因素进行分析，其中经济因素包括宏观经济总量、固定资产投资水平、能源价格、人均 GDP、居民收入水平、外商直接投资，结构因素就是产业结构（三次产业占比）、居民消费结构、产业能耗占比与能源消耗结构、能源效率，技术因素包括技术效率提升、技术水平、能源强度、碳排放强度、研究与实验经费比重、专利申请授权数、科技活动人员数量等，政策因素包括人口数量或增长、城市化和市场化发展水平。利用 C－D 生产函数，得到 GDP 与煤炭、石油、天然气、电力消费之间的比例关系，由四种能源消费增量测算出 GDP 的增量，运用 DEA 方法，从全要素的角度计算得到能源效率。通过能源的消费计算碳排放量，从而得到碳排放强度。

根据影响因素对能源消费作用机理不同而将能源消费影响机制分为经济机制、运行机制、效率机制和调节机制，其遵循（经济机制）→（运行机制、效率机制），然后（运行机制、效率机制）和（调节机制）共同作用→能源消费总量的运动规律。

第 6 章

能源消费影响因素的相关性分析

利用格兰杰因果检验、灰色技术、专家评价等方法，对四个维度的能源消费影响因素与能源消费总量之间的相关关系进行分析，甄选出能源消费影响因素的关键因素。

6.1 能源消费影响因素的格兰杰因果关系分析

基于现有文献，关于能源消费影响因素大致可以分为四类：经济因素、技术因素、结构因素以及政策因素。但是对于不同影响因素的研究，很多学者都是选择一个或者几个因素作为自变量，同时将能源消费总量作为因变量。而这些研究并未形成能源消费研究的完整体系，另外由于选择变量的标准不同，并且在模型选择和处理数据方法上的差异，也导致这些研究无法进行比较。本文通过对相关文献进行整理，从经济因素、技术因素、结构因素和制度因素四个方面出发，选择 GDP 增长率、能源效率、劳动生产率城市化和市场化发展水平等 33 个自变量，构建了比较完整的因果检验体系。

6.1.1 格兰杰因果检验的原理

所谓因果检验关系是指变量之间的依赖性，原因的变量决定了作为结果的变量，结果变量的变化是因原因变量的变化所引起。但是，在对变量间进行因果检验时，如何确定是变量 x 引起变量 y 的变化，还是变量 y 引起变量 x 的变化，或者两者间存在相互影响的关系，这是非常烦琐的问题。

对于变量之间的因果检验，诺贝尔经济学奖获得者格兰杰进行了开创性工作，其提出了格兰杰因果关系检验。基于完整信息集以及发生时间先后顺序，格兰杰提出因果检验被定义为：若在包含了变量 x、y 的过去信息的条件下，对变量 y 的预测效果要优于只单独由 y 的过去信息对 y 进行的预测效果，即变量 x 有助于解释变量 y 的将来变化，则认为变量 x 是引致变量 y 的格兰杰原因。实质上，格兰杰因果检验就是检验变量的滞后期是否能够引进到其他变量方程中。假定了有关 y 和 x 每一变量的预测信息全部包含在这些变量的时间序列之中，其数学模型如下（孙敬水，2004）：

$$y_t = \sum_{i=1}^{q} \alpha_i x_{t-i} + \sum_{j=1}^{q} \beta_j y_{t-j} + u_{1t} \qquad (6-1)$$

$$x_t = \sum_{i=1}^{s} \lambda_i x_{t-i} + \sum_{j=1}^{s} \delta_j y_{t-j} + u_{2t} \qquad (6-2)$$

其中，u_{1t} 和 u_{2t} 为白噪音，假定为不相关，式（6-1）假定当前 y 与 y 自身以及 x 的过去值有关，式（6-2）对 x 有类似假定。

对于式（6-1）而言，其零假设 $H_0 : \alpha_1 = \alpha_2 = \cdots = \alpha_q$

对于式（6-2）而言，其零假设 $H_0 : \delta_1 = \delta_2 = \cdots = \delta_q$

若接受原假设，则不存在因果关系；若拒绝原假设，则存在因果关系。有四种情形：（1）x 是引起 y 变化的原因，即存在由 x 到 y 的单向因果性；（2）y 是引起 x 变化的原因，即存在从 y 到 x 的单向因果性；（3）x 和 y 互为因果关系，即存在由 x 到 y 的单向因果性，同时也存在 y 到 x 的单向因果性；（4）x 和 y 是独立的，或 x 与 y 之间不存在因果性。

在进行格兰杰因果关系检验之前，必须检验数据序列具有同阶平稳性，不然可能会出现虚假回归问题。各指标数据时间序列的平稳性检验选用式（4-1）、式（4-2）、式（4-3）进行单位根检验（unit root test）。常用单位根检验方法有 ADF 检验和 PP 检验。

6.1.2　变量描述与单位根检验

能源消费影响因素可以从经济因素、结构因素、技术因素、政策因素四个维度进行分析。经济因素包括宏观经济总量、固定资产投资水平、能源价格、人均 GDP、居民收入水平、外商直接投资，其中宏观经济总量因素包括国内生产总值和经济增长率，能源价格用原材料、燃料、动力购进价格指数代表（于立，1993），居民收入水平包括城镇居民可支配收入和农村居民可支配收入。结构因素包括产业结构、居民消费结构、能源消耗结构、能源效率（见表5－2），其中产业结构就是三次产业占比，居民消费结构用城镇和农村恩格尔系数表示，能源消耗结构用煤炭、石油、天然气、电力四种能源消费占比以及工业能源消费占比、制造业能源消费占比、农林牧渔能源消费占比、生活能源消费占比。技术因素包括技术效率提升、科技水平、能源消费强度（见表5－5）、碳排放强度（见表5－4）、专利申请授权数、科技活动人员当量数，其中技术效率提升用劳动生产率来表示，科技水平用科技活动经费使用总额、科研经费财政支出、研发经费占比GDP等指标来表示。人口和政策因素包括人口数量、城市化水平和市场化发展水平，其中城市化水平用城镇化率来表示，市场化发展水平用市场化指数来表示。影响因素的表征指标如下所述变量（来自樊纲的研究报告）。其变量表征如表6－1所示。

表6－1　　　　　　　　　能源消费影响因素变量表征和表示

维度	影响因素	变量	表示
经济因素	宏观经济总量	GDP	GDP
		GDP 增长率	DGDP
	固定资产投资水平	全社会固定资产投资	TI
	能源价格	原材料、燃料、动力购进价格指数	EP
	人均 GDP	人均 GDP	PGDP
	居民收入水平	城镇居民人均可支配收入	UI
		农村居民人均可支配收入	RI
	外商直接投资	FDI	FDI
结构因素	产业结构	第一产业总产值占比 GDP	FGDP
		第二产业总产值占比 GDP	SGDP
		第三产业总产值占比 GDP	TGDP
	居民消费结构	城镇恩格尔系数	UEC
		农村恩格尔系数	REC

续表

维度	影响因素	变量	表示
结构因素	能源消耗结构	煤炭消费占比	CCP
		石油消费占比	OCP
		天然气消费占比	RCP
		电力消费占比	PCP
		工业能源消费占比	IEC
		制造业能源消费占比	MEC
		农林牧渔能源消费占比	AEC
		生活能源消费占比	LEC
	能源效率	能源消费投入产出效率	ECE
技术因素	技术效率提升	按总产值计算的劳动生产率	LP
	科技水平 （科研经费投入）	科技活动经费使用总额	RD
		科研经费财政支出	RDFE
		研发经费占比 GDP	RDG
	能源消费强度	单位 GDP 的能源能耗	EI
	碳排放强度	单位 GDP 的碳排放量	CI
	专利申请授权数	专利申请授权数	PA
	科技活动人员数量	科研人员全时当量（万人年）	RDP
人口与 政策因素	人口数量	总人口	TP
	城市化水平	城市化率	UR
	市场化发展水平	中国市场化指数	MI

　　利用来自《中国统计年鉴》《中国能源统计年鉴》《中国环境统计年鉴》的 1978～2012 年历史数据，以及表 5 - 2、表 5 - 4、表 5 - 5 中的数据，运用含趋势和截距项的模型式（4 - 3），对表 6 - 1 中的变量进行单位根检验，其结果如表 6 - 2、表 6 - 3、表 6 - 4、表 6 - 5 所示，所有变量二阶平稳，这些变量可以与能源消费总量进行格兰杰因果关系检验。

表 6 - 2   经济因素变量的单位根检验

序列	ADF 检验值	10% 显著水平	5% 显著水平	1% 显著水平	是否平稳
EC	- 0.41340	- 3.2109	- 3.5562	- 4.2712	否
EC 一阶差分	- 2.78820	- 3.2138	- 3.5614	- 4.2826	否
EC 二阶差分	- 4.29020	- 3.2169	- 3.5670	- 4.2949	是
GDP	3.80950	- 3.2109	- 3.5562	- 4.2712	否
GDP 一阶差分	- 0.44700	- 3.2138	- 3.5614	- 4.2826	否
GDP 二阶差分	- 8.11890	- 3.2169	- 3.5670	- 4.2949	是
DGDP	- 4.16740	- 3.2109	- 3.5562	- 4.2712	是
DGDP 一阶差分	- 4.97470	- 3.2138	- 3.5614	- 4.2826	是
DGDP 二阶差分	- 6.41750	- 3.2169	- 3.5670	- 4.2949	是
TI	6.00850	- 3.2109	- 3.5562	- 4.2712	否
TI 一阶差分	0.25710	- 3.2138	- 3.5614	- 4.2826	否
TI 二阶差分	- 3.61740	- 3.2169	- 3.5670	- 4.2949	是
EP	- 3.55060	- 3.2109	- 3.5562	- 4.2712	是
EP 一阶差分	- 6.22322	- 3.2138	- 3.5614	- 4.2826	是
EP 二阶差分	- 7.53620	- 3.2169	- 3.5670	- 4.2949	是
PGDP	3.55700	- 3.2109	- 3.5562	- 4.2712	否
PGDP 一阶差分	- 0.65490	- 3.2138	- 3.5614	- 4.2826	否
PGDP 二阶差分	- 7.90660	- 3.2169	- 3.5670	- 4.2949	是
UI	2.47650	- 3.2109	- 3.5562	- 4.2712	否
UI 一阶差分	- 1.34210	- 3.2138	- 3.5614	- 4.2826	否
UI 二阶差分	- 6.17600	- 3.2169	- 3.5670	- 4.2949	是
RI	1.95150	- 3.2109	- 3.5562	- 4.2712	否
RI 一阶差分	- 0.53510	- 3.2138	- 3.5614	- 4.2826	否
RI 二阶差分	- 4.36950	- 3.2169	- 3.5670	- 4.2949	是
FDI	- 0.76890	- 3.2109	- 3.5562	- 4.2712	否
FDI 一阶差分	- 3.53310	- 3.2138	- 3.5614	- 4.2826	是
FDI 二阶差分	- 6.12790	- 3.2169	- 3.5670	- 4.2949	是

表 6 - 3 　　　　　　　　　　　　　结构因素变量的单位根检验

序列	ADF 检验值	10% 显著水平	5% 显著水平	1% 显著水平	是否平稳
FGDP	- 2. 6887	- 3. 2109	- 3. 5562	- 4. 2712	否
FGDP 一阶差分	- 3. 5010	- 3. 2138	- 3. 5614	- 4. 2826	是
FGDP 二阶差分	- 5. 8287	- 3. 2169	- 3. 5670	- 4. 2949	是
SGDP	- 2. 6307	- 3. 2109	- 3. 5562	- 4. 2712	否
SGDP 一阶差分	- 3. 3781	- 3. 2138	- 3. 5614	- 4. 2826	是
SGDP 二阶差分	- 5. 5358	- 3. 2169	- 3. 5670	- 4. 2949	是
TGDP	- 2. 4780	- 3. 2109	- 3. 5562	- 4. 2712	否
TGDP 一阶差分	- 3. 7060	- 3. 2138	- 3. 5614	- 4. 2826	是
TGDP 二阶差分	- 5. 5839	- 3. 2169	- 3. 5670	- 4. 2949	是
UEC	- 2. 2637	- 3. 2109	- 3. 5562	- 4. 2712	否
UEC 一阶差分	- 3. 6213	- 3. 2138	- 3. 5614	- 4. 2826	是
UEC 二阶差分	- 6. 0483	- 3. 2169	- 3. 5670	- 4. 2949	是
REC	- 1. 7440	- 3. 2109	- 3. 5562	- 4. 2712	否
REC 一阶差分	- 4. 0751	- 3. 2138	- 3. 5614	- 4. 2826	是
REC 二阶差分	- 6. 6477	- 3. 2169	- 3. 5670	- 4. 2949	是
CCP	- 2. 4260	- 3. 2109	- 3. 5562	- 4. 2712	否
CCP 一阶差分	- 2. 4321	- 3. 2138	- 3. 5614	- 4. 2826	否
CCP 二阶差分	- 5. 1960	- 3. 2169	- 3. 5670	- 4. 2949	是
OCP	- 2. 1593	- 3. 2109	- 3. 5562	- 4. 2712	否
OCP 一阶差分	- 2. 2356	- 3. 2138	- 3. 5614	- 4. 2826	否
OCP 二阶差分	- 5. 0260	- 3. 2169	- 3. 5670	- 4. 2949	是
RCP	1. 6437	- 3. 2109	- 3. 5562	- 4. 2712	否
RCP 一阶差分	- 2. 8954	- 3. 2138	- 3. 5614	- 4. 2826	否
RCP 二阶差分	- 5. 0090	- 3. 2169	- 3. 5670	- 4. 2949	是
PCP	- 3. 5278	- 3. 2109	- 3. 5562	- 4. 2712	是
PCP 一阶差分	- 4. 9059	- 3. 2138	- 3. 5614	- 4. 2826	是
PCP 二阶差分	- 6. 5116	- 3. 2169	- 3. 5670	- 4. 2949	是

序列	ADF 检验值	10% 显著水平	5% 显著水平	1% 显著水平	是否平稳
IEC	−2.4845	−3.2109	−3.5562	−4.2712	否
IEC 一阶差分	−4.6263	−3.2138	−3.5614	−4.2826	是
IEC 二阶差分	−7.0825	−3.2169	−3.5670	−4.2949	是
MEC	−3.4033	−3.2109	−3.5562	−4.2712	是
MEC 一阶差分	−3.0208	−3.2138	−3.5614	−4.2826	否
MEC 二阶差分	−6.1351	−3.2169	−3.5670	−4.2949	是
AEC	−3.0024	−3.2109	−3.5562	−4.2712	否
AEC 一阶差分	−5.1621	−3.2138	−3.5614	−4.2826	是
AEC 二阶差分	−7.7924	−3.2169	−3.5670	−4.2949	是
LEC	−2.8929	−3.2109	−3.5562	−4.2712	否
LEC 一阶差分	−3.6605	−3.2138	−3.5614	−4.2826	是
LEC 二阶差分	−5.2444	−3.2169	−3.5670	−4.2949	是
ECE	−2.8128	−3.2109	−3.5562	−4.2712	否
ECE 一阶差分	−5.9590	−3.2138	−3.5614	−4.2826	是
ECE 二阶差分	−8.4886	−3.2169	−3.5670	−4.2949	是

表 6 − 4　　　　　　　　　技术因素变量的单位根检验

序列	ADF 检验值	10% 显著水平	5% 显著水平	1% 显著水平	是否平稳
LP	3.5174	−3.2109	−3.5562	−4.2712	否
LP 一阶差分	−0.6247	−3.2138	−3.5614	−4.2826	否
LP 二阶差分	−7.5142	−3.2169	−3.5670	−4.2949	是
RD	6.3970	−3.2109	−3.5562	−4.2712	否
RD 一阶差分	5.4931	−3.2138	−3.5614	−4.2826	否
RD 二阶差分	−5.3583	−3.2169	−3.5670	−4.2949	是
RDFE	5.1404	−3.2109	−3.5562	−4.2712	否
RDFE 一阶差分	−1.1024	−3.2138	−3.5614	−4.2826	否
RDFE 二阶差分	−8.6490	−3.2169	−3.5670	−4.2949	是

续表

序列	ADF 检验值	10% 显著水平	5% 显著水平	1% 显著水平	是否平稳
RDG	-0.8808	-3.2109	-3.5562	-4.2712	否
RDG 一阶差分	-4.4192	-3.2138	-3.5614	-4.2826	是
RDG 二阶差分	-6.6792	-3.2169	-3.5670	-4.2949	是
EI	-1.5511	-3.2109	-3.5562	-4.2712	否
EI 一阶差分	-4.5858	-3.2138	-3.5614	-4.2826	是
EI 二阶差分	-7.8801	-3.2169	-3.5670	-4.2949	是
CI	-1.5863	-3.2109	-3.5562	-4.2712	否
CI 一阶差分	-4.4687	-3.2138	-3.5614	-4.2826	是
CI 二阶差分	-7.5426	-3.2169	-3.5670	-4.2949	是
PA	3.0099	-3.2109	-3.5562	-4.2712	否
PA 一阶差分	-1.4703	-3.2138	-3.5614	-4.2826	否
PA 二阶差分	-6.5989	-3.2169	-3.5670	-4.2949	是
RDP	4.0120	-3.2109	-3.5562	-4.2712	否
RDP 一阶差分	-0.9171	-3.2138	-3.5614	-4.2826	否
RDP 二阶差分	-7.5503	-3.2169	-3.5670	-4.2949	是

表 6-5　　　　　　人口与政策因素变量的单位根检验

序列	ADF 检验值	10% 显著水平	5% 显著水平	1% 显著水平	是否平稳
TP	-1.2439	-3.2109	-3.5562	-4.2712	否
TP 一阶差分	-3.7021	-3.2138	-3.5614	-4.2826	是
TP 二阶差分	-4.8352	-3.2169	-3.5670	-4.2949	是
UR	-0.7973	-3.2109	-3.5562	-4.2712	否
UR 一阶差分	-1.9632	-3.2138	-3.5614	-4.2826	否
UR 二阶差分	-5.3761	-3.2169	-3.5670	-4.2949	是
MI	-2.1412	-3.2109	-3.5562	-4.2712	否
MI 一阶差分	-2.8719	-3.2138	-3.5614	-4.2826	否
MI 二阶差分	-4.3970	-3.2169	-3.5670	-4.2949	是

6.1.3　格兰杰因果关系检验

以能源消费总量为因变量，以其他 33 个因素作为影响能源消费总量的变量，利用式（6 - 1）、式（6 - 2），根据 1978 ~ 2011 年的年度数据（来自《中国统计年鉴》《中国能源统计年鉴》《中国气象统计年鉴》等资料，对个别缺失数据采用平均化处理），因果关系检验结果如表 6 - 6 所示。

表 6 - 6　　　　　　　　　　　　格兰杰因果检验结果

原假设	滞后期	F 统计量	概率值	结论
GDP 不是 EC 的格兰杰原因	2	3.76238	0.0362	拒绝
EC 不是 GDP 的格兰杰原因	2	3.53795	0.0432	拒绝
DGDP 不是 EC 的格兰杰原因	2	1.16606	0.3268	接受
EC 不是 DGDP 的格兰杰原因	2	0.28736	0.7525	接受
TI 不是 EC 的格兰杰原因	5	3.21298	0.0320	拒绝
EC 不是 TI 的格兰杰原因	5	3.98894	0.0130	拒绝
EP 不是 EC 的格兰杰原因	2	1.44819	0.2527	接受
EC 不是 EP 的格兰杰原因	2	3.16818	0.0581	拒绝
PGDP 不是 EC 的格兰杰原因	2	3.84537	0.0339	拒绝
EC 不是 PGDP 的格兰杰原因	2	3.50441	0.0444	拒绝
UI 不是 EC 的格兰杰原因	2	3.74492	0.0367	拒绝
EC 不是 UI 的格兰杰原因	2	2.48026	0.1026	接受
RI 不是 EC 的格兰杰原因	2	3.60397	0.0432	拒绝
EC 不是 RI 的格兰杰原因	2	1.78642	0.1868	接受
FDI 不是 EC 的格兰杰原因	5	2.41119	0.0769	拒绝
EC 不是 FDI 的格兰杰原因	5	4.37147	0.0088	拒绝
FGDP 不是 EC 的格兰杰原因	3	0.32012	0.8107	接受
EC 不是 FGDP 的格兰杰原因	3	0.00852	0.9989	接受
SGDP 不是 EC 的格兰杰原因	3	0.35161	0.7883	接受
EC 不是 SGDP 的格兰杰原因	3	2.58116	0.0770	拒绝

续表

原假设	滞后期	F 统计量	概率值	结论
TGDP 不是 EC 的格兰杰原因	2	1. 34107	0. 2784	接受
EC 不是 TGDP 的格兰杰原因	2	0. 83444	0. 4450	接受
UEC 不是 EC 的格兰杰原因	2	2. 08227	0. 1442	接受
EC 不是 UEC 的格兰杰原因	2	0. 48512	0. 6209	接受
REC 不是 EC 的格兰杰原因	3	2. 64758	0. 0719	拒绝
EC 不是 REC 的格兰杰原因	3	0. 70531	0. 5582	接受
CCP 不是 EC 的格兰杰原因	5	3. 39645	0. 0483	拒绝
EC 不是 CCP 的格兰杰原因	2	3. 86408	0. 0334	拒绝
OCP 不是 EC 的格兰杰原因	4	1. 23356	0. 3269	接受
EC 不是 OCP 的格兰杰原因	4	0. 98654	0. 4363	接受
RCP 不是 EC 的格兰杰原因	4	1. 26038	0. 3167	接受
EC 不是 RCP 的格兰杰原因	4	4. 95112	0. 0057	拒绝
PCP 不是 EC 的格兰杰原因	2	4. 89949	0. 0153	拒绝
EC 不是 PCP 的格兰杰原因	2	3. 56940	0. 0421	拒绝
AEC 不是 EC 的格兰杰原因	3	1. 53537	0. 2310	接受
EC 不是 AEC 的格兰杰原因	3	5. 16896	0. 0067	拒绝
IEC 不是 EC 的格兰杰原因	2	3. 38019	0. 0490	拒绝
EC 不是 IEC 的格兰杰原因	2	2. 81976	0. 0772	拒绝
MEC 不是 EC 的格兰杰原因	2	1. 45266	0. 2517	接受
EC 不是 MEC 的格兰杰原因	2	4. 16591	0. 0265	拒绝
LEC 不是 EC 的格兰杰原因	2	0. 11378	0. 8929	接受
EC 不是 LEC 的格兰杰原因	2	1. 01468	0. 3759	接受
ECE 不是 EC 的格兰杰原因	2	1. 37558	0. 2698	接受
EC 不是 ECE 的格兰杰原因	2	1. 80626	0. 1836	接受
LP 不是 EC 的格兰杰原因	2	3. 79632	0. 0352	拒绝
EC 不是 LP 的格兰杰原因	2	3. 46042	0. 0459	拒绝
RD 不是 EC 的格兰杰原因	3	0. 21834	0. 8827	接受
EC 不是 RD 的格兰杰原因	3	1. 97525	0. 1446	接受

续表

原假设	滞后期	F 统计量	概率值	结论
RDG 不是 EC 的格兰杰原因	2	1.51042	0.2389	接受
EC 不是 RDG 的格兰杰原因	2	5.79836	0.0080	拒绝
RDFE 不是 EC 的格兰杰原因	3	1.92206	0.1530	接受
EC 不是 RDFE 的格兰杰原因	3	2.29557	0.1034	接受
EI 不是 EC 的格兰杰原因	2	0.75317	0.4805	接受
EC 不是 EI 的格兰杰原因	2	0.29348	0.7480	接受
CI 不是 EC 的格兰杰原因	2	0.80935	0.4557	接受
EC 不是 CI 的格兰杰原因	2	0.30790	0.7375	接受
PA 不是 EC 的格兰杰原因	3	2.11960	0.1242	接受
EC 不是 PA 的格兰杰原因	3	3.51892	0.0303	拒绝
RDP 不是 EC 的格兰杰原因	2	1.57201	0.2260	接受
EC 不是 RDP 的格兰杰原因	2	1.13196	0.3372	接受
TP 不是 EC 的格兰杰原因	2	1.30250	0.2884	接受
EC 不是 TP 的格兰杰原因	2	0.34747	0.7096	接受
UR 不是 EC 的格兰杰原因	2	3.38925	0.0486	拒绝
EC 不是 UR 的格兰杰原因	2	0.86626	0.4319	接受
MI 不是 EC 的格兰杰原因	3	0.70810	0.5566	接受
EC 不是 MI 的格兰杰原因	3	2.44228	0.0888	拒绝

注：在显著性 10% 水平下，检验各变量之间的格兰杰因果关系。

从表 6-6 中格兰杰因果检验的结果可知，本文所选择的 33 个变量与能源消费存在不同的因果关系。

在经济因素方面，能源消费总量与多个变量存在双向的格兰杰因果关系，这表明经济发展对能源消费总量有着明显的拉动作用。首先，存在双向因果关系。根据检验结果可知，国民生产总值（GDP）、固定投资（TI）、人均国民生产总值（PGDP）与能源消费总量（EC），在显著性 5% 水平下，都存在双向的格兰杰因果关系，这表明能源消费总量增加能够带来经济增长，并且随着宏观经济快速发展也会导致能源消费总量的不断攀升。同时，在中国经济发展过程中，固定投资占有很大比例，尤其是为了改善国内落后的工业局面，政府加大了一些高耗能的基础产业的投资力度，比如建筑业、工业等行业。另外，外商直接投资（FDI）与能源消费总量（EC），在显著性 10% 水平，存在双向的格兰杰因果关系，这表示国外资本不断涌入国内市场也会带来能源消费总量的增加，当然也表明国外资本对中国经济发展的促进作用。其次，存在单向因果关系。在显著性 10% 水平下，存在从能源消费总量（EC）到能源价格（EP）的格兰杰因果关系，这代表中国能源市场呈现供不应求的局面。一方面，能源价格不断攀升不会影响能源消费总量的变化；另一方面，能源消费量增加却能带来能源价格变动。而在显著性 5% 水平下，存在从城镇可支配收入（UI）、农村可收入（RI）到能源消费总量（EC）的格兰杰因果关系，这说明随着可支配收入的提高，居民生活水平得以提高，其能够消费更多日常生活用品，比如彩电、冰箱、空调以及汽车等，这也导致生活能源消费总量不断提高。最后，因果关系不显著。根据检验结果，经济增长率（DGDP）与能源消费总量（EC）因果关系不显著，表明经济增长率与能源消费总量之间不具有显著的因果关系。

在结构因素方面，能源消费总量与多数变量存在双向或者单向的格兰杰因果关系。首先，存在双向因果关系。在显著性 5% 水平下，煤炭消费占比（CCP）、电力消费占比（PCP）与能源消费总量存在双向的格兰杰因果关系。这一结论与现实状况的拟合度比较高，即煤炭占中国能源消费比例较高。同时，在显著性 10% 水平下，工业能源消费占比（IEC）与能源消费总量（EC）也存在双向因果关系，这也符合中国经济的产业分布状况，即在经济结构中工业占据比较大的比例，且这些高耗能工业也带来巨大的能源消费量。其次，存在单向因果关系。在显著性 5% 水平下，存在从第二产业占比（SGDP）到能源消费总量的单向因果关系，即随着第二产业不断发展，中国能源消费总量也会随之提高。在显著性 1% 水平下，存在从天然气消费占比（RCP）到能源消费总量（EC）的单向因果关系，这显示天然气消费能够带来能源消费的增加，尤其是近年来天然气不断引入居民日常生活之中，这种现象将会表现得更加明显。在产业能源消费中，存在从能源消费总量（EC）到的农业生产能源消费占比（AEC）、制造业能源消费占比（MEC）单向因果关系，这表明上述产业带来的能源消费增加对中国能源消费总量未能产生统计层面的影响。在农业方面，由于其产业比例不断下降，其能源消费能力不断下降，因此未表现出因果关系亦在情理之中。在制造业方面，出现上述结果可能是，一方面是中国制造业企业不断研发开展节能减排工作，另一方面可能是中国依旧停留于低端制造业行列之中，或者说是大量的代工企业并入制造业，而这些所谓的制造企业相对能耗比较低。在居民日常生活必需品方面，即恩格尔系数与能源消费的研究中，在显著性 15% 水平下（适当放宽假设条件），存在从能源消费总量（EC）到的城市恩格尔系数（UEC）、农村恩格尔系数（REC）单向因果关系。最后，因果关系不显著。生活能源消费占比（LEC）与能源消费总量（EC）之间的因果关系不显著，这有可能是生活能源消费占比较小，而又有着相反的趋势，但又不明显所致。

在技术因素方面，能源消费总量与各变量之间的存在一些单向或者双向的格兰杰因果关系。首先，存在双向因果关系。在显著性 5% 水平下，存在从劳动生产率（LP）与能源消费总量（EC）之间的双向格兰杰因果关系，即随着中国劳动生产率不断提高，尤其是国民素质、先进科学技术等提高，不断降低中国能源消费总量。其次，存在单向因果关系。在显著性 5% 水平下，存在从能源消费总量（EC）到 R&D 占比 GDP（RDG）、专利申请授权数（PA）的单向因果关系，表明由于能源消费总量不断增加，导致生产生活成本越来越高，并且能源消费也成为经济增长的瓶颈，这迫使政府和企业都不断加大节能减排的科研经费。最后，因果关系不显著。根据检验可知，存在一些技术因素方面的变量与能源消费总量不具有显著的因果关系，比如，能源效率（ECE）、R&D 经费（RD）、科研经费财政支出（RDFE）、能源消费强度（EI）以及碳排放强度（CI）等，这可能是因为这些变量的数据结构和趋势与能源消费总量在统计层面的因果关系不显著。

在政策因素方面，本文选择了总人口、城市化率、市场化指数三个变量。首先，城市化率。在显著性 5% 水平下，存在从城市化率（UR）到能源消费总量（EC）的单向因果关系，这表明随着城市化水平的不断提高，居民生活方式也随之改变，尤其很多大宗家电进入普通家庭，比如，冰箱、空调、大屏液晶电视等，这使得能源消费需求居高不下，同时也增强了与能源消费结构的关联度。其次，市场化指数。在显著性 1% 水平下，存在从能源消费总量（EC）到市场化指数（MI）的单向因果关系，这表明随着市场化程度不断提高，随着价格机制的形成使得能源消费能够传导至市场经济之中。最后，总人口。根据检验结果可知，从统计层面上看，总人口（TP）与能源消费总量

（EC）因果关系不显著。

选取能源消费增长率（REC）、煤炭消费（CT）、石油消费（OT）、天然气消费（GT）、电力消费（PT）为因变量，验证上面与能源消费总量没有显著因果关系的影响因素与它们有无因果关系。首先，利用 1978～2011 年历史数据，运用含趋势和截距项的模型式（4-3），对 REC、CT、OT、GT、PT 进行格兰杰因果关系检验，其结果如表 6-7 所示，所有变量二阶平稳，这些变量可以与能源消费影响因素进行格兰杰因果关系检验。

表 6-7　　　　　　REC、CT、OT、GT、PT 的单位根检验

序列	ADF 检验值	10% 显著水平	5% 显著水平	1% 显著水平	是否平稳
REC	-3.0666	-3.2138	-3.5614	-4.2826	否
REC 一阶差分	-4.6911	-3.2169	-3.5670	-4.2949	是
REC 二阶差分	-6.8595	-3.2203	-3.5731	-4.3082	是
CT	-0.6638	-3.2138	-3.5614	-4.2826	否
CT 一阶差分	-2.2333	-3.2169	-3.5670	-4.2949	否
CT 二阶差分	-5.4574	-3.2203	-3.5731	-4.3082	是
OT	-0.5640	-3.2138	-3.5614	-4.2826	否
OT 一阶差分	-4.7971	-3.2169	-3.5670	-4.2949	是
OT 二阶差分	-6.4241	-3.2203	-3.5731	-4.3082	是
GT	4.1346	-3.2138	-3.5614	-4.2826	否
GT 一阶差分	0.3468	-3.2169	-3.5670	-4.2949	否
GT 二阶差分	-5.7770	-3.2203	-3.5731	-4.3082	是
PT	1.6959	-3.2138	-3.5614	-4.2826	否
PT 一阶差分	-3.2893	-3.2169	-3.5670	-4.2949	是
PT 二阶差分	-5.8620	-3.2203	-3.5731	-4.3082	是

以能源消费增长率（REC）、煤炭消费（CT）、石油消费（OT）、天然气消费（GT）、电力消费（PT）为因变量，以 GDP 增长率（DGDP）、一产占比（FGDP）、三产占比（TGDP）、生活能耗占比（LEC）、石油消费占比（OCP）、能源效率（ECE）、R&D 人员全时当量（RDP）、R&D 经费支出

（RD）、科研经费财政支出（RDFE）、能源强度（EI）、碳排放强度（CI）、总人口（TP）等因素作为影响因变量的变量，利用式（6－1）、式（6－2），根据1990~2011年的年度数据进行因果关系检验，其结果见表6－8。

表6－8　　　　　　　　　　　格兰杰因果检验结果

原假设	滞后期	F 统计量	概率值	结论
ECE 不是 REC 的格兰杰原因	2	0.6721	0.5193	接受
REC 不是 ECE 的格兰杰原因	2	3.0616	0.0640	拒绝
ECE 不是 CT 的格兰杰原因	4	2.3509	0.1320	接受
CT 不是 ECE 的格兰杰原因	4	3.4230	0.058	拒绝
OT 不是 ECE 的格兰杰原因	2	2.8978	0.0863	拒绝
ECE 不是 OT 的格兰杰原因	2	1.1647	0.3387	接受
ECE 不是 PT 的格兰杰原因	5	0.2765	0.9102	接受
PT 不是 ECE 的格兰杰原因	5	2.9710	0.1000	拒绝
DGDP 不是 REC 的格兰杰原因	4	0.6700	0.6290	接受
REC 不是 DGDP 的格兰杰原因	4	3.5962	0.0513	拒绝
EI 不是 CT 的格兰杰原因	2	0.2811	0.7588	接受
CT 不是 EI 的格兰杰原因	2	6.6560	0.0085	拒绝
EI 不是 OT 的格兰杰原因	2	0.7182	0.5036	接受
OT 不是 EI 的格兰杰原因	2	7.4849	0.0056	拒绝
EI 不是 GT 的格兰杰原因	2	0.4599	0.6400	接受
GT 不是 EI 的格兰杰原因	2	6.0009	0.0123	拒绝
EI 不是 PT 的格兰杰原因	2	0.1982	0.8224	接受
PT 不是 EI 的格兰杰原因	2	5.2335	0.0189	拒绝
CI 不是 CT 的格兰杰原因	2	0.2778	0.7613	接受
CT 不是 CI 的格兰杰原因	2	6.2307	0.0107	拒绝
CI 不是 OT 的格兰杰原因	2	0.7936	0.4703	接受
OT 不是 CI 的格兰杰原因	2	6.6344	0.0086	拒绝
CI 不是 GT 的格兰杰原因	2	0.4881	0.6232	接受

续表

原假设	滞后期	F 统计量	概率值	结论
GT 不是 CI 的格兰杰原因	2	5.5785	0.0154	拒绝
CI 不是 PT 的格兰杰原因	2	0.1871	0.8313	接受
PT 不是 CI 的格兰杰原因	2	4.9975	0.0217	拒绝
RD 不是 CT 的格兰杰原因	2	3.1383	0.0727	拒绝
CT 不是 RD 的格兰杰原因	2	2.0867	0.1587	接受
RD 不是 GT 的格兰杰原因	2	8.8363	0.0029	拒绝
GT 不是 RD 的格兰杰原因	2	7.4860	0.0056	拒绝
RD 不是 PT 的格兰杰原因	2	6.6543	0.0085	拒绝
PT 不是 RD 的格兰杰原因	2	0.4447	0.6492	接受
FGDP 不是 PT 的格兰杰原因	5	2.4939	0.1484	接受
PT 不是 FGDP 的格兰杰原因	5	4.2644	0.0531	拒绝
TGDP 不是 REC 的格兰杰原因	2	1.7491	0.2076	接受
REC 不是 TGDP 的格兰杰原因	2	3.3209	0.0640	拒绝
TGDP 不是 CT 的格兰杰原因	2	6.8200	0.0078	拒绝
CT 不是 TGDP 的格兰杰原因	2	1.5106	0.2525	接受
TGDP 不是 GT 的格兰杰原因	3	2.6489	0.0965	拒绝
GT 不是 TGDP 的格兰杰原因	3	0.3796	0.7695	接受
TGDP 不是 PT 的格兰杰原因	4	3.8751	0.0425	拒绝
PT 不是 TGDP 的格兰杰原因	4	1.2093	0.3714	接受
LEC 不是 GT 的格兰杰原因	6	0.7262	0.6630	接受
GT 不是 LEC 的格兰杰原因	6	5.5237	0.0945	拒绝
LEC 不是 PT 的格兰杰原因	6	7.0195	0.0692	拒绝
PT 不是 LEC 的格兰杰原因	6	2.6978	0.2226	接受
OCP 不是 REC 的格兰杰原因	2	2.2364	0.1413	接受
REC 不是 OCP 的格兰杰原因	2	3.4056	0.0603	拒绝
OCP 不是 OT 的格兰杰原因	2	0.9055	0.4253	接受
OT 不是 OCP 的格兰杰原因	2	2.7371	0.0970	拒绝
OCP 不是 GT 的格兰杰原因	3	2.6887	0.0934	拒绝

续表

原假设	滞后期	F 统计量	概率值	结论
GT 不是 OCP 的格兰杰原因	3	0.8226	0.5062	接受
OCP 不是 PT 的格兰杰原因	4	4.5676	0.0274	拒绝
PT 不是 OCP 的格兰杰原因	4	0.6968	0.6130	接受
RDP 不是 REC 的格兰杰原因	6	0.9359	0.5701	接受
REC 不是 RDP 的格兰杰原因	6	5.4204	0.0968	拒绝
RDP 不是 CT 的格兰杰原因	2	3.2711	0.0662	拒绝
CT 不是 RDP 的格兰杰原因	2	3.3796	0.0614	拒绝
RDP 不是 GT 的格兰杰原因	2	1.8725	0.1880	接受
GT 不是 RDP 的格兰杰原因	2	8.2275	0.0039	拒绝
RDP 不是 PT 的格兰杰原因	2	3.8531	0.0446	拒绝
PT 不是 RDP 的格兰杰原因	2	1.1184	0.3526	接受
RDFE 不是 REC 的格兰杰原因	5	3.6812	0.0719	拒绝
REC 不是 RDFE 的格兰杰原因	5	1.1370	0.4325	接受
RDFE 不是 CT 的格兰杰原因	2	3.6881	0.0498	拒绝
CT 不是 RDFE 的格兰杰原因	2	0.8517	0.4463	接受
RDFE 不是 OT 的格兰杰原因	2	4.5734	0.0281	拒绝
OT 不是 RDFE 的格兰杰原因	2	1.8823	0.1865	接受
RDFE 不是 GT 的格兰杰原因	2	10.6010	0.0013	拒绝
GT 不是 RDFE 的格兰杰原因	2	6.3958	0.0098	拒绝
TP 不是 REC 的格兰杰原因	2	2.6937	0.1000	拒绝
REC 不是 TP 的格兰杰原因	2	0.7938	0.4702	接受
TP 不是 CT 的格兰杰原因	3	2.0040	0.1672	接受
CT 不是 TP 的格兰杰原因	3	3.2317	0.0608	拒绝
TP 不是 OT 的格兰杰原因	3	0.4817	0.7010	接受
OT 不是 TP 的格兰杰原因	3	8.5045	0.0027	拒绝
TP 不是 GT 的格兰杰原因	3	2.0684	0.1580	接受
GT 不是 TP 的格兰杰原因	3	3.1754	0.0635	拒绝
TP 不是 PT 的格兰杰原因	3	2.7195	0.0910	拒绝
PT 不是 TP 的格兰杰原因	3	3.6815	0.0434	拒绝

从表 6 - 8 可知，能源效率与能源消费增长率具有显著的单向因果关系，能源消费增长率是能源效率的格兰杰原因。同时，能源效率和煤炭消费、石油消费、电力消费也具有单向因果关系，只是能源效率与天然气消费因果关系不显著，这可能是由于天然气消费量占比较小和增长率较低缘故所致。

GDP 增长率与能源消费增长率具有显著的单向因果关系，能源消费增长率是 GDP 增长率的格兰杰原因，表明能源是经济发展的重要资源投入要素。但 GDP 增长率与煤炭、石油、天然气、电力四种能源消费不具有显著的因果关系，表明促进经济的发展，与其具体是何种能源投入并无显著的关联关系。

能源强度与能源消费增长率不具有显著的因果关系，但与四种能源消费具有显著的单向因果关系，每种能源消费是能源强度的格兰杰原因，表明每种能源消费量的增加将会影响能源强度的变化。同样，碳排放强度与能源增长率不具有显著的因果关系，但与四种能源消费具有显著的单向因果关系，且每种能源消费是碳排放强度的格兰杰原因，表明每种能源消费量的大小直接影响碳排放强度。

R&D 经费投入与能源消费增长率不具有显著的因果关系，但与煤炭消费、电力消费具有显著的单向因果关系，R&D 经费投入是煤炭消费和电力消费的格兰杰原因，R&D 经费投入与天然气消费具有显著的双向因果关系，而与石油消费的因果关系不显著，这可能与我国石油短缺所导致投入经费有限有关。

研发人员（R&D 人员全时当量）的投入与能源消费增长率、天然气消费、电力消费具有显著的单向因果关系，与煤炭消费具有显著的双向因果关系，而与石油消费无显著的因果关系。能源消费增长率、天然气消费是研发人员投入的格兰杰原因，研发人员投入是电力消费的格兰杰原因。这表明能源消费的增长、天然气的勘探和开采对研发人员的多少有明显的影响，研发人员的增减对电力消费有明显的影响，研发人员与煤炭开采与清洁制煤有明显的双向影响，而研发人员的多少与石油消费量无明显影响关系。

科研经费财政支出与能源消费增长率、煤炭消费、石油消费具有显著的单向因果关系，与天然气消费具有双向因果关系，与电力消费不具有显著的因果关系。科研经费财政支出是能源消费增长率、煤炭消费、石油消费的格兰杰原因。这表明科研经费中政府的投入影响能源消费增长率、煤炭消费和石油消费，与天然气消费相互影响，与电力消费没有明显的影响关系。

第一产业占比与能源消费增长率、煤炭消费、石油消费、天然气消费不具有显著因果关系，只与电力消费具有单向因果关系，电力消费是第一产业占比的格兰杰原因，这可能是因为第一产业所消耗的能源主要是电力所致。第三产业占比与能源消费增长率、煤炭消费、天然气消费、电力消费具有显著的单向因果关系，能源消费增长率是第三产业占比的格兰杰原因，第三产业占比是煤炭消费、天然气消费、电力消费的格兰杰原因，这表明第三产业的快速发展离不开能源投入的持续增加，具体影响更大的是煤炭、天然气和电力。

生活能耗占比与能源消费增长率、煤炭消费、石油消费不具有显著的因果关系，与天然气消费和电力消费具有显著的单向因果关系，天然气消费是生活能耗的格兰杰原因，生活能耗是电力消费的格兰杰原因，这表明生活消费能源主要是天然气和电力，电力消费中生活能耗占了较大部分。石油消费占比与能源消费增长率、石油消费、天然气消费、电力消费具有显著的因果关系，能源消费增长率、石油消费是石油消费占比的格兰杰原因，石油消费占比是天然气消费、电力消费的格兰杰原因，这表明能源消费增长率与石油消费量的增加影响石油消费占比大小，而石油消费占比的多少会影响天然气和电力消费的增减，与煤炭消费无显著的关系。

总人口数与能源消费增长率、煤炭消费、石油消费、天然气消费具有显著的单向因果关系，与电力消费具有双向因果关系。这表明随着人口数量的上升将影响能源消费的增加以及四种能源消费量的上升。

从表6-7、表6-8可知，影响能源消费的所有因素要么与能源消费总量具有显著的因果关系，要么与能源消费增长率、煤炭消费、石油消费、天然气消费、电力消费具有显著的因果关系，这表明所甄选的影响因素与能源有着较强的关联关系。

6.2　能源消费影响因素的灰色关联分析

利用灰色技术对能源消费影响因素的相关变量与能源消费总量之间计算灰色关联度，从而判别影响因素对能源消费影响的重要程度。

6.2.1　模型描述

灰色关联分析是灰色系统理论的重要组成部分，是用来分析我们经济、社会、农业、生态、教育等系统中被众多因素共同决定时，哪些是主要因素，哪些是次要因素，哪些因素影响大，哪些因素影响较小。它的基本思想是根据因素所表示的序列曲线几何形状的相似程度来判断其联系是否紧密。曲线越接近，相应序列之间的关联度就越大，反之就越小，关联度越大表明影响越大，关联度越小表明影响越小。灰色关联分析的数据列与模型描述如下，设系统行为数据序列如式（6－3）：

$$X_0 = \left[x_0(1), x_0(2), \cdots, x_0(n) \right], \quad X_1 = \left[x_1(1), x_1(2), \cdots, x_1(n) \right]$$

$$X_i = \left[x_i(1), x_i(2), \cdots, x_i(n) \right], \quad X_m = \left[x_m(1), x_m(2), \cdots, x_m(n) \right]$$

$$(6-3)$$

$$\gamma\left[x_0(k), x_i(k) \right] = \frac{\min\limits_{i} \min\limits_{k} |x_0(k) - x_i(k)| + \xi \max\limits_{i} \max\limits_{k} |x_0(k) - x_i(k)|}{|x_0(k) - x_i(k)| + \xi \max\limits_{i} \max\limits_{k} |x_0(k) - x_i(k)|}$$

$$(6-4)$$

$$\gamma(X_0, X_i) = \frac{1}{n} \sum_{k=1}^{n} \gamma\left[x_0(k), x_i(k) \right] \qquad (6-5)$$

其中，X_0 为 ξ 为分辨系数，一般取 0.5。$\gamma(X_0, X_i)$ 为 X_0 与 X_i 的灰色关联度，$0 \leqslant \gamma(X_0, X_i) \leqslant 1$，值越大关联度越高，反之越小。

其关联度的计算分为五个步骤：第一步，确定特征序列 $X_0^{'}(k)$ 与比较因素序列 $X_i^{'}(k)$ $(i = 1, \cdots, m)$，其中 k 为观测值数 $(k = 1, \cdots, n)$。第二步，对指标数据进行无量纲化处理。由于选取的数据列所代表的因素具有不同的意义，数据列所代表的量纲也不尽相同，为了便于比较需进行无量纲化处理。本文采用初始值法，处理后特征数列为 $X_0(k)$，比较因素序列为 $X_i(k)$，其中 $X_0(k) = X_0^{'}(k)/X_0^{'}(1)$，$X_i(k) = X_i^{'}(k)/X_i^{'}(1)$。第三步，求差序列 $\Delta_i(k)$ 与极差值 M 和 m，其中 $\Delta_i(k) = |X_0(k) - X_i(k)|, i = 1, \cdots, m$，$M = \max\limits_{i} \max\limits_{k} \Delta_i(k)$，$m = \min\limits_{i} \min\limits_{k} \Delta_i(k)$。第四步，求关联系数如式（6－4）所示。第五步，求关联度如式（6－5）所示。

6.2.2　变量描述与关联度计算

能源消费影响因素的变量选择如表6－1所示。以能源消费总量为特征向量，以其他33个因素作为对能源消费总量的影响因素。

首先对各数据列进行无量纲化处理，然后计算差序列和极大极小值，利用式（6-4）计算关联系数、式（6-5）计算关联度，通过关联度值的大小来判别这 33 个影响因素对能源消费结构影响的重要程度。根据 1990~2011 年的年度数据（来自《中国统计年鉴》《中国能源统计年鉴》《中国气象统计年鉴》等资料，对个别缺失数据采用平均化处理），灰色关联度的计算结果如表6-9 所示。

表6-9 能源消费结构与影响因素的灰色关联度

因素	变量	灰色关联度
经济因素	国民生产总值	0.892
	固定投资	0.831
	人均 GDP	0.916
	GDP 增长率	0.990
	FDI	0.944
	农村人均可支配收入	0.940
	农村恩格尔系数	0.989
	城镇人均可支配收入	0.931
	城镇恩格尔系数	0.990
结构因素	第一产业占比 GDP	0.989
	第二产业占比 GDP	0.990
	第三产业占比 GDP	0.993
	工业能源消费比重	0.991
	制造业能源消费比重	0.993
	生活能源消费比重	0.990
	农林牧渔能源消费比重	0.990
	煤炭消费占比%	0.991
	石油消费占比%	0.990
	电力消费占比%	0.995
	天然气消费占比%	0.989
	能源效率	0.990

因素	变量	灰色关联度
技术因素	R&D 人员全时当量（万人/年）	0.998
	R&D 经费支出（亿元）	0.907
	R&D 占比 GDP	0.989
	专利申请授权数	0.915
	科研经费财政支出（亿元）	0.945
	能源强度	0.987
	碳排放强度	0.987
	劳动生产率	0.937
政策因素	能源价格（指数）	0.990
	市场化指数	0.911
	城市化率	0.995
	总人口（万人）	0.991

从表 6 - 9 中计算灰色关联度的结果可知，关联度在 0.9 以下的只有 2 个因素，而这 2 个因素与能源消费总量的关联度也在 0.8 以上，表明整体因素与能源消费总量有着较强的关联关系。

6.3　能源消费影响因素的专家评价

将能源消费影响因素划分为经济因素、结构因素、技术因素、政策因素等四个维度，制作问卷调查表。问卷表中影响因素变量是通过文献和超过 550 份初始问卷的发放甄别选择出来的。

选择来自能源研究的科研院所、能源行业、相关企业、政府相关部门等专家学者 53 人，对调查问卷进行评分，其平均化后处理结果如表 6 - 10 所示。

表 6 – 10   能源消费影响因素的专家评价结果

序号	影响因素的指标	分数（0～10）
	一、经济因素	
1	宏观经济总量（GDP）	9
2	GDP 增长率	8
3	全社会固定资产投资	6
4	能源价格	8
5	人均 GDP	8
6	居民收入水平（居民可支配收入）	6
7	外商直接投资	4
	二、结构因素	
8	产业结构	9
9	居民消费结构（生活消费支出占比总收入）	5
10	能源消费结构	7
11	能源效率（能源的投入产出效率）	9
	三、技术因素	
12	劳动生产率	8
13	科研经费投入（R&D 研发总费用）	5
14	研发费用占比国内生产总值	5
15	研发费用中财政拨款	3
16	能源消费强度	9
17	碳排放强度	7
18	专利申请授权数	2
19	科研人员数量	7
	四、人口与政策	
20	人口总数量	6
21	城市化水平	7
22	市场化程度	6

从表 6 – 10 的结果可知，评分在 5 以下的影响因素只有 3 个，而在 5 分以

上的有 16 个，表明整体上这些影响因素对能源消费总量有着比较强的影响。

6.4 能源消费影响的关键因素

根据对所选能源消费影响因素的格兰杰因果关系检验、灰色关联度的计算、专家评价的结果显示，甄别出影响能源消费的关键因素。对 33 个指标进行格兰杰因果关系检验，其中 20 个指标有显著的单向或双向因果关系，13 个指标因果关系不显著。但 33 个指标与能源消费总量的灰色关联度计算值显示，关联度在 0.9 以下的只有 2 个指标，而这 2 个指标均在 0.8 以上，表明整体关联度较高。从专家评价来看，打分在 5 以下的只有 3 个指标，显示相关性较弱，但这 3 个因素与能源消费总量的关联度均在 0.9 以上。鉴于全面考虑影响因素问题的原则，所以仍选择这 33 个指标作为影响的关键因素的表征指标。

按照经济因素、结构因素、技术因素、政策因素四个维度进行分类，共有 22 个变量作为影响因素的表征指标。

经济因素：宏观经济总量（GDP）、GDP 增长率、全社会固定资产投资、能源价格、人均 GDP、居民收入水平（居民可支配收入）、外商直接投资。

结构因素：产业结构、居民消费结构（生活消费支出占比总收入）、能源消费结构、能源效率（能源的投入产出效率）。

技术因素：劳动生产率、科研经费投入（R&D 研发总费用）、研发费用占比国内生产总值、研发费用中财政拨款、能源消费强度、碳排放强度、专利申请授权数、科研人员数量。

政策因素：人口总数量、人口数量增长率、城市化水平、市场化程度。

6.5 本章小结

本章通过计量经济学方法、灰色技术、专家评价等方法，从众多影响能源消费因素中甄别选择了 22 个影响因素的表征变量、33 个表征指标作为影响能源消费的关键因素。这将为利用影响因素对能源消费总量进行预测，从而选择总量控制路径奠定基础。

第 7 章

我国工业企业节能降耗分析

从京都会议以来，许多工业国家开始重视工业企业节能降耗的问题，并且美国、日本等发达国家将节能减排作为能源发展的战略重点之一，采取各种措施控制能源消耗，以控制我国能源消费总量和减少环境污染问题。在节能减排的大背景下，中国政府和工业企业也意识到节能减排的重要性，即能够降低生产成本和环境治理成本。

7.1 钢铁企业

7.1.1 钢铁企业节能分析

众所周知，钢铁是典型的高能耗、高物耗、高污染的行业，目前中国钢铁工业能耗约占能源消耗的16%，污染物排放约占全国总量的14%，应该说中国钢铁企业的节能降耗势在必行。同时，对于钢铁企业而言，其能源费用占钢铁生产总成本的20%~30%，为了提高企业利润节能降耗也是迫在眉睫。当然，为了落实钢铁企业加快节能降耗的目标，2010年中国先后发布了《钢铁行业生产经营规范条件》和《国务院办公厅关于进一步加大节能减排力度加快钢铁工业结构调整的若干意见》，对钢铁企业在生产规模、环保、能耗等方面做了一系列规定，这将对改变我国钢铁工业当前节能降耗、发展模式，推动兼并重组、促进淘汰落后具有重要的现实意义（巩峰，2012）。对于钢铁行业节能降耗的分析，本文将从以下方面出发：

第一，钢铁企业能耗结构分析。现代钢铁企业是以物质流为基础，伴以信息流、能量流等的钢铁生产制造过程，是一种典型的流程制造型企业，这也使得必然成为资源与能源消耗密集型行业。以生产一吨钢铁为例，其消耗 0.6 ~ 0.8 吨标准煤、1.5 ~ 1.55 吨铁矿石、80 ~ 150 公斤废钢和 3 ~ 8 吨新水。同时，与钢铁企业相关的能源种类众多，而能源系统是一个多种能源复杂而交织在一起的能源网络，包括煤气系统、蒸汽系统、空气分离系统、电力系统等系统。按照能源种类，其可以分为一次能源和二次能源，具体如表 7 - 1 所示。

表 7 - 1　　　　　　　　　　钢铁企业生产过程的能源种类

项目		种类
一次能源		煤炭、电力、天然气、石油
二次能源	余气	高炉煤气、焦炉煤气、转炉煤气
	余热	干法熄焦热能、烧结冷却带余热、高炉热风炉烟气余热、高炉炉渣余热、炼钢烟道余热、转炉炉渣余热、轧钢加热炉余热
	余压	高炉顶压
	其他	蒸汽

　　第二，钢铁企业节能现状分析。在钢铁企业中推广使用了一些重点节能技术，这有助于能源利用水平及利用效率在钢铁企业中得到显著的提高，但是钢铁企业能耗也面临诸多问题。其具体表现为：首先，吨钢综合能耗不断下降。吨钢综合能耗是指在一定时期内钢铁企业每生产一吨钢所消耗的能源量折合成标准煤量，是衡量钢铁企业能耗的重要指标之一。而根据相关统计数据显示，截至 2010 年，中国大中型重点钢铁企业吨钢综合能耗持续下降（见图 7 - 1）。其次，总能耗不断上升。20 世纪 90 年代以来，中国钢铁产量以近 700 万吨/年的速度迅速增长，1996 年产量超过 1 亿吨，2010 年粗钢产量已经超过 6 亿吨。随着迅速递增的钢铁产量，中国钢铁企业即使单位能耗逐渐降低，但能源消费总量仍然在快速递增。中国钢铁企业 2005 年能源消费约 2.5 亿吨标准煤，2010 年就上升到约 4 亿吨标准煤，具体情况详如图 7 - 2 所示。最后，二次能源回收利用率低。在生产过程中钢铁企业产生了大量的可回收利用的能量，即二次能源。在钢铁制造过程中涉及较多的工序以及较长的流程，并且以热加工为主，这样便在消耗能源过程的各个工序中产生了大量二次能源。但是，从统计数据上看，中国企业回收利用率普遍偏低。比如，煤炭作为钢铁企业生产过

程中的主要能源，大约有 30% 的能值转化为各种副产煤气。

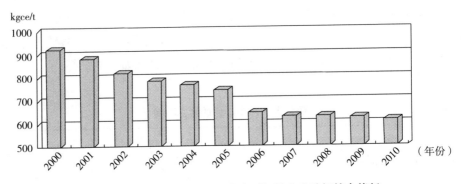

图 7-1　2000～2010 年中国大中型钢铁企业吨钢综合能耗

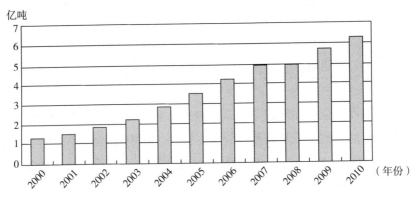

图 7-2　2000～2010 年中国粗钢产量

7.1.2　宝钢集团

宝钢集团是中国最大的钢铁公司，其产品附加值高和技术含量高，已经形成特钢、不锈钢、普碳钢三大产品系列。2012 年宝钢完成钢产量 4374 万吨，商品坯材产量 4339 万吨，实现销售收入 2856 亿元，实现利润总额 112 亿元。当然，作为世界一流的钢铁企业，宝钢从建厂开始就采用世界节能减排技术与工艺，致力于从源头提高能源利用率、控制污染物排放。比如，转炉煤气净化与回收技术、干熄焦技术、高炉富氧大喷煤技术、焦炉煤调湿技术、高炉余压发电技术、烧结烟气余热回收技术、烧结矿显热回收技术等。

同时，为了建立一个可监控化、一体化的公司整体能源管理规范体系，其能源管理体系遵照国家标准要求，将各个板块能源管理体系纳入整个集团统一管理体系，其中特钢事业部、宝通钢铁、不锈钢事业部、梅钢公司都于 2010 年通过认证，这就有效提升了能源管理体系整体管控水平。具体如下：第一，公司综合管理体系将能源管理体系纳入其中。在能源管理体系中成立内审员队伍，并对作业长和内审员进行能源管理体系标准解读、能源管理实务和审核知识培训，以对相关骨干员工和基层管理者的能源管理素质与技能进行提升。按照整体计划、实施、核查和改进，公司能源管理体系的自我诊断评价机制已逐步覆盖全过程。第二，强化能源基础管理，以"能耗源"和"关键能效因子"为切入点。根据"三流一态"四个维度，每个环节有效辨识关键能耗源和能效因子，将此用以能源利用效率提升突破点，进行分解并落实到岗位，明确管控目标和方案，以及实施跟踪管理。第三，对环保节能设施实施的监督、评价和改进措施不断完善。制定《环保节能设备管理办法》，以提高环保节能设施效率和有效运转为目标，逐渐形成分类管理模式，以达到对环保节能设备的运行效率和功能精度的管控，不断改进能源环保运行和利用效率。

除此之外，在具体实施减排节能项目过程中，宝钢也不断创新和探索降耗节能新模式：一是"节能专项规划"的策划。梳理每个环节的节能关键点，如项目类别类似可以进行"打包"管理，实施规划统一、专项试行，以便减少项目投入和采购成本的降低，还可以在同一平台论证不同技术方案，从而选择出最优方案。比如，2010 年成功推进"能效电厂"和"高效炉窑"专项项目，2011 又成功推行了高效机电替代与更新、循环水系统节能整体解决方案、余热回收利用、压缩空气系统节能等。二是大力推行合同能源管理（EPC），充分利用国家政策。通过充分的调研，宝钢出台《合同能源管理项目管理办法》，使得该项目也迅速开展且取得一定成绩。比如，2011 年宝钢总部共签订了 EPC 项目 13 项，其中 7 项目通过项目验收进入效益分享期。

7.2　水泥企业

7.2.1　水泥企业能耗分析

水泥行业是中国继电力、钢铁之后的第三大用煤大户，其能源消耗也是可想而知。根据相关数据显示，目前中国水泥熟料平均烧成热耗 115 千克标准煤/吨，比国际先进水平高出 10 个百分点。据中国环境科学研究院介绍，水泥行业也属于重点污染行业，它所排放的颗粒物污染物占比全国排放量的 20% ~ 30%，二氧化硫排放占全国排放量的 5% ~ 6%，同时由于大量使用煤炭作为燃料，碳排放量仅次于电力行业。

具体而言，水泥行业生产过程中面临三个问题：一是能源消耗量大。在水泥生产过程中，需要耗费大量的煤炭资源，同时其对电力能耗量也非常大，比如，从开采原材料、制备生料、煅烧熟料到最后水泥粉磨等每一个生产环节都需要消耗电力。这也体现出水泥生产存在直接能耗和间接能耗"双高"局面。二是污染环境严重。大量有害污染物在水泥的生产中排放出来，如大量的粉尘、二氧化硫、氢氧酸（HF）以及氮氧化物（NOX）等。污染物的大量排放加剧了对环境的污染，同时也极易形成酸雨区。三是中国水泥生产能力过剩严重。过热的投资行为导致了整个水泥行业产能严重过剩，随着过剩产能问题的凸显，使得资源无法获得优化配置，间接增大能源消耗的压力。

当然，水泥行业面临的各种亟须解决的问题，尤其是其高能耗、高排放问题，也引起了国家层面的关注，2010 年 11 月国家工信部印发了《关于水泥工业节能减排的指导意见》，一方面，明确指出在节能减排方面，水泥行业亟须待解决的问题：与国际先进水平，我国水泥单位产品能耗、排放都还有较大的差距；减排节能装备和技术实施力度还很欠缺，行业落后产能占比过大；还未充分发挥消纳废弃物的潜力；还有待提高减排节能的管理水平。另一方面，明确提出"十二五"水泥减排节能的主要目标、重点任务和政策措施：可比熟料综合能耗平均不超过 114 千克标准煤/吨，综合能耗不超过 93 千克标准煤/吨。在 2009 年基础上，氮氧化物下降 25%，颗粒物排放下降 50%，进一步降低碳排放强度。基本形成位于大城市周边的水泥企业配合治理城市污泥与生活垃圾的能力，顺带解决污染物的水泥行业成为环保产业的新兴力量。

7.2.2 水泥行业的节能减排措施

在经过多年的发展，水泥行业也确实取得了节能技术进步，过往传统的立窑生产逐步被淘汰。同时，为了实现相关部门节能减排的目标，一些新型的生产技术也得到了广泛的应用。目前，主要节能减排措施有：

第一，主要生产设备能耗的降低。水泥行业诸多生产设施节能潜力巨大。采用的主要节能措施有主要设备的节能和辅助设备低压配电系统中的节能。

第二，变频调速技术运用节能。有效地采用变频技术在水泥生产过程中可实现节能目标。实现节能辅助系统的调节可以采用变频技术，以实现节能目标。比如，以风机设备为例，如果通过使用变频调速技术，生产每吨水泥据知可以节约电能 30%。

第三，改进生产工艺节能。磨粉操作是水泥生产中重要的工艺流程，通过添加助磨剂降低能耗、使用新型设备、优化工艺、改进粉磨技术，可以有效节约能源。

第四，改进原材料和产品的技术。技术措施主要包括：一是在生产工艺研究中利用替代原材料。比如，加入钢渣、矿渣、碳化炉渣等工业废渣，可以有效减低能耗。二是不仅仅使用石灰石，改进工艺，在生产过程中添加一些辅助材料，即可有效节约石灰石资源，又可满足水泥对不同工程的需求。以生产硅酸盐水泥为例，比如添加混合材料以后，可以减少熟料的使用，同时煤、电、水等原料的消耗以及排放污染气体也相应减少。

7.2.3　安徽海螺集团

安徽海螺集团作为亚洲最大的水泥生产企业，主要从事商品熟料和水泥的生产与销售，其拥有不少于 90 多家子公司，分布于华东、华南等省市。在 2012 年，在宏观经济下行和水泥市场需求增速减缓的不利形势下，集团依旧保持良好的运行状态，比如，其熟料产能达 1.84 亿吨，同比增长 13.81%，水泥产能达 2.09 亿吨，同比增长 17.17%，共实现主营业务收入为 450.63 亿元，净利润 63.08 亿元。面对如此高产量，同时考虑到水泥行业能耗的现实情况，在日常生产中集团也是紧跟国家政策施行节能减排的措施。比如，通过学习借鉴国际先进技术，开发低氮分级燃烧技术，在芜湖海螺 5000t/d 熟料生产线应用并获得成功，经芜湖市环境监测中心站检测 NOx 排放含量下降约 30%，减排效果较为显著。同时，还运用该技术对本集团下属的重庆海螺、建德海螺等子公司共计 15 条熟料生产线进行成功改造。

当然，作为世界领先的水泥生产商，持续多年关注环境资源与社会经济的协调发展，致力于实施垃圾焚烧、余热发电等环保节能产业的推广，同时也取

得了良好的经济效益和社会效益。本文通过以下方面回顾了集团的节能减排历程:

1995 年,海螺集团宁国水泥厂借日本新能源产业机构(NEDO)来我国进行项目合作之际,建设了示范项目——水泥窑低温余热发电。海螺集团用了约 10 年的时间对相关技术进行消化、吸收和集成创新,独立成功研制低压闪蒸补汽式热力系统,水泥窑废热资源品位差、稳定性低的高效率回收难题得以解决;窑尾、窑头分别使用卧式锅炉及介质有序流动的专项技术、预除尘装置,余热锅炉的使用寿命和热效率转换得以提高;在纯低温非标凝汽式汽轮机研制中运用三维技术,独立研制 DCS 控制软件,以替代进口设备,全部设备国产化,在运行中无任何影响,正常生产水泥,电耗和热耗基本保持不变,水泥窑系统与余热发电系统匹配效率达到 99.8%。

2005 年,余热发电系统——海螺集团作为"十一五"时期重点优先发展的产业,配套建在所有的生产线上。据此,公司已在 22 个省市区成功推广这种技术,以及出口成套产品。随着余热发电系统的大量运用,每年可节约能源近 500 万吨标准煤,二氧化碳减排超千万吨。2007 年,海螺集团与日本川崎重工合作,成功研发了处理城市生活垃圾的新型干法水泥窑系统,这套系统世界首创,拥有自主知识产权。

2010 年 3 月,首条水泥窑垃圾处理系统建成,可以日处理 600 吨城市生活垃圾,平均每年可处理约 20 万吨,可节约 1.3 万吨标准煤,减排约 3 万吨的二氧化碳,做到"资源化、减量化、无害化"三化处理垃圾。

7.3 陶瓷企业

7.3.1 陶瓷企业能耗分析

在公元前 8000 年左右中国就开始了陶瓷生产,可以说,陶瓷发展历史也是中国文明史的重要组成部分。由于陶瓷用法具有很大弹性,比如烧至 700℃可用作装水、烧至 1230℃成为耐高温耐腐蚀的瓷化器皿,因此在古代它是重要的生产生活工具,甚至在科学技术上也扮演着重要角色。随着近代科学技术的发展,陶瓷又出现了大量的新品种,尤其是在生产原材料上很少使用黏土、长石、石英等传统材料，而是使用其他特殊原材料，一些产品还使用非硅酸盐、非氧化物的范围，与此同时许多新工艺也运用至陶瓷生产之中。基于新材料、新技术的运用，陶瓷也是不断深入现代人的日常生活之中，比如日用陶瓷、建筑陶瓷、艺术陶瓷等。

但是，在陶瓷生产过程中需要煤炭、石油等燃料制造高温环境，同时其辅助材料石膏模型、匣钵、硼板等也需要大量能耗，这就使得陶瓷行业与生俱来就具有高耗能的特点。而随着陶瓷步入专业化生产阶段后，带来了更大的能源消耗，以中国陶瓷工业为例，每年消耗燃油高达 4. 2 亿 ~ 4. 5 亿升，同时它们的能源利用率比较低，仅为 28% ~ 30%，远低于发达国家 50% 的能源利用率。除此之外，陶瓷企业也会带来大量的环境问题，比如烟气、粉尘、固体废料和工业污水等污染物。

在国家大力推行节能减排的背景之下，针对改变陶瓷行业的高耗能、高污染的局面，国家层面和陶瓷行业相关方面都进行了努力。当然，为了更好地完成陶瓷行业节能减排的目标，2013 年 4 月，全国建筑卫生陶瓷标准委员会在第四次年会上，初审了国家标准《建筑卫生陶瓷单位产品能源消耗限额》、审议国家标准《卫生陶瓷》以及行业标准《陶瓷抛光砖表面用纳米防污剂》。虽然这些行业标准主要针对卫生陶瓷的生产，但是会议中讨论的技术标准，比如万元产值综合能耗指标、单位产品的综合耗能（耗电）指标等，必将推动中国陶瓷行业节能减排的工作。

7. 3. 2　陶瓷行业的节能减排措施

在大力推行减排节能宏观政策和生态环保约束大环境下，践行绿色低碳发展和生活方式已形成全社会共识。这样一来，素有"高耗能、高污染、高排放"的陶瓷行业备受诟病，与此同时，当下的中国陶瓷行业也正处于产能过剩的局面，很多陶瓷企业都处于生死存亡的危急关头，这也就促使它们不断加大技术研发投入，推进减排节能技术成果的不断涌现，以有利于资源循环利用率和产品附加值的提升。

第一，陶瓷薄板技术。近十年内，薄板技术应该是陶瓷行业最重要的技术发明之一，它也被业内人士寄于"厚望"，即希望其能够帮助陶瓷行业走向"低碳"的突破口。相对于传统陶瓷产品，该技术能够将单位面积陶瓷材料重

量得到 1 倍以上的下降，综合耗能降低超过 50%，原料资源节约可以超过
60%。同时，运用薄板陶瓷也是对传统装饰材料和建筑陶瓷的革命性替代，其
也体现出很多优势，比如，防火、防潮、防霉、环保耐用、节约成本、降低劳
动力等，更重要的是，这些新材料能够满足设计师的设计需求，即其市场潜力
大。为了推动这种陶瓷行业的新技术，中国政府推行了相关的积极政策，2009
年国家推出陶瓷行业标准（编号 GJ/T172—2009），旨在解决建筑陶瓷薄板缺
乏相关技术标准的问题。当然，面对激烈的国内外市场竞争，中国陶瓷企业也
积极引进和研发，不断向市场推出本土的陶瓷薄板产品，比如，蒙娜丽莎的仿
大理石系列、新中源 EP 薄板系列、高一点蝶恋花系列等。

　　第二，固体废弃物制砖技术。根据预测，中国建筑物墙材料实心黏土砖以
现有产量每降低 1%，新型墙体材料的装备市场增量会有 15 亿元左右。国家
政策导向为新型墙体材料装备之所以市场空间如此广阔，得益于国家政策导向
的推动。基于上述原因，固体废弃物制砖技术也就应运而生，同时也拥有广阔
市场。针对这一市场需求，科达机电率先取得突破，成功研发出了相应的工艺
设备，解决了建筑物的节能、固废物的再利用和良田的节约等疑难问题。

　　第三，陶瓷抛光所产生的废渣循环利用新技术。据统计，抛光玻化成品砖
将产生废渣约 3 千克/平方米，每年各种抛光废渣产生量仅佛山陶瓷产区就在
300 万吨以上，现在已经不能单纯用一般填埋方法来解决如此大量的陶瓷废
料。填埋大量陶瓷废料，不但严重破坏生态环境、挤占土地，还会严重污染土
壤和水资源。陶瓷抛光废渣的回收利用之所以没能得到比较好的解决，是因为
受制于技术局限，影响严重墙地砖烧结的杂质含在抛光废渣中，会破坏砖体。
因此，要大量处理或充分利用抛光的废渣，需要加大相关技术的突破和攻关，
以便废渣进行循环利用。

　　第四，高温纳米技术。从能源利用效率来看，中国能源利用率仅为 23%，
而发达国家已经达到 60% 左右，这严重制约了经济发展。当然，这些困境也
使得国内大型企业不断致力于节能减排的研究之中，其中高温纳米陶瓷技术就
是成功案例之一。2003 年，江门市华材材料科技有限公司在美国加州成立研
发中心，开始研究高温纳米陶瓷涂层的技术研究，其主要理念是试图通过航天
器热保护技术提高能源效率。2006 年，该技术已经能够投入生产中。作为一
种陶瓷行业的新技术，高温纳米陶瓷是一种以稀土氧化物为主的无毒水基材
料，涂盖在工业炉窑受热面，起到受热面的热保护作用，同时其能够大幅度提

高辐射换热效率，实现工业炉窑安全、节能、环保等综合性能提高，也为工业炉窑节能技术改造方案和性能设计方案提供技术支持。

第五，干法造粒技术。早在 20 世纪 80 年代，很多学者就开始时对干法造粒技术进行了大量的研究工作，但到目前为止，该技术仍然未实现突破性的进展，国内外尚无一家企业有成功的案例。但是，从减排节能方面来看，该技术发展前景巨大，也与陶瓷行业未来发展需求相一致。如果要实现这项技术的应用和推广，一些技术难题有待解决，比如真颗粒的充分分散问题、假颗粒的成形压缩比问题、坯料颜色均匀及发色能力问题、成套而又连续的生产装备供应问题等。

当然，在陶瓷行业内，还有很多节能减排的技术被运用到生产之中，比如，人造石材生产整线技术、清洁煤技术等。

7.3.3　如何完善陶瓷行业的节能减排体系

在上一节，本文简单地介绍了陶瓷行业的一些节能减排技术，并未形成完整的节能减排体系。但是，要实现陶瓷行业节能减排，彻底转变其高耗能、高污染和资源消耗型的形象，必须建立一套完整的节能减排工艺，即从原料选择、处理、成形以及废弃物处理等方面完善。

第一，原材料的节能减排措施。作为陶瓷生产大国，天然原材料每年消耗已经超过 1 亿吨，一方面优质天然状态的原材料越来越少，另一方面落后的原材料加工技术加重了环境污染，因此，在原材料方面的节能减排显得尤为重要。首先，原材料的多元化。由于矿物原材料消耗过快过多，导致陶瓷生产原材料紧缺在很多地方已成常态，寻找新型陶瓷原材料资源已迫在眉睫。一些企业已经开始运用相关技术，比如综合利用工业废渣技术、陶瓷抛光砖废料转制轻质保温陶瓷砖和免烧陶粒、陶瓷废料转制骨料制备透水砖等。其次，开发快烧低温原料。能耗与烧成温度有很强的相关性，即当 1400℃的烧成温度降到 1200℃时，可节约能耗 50%～60%。因此，烧成温度的降低带来的节能意义重大。经过国内一些企业的努力，目前基本已实现这种烧成温度的降低，节能效果显著。最后，原料制备的节能减排。在原料制备过程中，也存在一些环节的节能减排值得关注，比如球磨机、喷雾器等方面。以球磨机为例，它是最大耗电设备之一，工作效率低，功率又都较大，在陶瓷生产过程中，其被广泛用于物料的粉碎。球磨机的节能改造具有非常重要社会和经济意义。目前对球磨机进行加装变频器改造，利用变频器调速，已初见成效，可以降低能耗10%。

第二，干燥烧成环节的节能减排。仅仅依靠传导方式和对流的传统干燥技术，可以能够利用的能量比较低，至多30%，而且能耗大、干燥周期长。近年来，微波干燥技术已广泛应用在陶瓷生产企业中。

第三，陶瓷窑炉的节能减排。陶瓷窑炉的能源消耗水平主要取决于窑炉烧成技术与结构，它是极其核心的热工与耗能最大的设备，我们可以实施对窑炉进行相关技术攻关使其能耗下降。首先，窑炉的选择。梭式窑、辊道窑和隧道窑是使用较多的窑炉。其中，辊道窑集自动化程度高、能耗低、产量大等突出特点于一体，代表了陶瓷窑炉未来的发展趋势。其次，保温材料的选择。散热是窑炉能耗的另一大因素，保温材料的合理选择对降耗节能影响非常大。如重质耐火砖与轻质陶瓷纤维相比，轻质陶瓷纤维特点明显，具有窑外壁温度可降到30℃~60℃、蓄热量低、导热系数小、质量轻等。最后，技术的选择。为了实现节能目的，充分运用自控烧成、微波烧结技术、富氧燃烧技术等先进烧成方法。研究显示，在21%~30%的富氧含量助燃空气中燃烧，且当空气过剩系数和燃料量一定时，燃烧的火焰温度将随富氧含量的增加而增加；燃点温度同时下降，有助燃烧速度加快，燃料的完全燃烧得更充分，热传导效果较好。采用微波烧结，由于材料与微波直接耦合，使材料内部热应力减少，实现区域的零梯度均匀加热，从而减少变形、开裂的倾向。由此，可以提高利用率，降低能耗。

7.4 汽车企业

7.4.1 汽车行业能耗分析

经过一个多世纪的发展，汽车已经成为人类不可缺少的交通工具。但是，汽车排放污染城市环境首当其冲，其行业消耗资源也比较大。与高耗能的建筑、钢铁等行业不一样，从生产、制造、使用和报废等汽车行业的每一个环节都需要消耗能源。根据上述汽车能耗过程，可将其分为生产环节、使用环节和回收环节三个部分。而根据相关数据显示，汽车生产是能源消耗最大的环节，其需要大量的水、电力、钢材和铸铁等资源。为了便于进行相关的统计,一般将这些消耗的资源分为主要材料、辅助材料和燃料三类。其中:直接用于制造产品的主要材料是构成汽车的主要实体材料和原料,比如钢材、铸铁等;生产过程使用的是辅助材料,帮助汽车成形的材料,比如,清洗剂、冷却液、润滑油等;用于产生动能的可燃性与热能的物质是燃料,因燃烧而被消耗在生产过程中,没有被直接记入汽车自身的消耗,如石油、天然气、煤炭等。从上述分析可知,在能源消耗方面汽车行业具有消耗环节多、消耗种类杂、消费总量大的特征,其能源消耗大户称号也可谓实至名归。

改革开放 40 多年以来,中国汽车行业发展迅猛,已在国民经济发展中占据了重要地位。中国汽车行业的快速发展,对国民经济带来的影响与贡献度一直呈现上升的趋势。根据资料可知,国民经济生产总值中中国汽车工业增加值占比已经突破 2%,同时汽车行业带动其上下游产业的增加值,拉动国民经济发展的比例已超过 10%。当然,随着汽车行业的快速发展,必然带来相关产业能源消耗总量不断上升,比如,2006~2010 年,汽车全行业能耗就从 1123 万吨标煤增加到 1342 万吨标煤,而从汽车行业万元产值和工业增加值的能耗略低于全国平均水平,这也是国内一些汽车生产商不懈努力的结果。但是,相对于发达国家而言,中国汽车行业的能源利用效率仍存在一定提升空间。以冲压件材料利用率为例,一些欧洲发达国家已经达到 80% 以上水平,而中国仅仅为 50%~60%,而单台汽车生产 60% 以上的零部件都是冲压件,其也是汽车制造过程资源消耗最大的工序环节。另外,在车身轻量化方面,一些欧洲发达国家的轿车钢铁质量已经下降至 62% 的水平,但是中国生产汽车的钢铁使用比例达到 72%~88%,而在塑料使用量方面,中国汽车行业还处于国外 20 世纪 90 年代中期水平。

7.4.2 汽车生命周期分析

基于汽车产品从生产、制造、使用和报废各环节都需要能源消耗的特点,一些学者提出利用生命周期理论研究汽车以及汽车相关行业的能耗问题,即制造、使用和回收三个过程。根据生命周期理论,本文将进行简单分析:

在汽车生产方面,其主要由冲压、焊装、涂装和总装四大主工艺环节构成,而树脂成形工艺只是部分企业拥有。其中,汽车生产过程中能源消耗最大的环节是汽车涂装,一条 30 万台轿车年产量的车身涂装线,耗电量将高达 2500 亿千瓦时/年(与一个拥有 5 万人口的城镇年耗电量相当)。据统计:汽车生产过程 80% 的热能和 70% 的电能被涂装车间消耗,每辆车身涂装排放二氧化碳 235 千克,在汽车的整个生命周期中平均每辆汽车排放约 21 吨的二氧化碳,其中,约 20% 在生产过程中产生,而生产过程中涂装、装配、零部件制造产生的二氧化碳分别占比为 70%、11%、19%。在涂装车间,以年产 24 万辆轿车车身为例,消耗电力 6000 ~ 7000 千瓦,年平均热量消费为 80000 ~ 90000MJ/h,将产生 4 万多吨的二氧化碳,车身涂装产生二氧化碳 169.6 千克/辆。相比国际先进水平,我国汽车生产企业的节能情况差距还很大。比如,从企业数量方面,能达到国际先进水平的制造企业占比例很小,这就使得中国汽车行业能耗的整体水平与世界先进水平存在非常明显的差距。

在汽车使用方面,其主要的能源消耗来源于汽车交通用油,而这些交通用油主要是石油燃料,比如 90 号无铅汽油就是最常见的汽车燃料。根据 IEA 预测,2010 ~ 2030 年,全球交通运输石油消费增长占总需求约 3/4,而中国交通运输石油需求占比约为全球的 1/2。数据显示,如汽车保有量 6500 万辆,那么汽车消耗石油总量约为 1 亿吨,预计 2020 年中国汽车保有量将达到 2 亿辆,那么原油消耗将达到 2.4 亿吨,届时中国汽车对石油的需求将"震惊"全世界。

在汽车回收方面,报废汽车的回收利用方式很多。在一些发达国家,现代化废钢铁回收中心主要建在中心城市。隧道液氮冷却破碎是回收解体的主要方式,剔除杂质以浮选、磁选等方式,回炉冶炼、碎钢打包压块,自动化加工流程。这些国家为了提高能源利用率,正在积极开发相关回收再利用技术,比如,在回收塑料方面,其开发了油化、填料、粉碎等技术,通过化学分解又将其变成原材料。相对于发达国家比较成熟的回收体系,中国报废汽车企业还刚刚起步,尤其在设备、回收利用水平和环保标准等方面长期面临投资欠缺的问题,专用的拆解设备拥有量不多,为了利于运输到钢厂,要将小轿车车身或车架切块成废铁所使用的简单半自动剪切机也只有为数不多的企业使用。从上述的回收处理方式,也从侧面反映国内汽车回收环节的能源消耗远大于国际先进水平,同时在回收再利用方面也存在很大差距。

7.4.3　汽车行业的节能减排技术

根据生命周期理论，可以将汽车能耗分为三个不同阶段。那么，基于生命周期理论的理念，也可以将汽车行业的具体节能技术分为三类，即生产过程节能减排技术、产品节能技术以及汽车回收再利用节能减排技术。而本文侧重于研究汽车行业的节能减排技术，因此文章也将重点关注生产过程中的节能减排技术。

众所周知，汽车生产会带来巨大的能源消耗，同时也会提高汽车生产商的成本，这使得很多生产商不断开发节能减排技术，以提高汽车的市场竞争力。那么，在利润的驱使下，目前生产环节的节能减排体系已经比较成熟，其数量也是非常多，比如，内高压成形技术、"吸隔共用"降噪技术、焊接节能技术、焊装车间配电设计优化技术、汽车工厂焊接群控技术、"三湿"喷涂工艺技术、机器人杯式静电喷涂技术、蓄热室废气集中处理技术、污水零排放技术、汽车工业能源管理技术等。就上述这些节能减排技术，本文选取了冲压、焊接、涂装和总装四个环节中比较典型的技术进行分析。

第一，内高压成形技术。它是一种液力成形技术，即用管材作为坯料，将超高压液体用在其内部，与此同时施加轴向推力对管坯两端，用以补料。管坯材料在内、外两种力的共同作用下，塑性逐渐变形，直到贴合于模具型腔内壁，形成的中空零件，符合相关精度与形状的技术要求。在变截面空心构件制造中适合使用该技术，并越来越多地应用于汽车零件制造领域。具有使用寿命长、强度高、结构性完整好、使用模具数量和零件较少等特点，构件的成本和重量得到有效降低，而构件的强度和刚度同样得到了保障。当然，其减排节能效果也是比较明显的，比如：在节约材料和减轻质量方面，与传统技术相比，在汽车上散热器支架与副车架产品，针对内高压成形件可降低重量 20% ~ 40%，而空心阶梯轴类零件降低重量可达到 40% ~ 50%；在减少零件盒模具数量方面，一套模具就可生产内高压件，而多数冲压件则需要模具多套。内高压件相比冲压件，可以平均降低 15% ~ 20% 的成本和 20% ~ 30% 的模具费用。散热器支架零件由 17 个减少到 10 个，副车架零件由 6 个减少到 1 个。在企业最关心的成本方面，该技术也是具有明显优势。

第二，混流柔性焊接生产线技术。由多功能焊接机器人系统、三维可调

NC 定位系统、高速传输系统构成了混流柔性焊接线技术，不同车型柔性生产可以通过更换合拼夹具的方式来实现。车体进行合拼，通过系统控制自动判断，自动调节定位系统调入指定位置，然后由自动电焊设备操作完成焊接环节，合拼焊接完成后，自动移出操作工位，下一个需要合拼车体又自动调入指定位置，完成一个循环。多车型混流柔性焊接生产线的使用，一方面，可以大幅度减少设备的装机容量、焊接设备和焊接夹具，达到减排节能的目的；另一方面，可以降低物流成本、管理成本、使用操作员的人数以及生产线的占地面积等。而对于汽车行业的节能减排，该技术主要是通过提高生产线柔性实现。具体而言，在设备配置、自动化程度一样的条件下，建设 1 条 4 车型混流柔性焊接 20 万辆生产能力的生产线，其可对焊接夹具数量、物流成本、管理成本、操作人数、生产线占地面积等分别减少 40%、20%、30%、50%、30%，还可以直接减少相关原材料的消耗和设备装机容量。由于汽车焊接设备的功率都比较大，随着设备数量的减少，直接减少了电站容量。不过，这种技术仅适用于多车型（4 个及以上车型）焊接生产线。

第三，"三湿"喷涂工艺技术。传统轿车车身采用 3C2B 工艺进行面漆喷涂、中涂。"三湿"涂装工艺就是使用"湿碰湿"涂装技术工艺，把清漆、色漆和中涂等工艺一起进行烘干的工艺技术，是国际上确认的主流工艺技术。"三湿"技术可以有效减少占地面积和设备投资、降低有机物排放和能源消费，能够有效减少喷涂过程中对能源的消耗，促进生产效率的提高。由于节能效果比较明显，国内一些有实力的厂商也可以应用该技术，比如，一汽马自达、沈阳海狮、长安福特马自达等。

第四，汽车工厂能源管理技术。一般而言，节能减排技术都是特定对象开发的，而汽车工厂能源管理技术是针对整个汽车生产过程开发的信息管理系统，其包括能源信息的采集及管理的信息网络系统，自动监测自来水、循环水、采暖水、压缩空气、天然气和电能等能源介质，实现能源的优化管理和调度。该信息系统针对能源数据，包括采集、实时监控和分析发布管理等三大组成部分，主要的功能就是将工厂与能源有关的所有数据进行采集、动态显示、实时监测、趋势分析、故障报警、管理存储、价值挖掘、生成报表以及及时发布等，融合信息网络技术，满足各类人员对能源监管和安全的需求，为能源内部考核、调度优化和决策提供技术支持。在实际操作过程中，该技术可通过进行生产实时监控全过程管理，以此实现管理节能、节能管理和生产资金优化分配。

除了上述技术外，为了应对全球能源不断枯竭，以及全球汽车市场日益激烈的环境，在生产环节中也出现了新节能技术的动向，比如，一级反渗透浓缩水新式纯水活用技术。

7.5　装备制造企业

7.5.1　装备制造业节能减排分析

1998 年，中央经济工作会议明确提出要大力发展装备制造业。一般而言，装备制造业是为满足国民经济生产而提供生产技术装备的工业总称，即生产机器的机器制造业。

根据装备制造业的概念可知，它是各个工业化或后工业化国家的主导产业之一，其也是产业竞争力的基础，提高装备产品的性能、水平和质量，对工业综合能耗的下降、整个国民经济效率的提升、转变增长方式等意义重大。因此，从节能减排层面上看，装备制造业承担着节能减排的双重任务，即以节能减排引领装备制造业转型升级、提高装备产品节能减排性能。

目前，中国装备制造业在"能源开发与节约并举，节约为首位"方针之下，其节能减排的技术取得长足发展。在国家相关政策扶持下，装备制造业取得了实实在在的成绩：首先，产品节能效果明显。（1）通用机电产品提效取得进展。中小电机产品节能减排技术基础性工作进展顺利，主要节能标准、用能设备和产品能效标识的研究已全面展开。（2）重大装备的部分产品效率与世界先进水平不相上下，高参数化、大型化发展势头强劲。其次，材料利用率提高显著。据统计可知，2004 年装备制造业的钢材消耗量每万元 0.1567 吨，2008 年减少到每万元 0.1023 吨，年平均节材率 10.11%，下降达 34.72%。最后，装备制造业单位能耗有所降低。2005 年，规模以上企业单位能耗 0.16 吨标准煤，2009 年，降低到 0.10 吨标准煤，年平均节能率 9.45%，下降 32.79%。

7.5.2　节能减排存在的问题

目前，通过在"十一五"期间的努力，装备制造行业在节能减排方面取得了长足发展，但仍然存在一些问题亟须解决：首先，用材用能总体效率低下，工艺技术中热加工落后明显。热处理工艺能耗每吨比世界先进水平高出47%，锻造锻件工艺能耗每吨比世界先进水平高出70%，铸造铸件工艺能耗每吨比世界先进水平高出80%。其次，产业结构不尽合理。（1）多数装备制造业产品效率明显低于世界先进水平，总体水平偏低。与国外同类产品相比通用小型汽油机燃油耗要高出10%~20%，比国际先进水平总体排放低1~2个水平的档次；与国外同类产品相比我国柴油机燃油耗要高出5%~15%，比国际先进水平总体排放低1~2个水平的档次。（2）节能减排技术发展要求与产业组织结构不相适应。发达国家热处理行业的劳动生产率是我国的23倍；我国2.6万家铸造企业，大多数达不到经济生产规模。最后，企业不够重视节能降耗，减排意识淡薄。污染物排放与资源能源消耗统计基础薄弱。

基于"绿色"和"智能"的发展趋势，装备制造企业应该重点发展少或者无污染物排放、高效率的产品以及清洁、高效、精准的减排节能的技术领域，同时，必须推广无废料加工技术和机电、汽车产品回收再制造等技术。

7.5.3　装备制造工艺节能技术的发展动态

在发达国家，为了实现装备制造节能减排的目标，制定了一些主要技术的发展路线图，比如，2003年美国发布的锻造技术路线图、2004年美国热处理学会发布的热处理路线图等。相比之下，国内却没有引起相关重视，在一定程度上限制了装备制造节能减排技术的发展。因此，政府、行业以及研究单位等需要加大相关领域的投入，比如资金、人才、制度安排，以实现技术突破。而要实现节能减排目标，本文认为必须掌握核心技术。

（1）切削加工行业的节能减排技术。制造业产品更加倾向个性化和多样化，会大大加快产品的更新速度。开发任何一种新产品都预示着材料、结构、零件的创新更迭，对切削加工制造要求更高。这是对切削行业陈旧体制与技术的挑战，对切削加工新产品、新技术的需求空前高涨。先进加工技术追求高质量和高生产率，一是减排工艺排放所开展的工艺和减少冷却液的使用，如不使用冷却液的干切削等，二是切削加工的主流技术和重要发展方向是超精密切削、精密和高速切削。

（2）表面处理行业的节能减排技术。表面处理工艺技术的发展趋势是绿色化和精准化。表面处理涉及技术与多学科的交叉和综合，整体材料优良性能的表面薄层可以用多种方法制备出，防辐射、抗疲劳、耐磨损、防腐蚀、耐高温是赋予零部件优质性能，其方法有涂料与涂装、化学转化、电镀、真空镀、热处理、热喷涂（喷焊）等。

（3）热处理行业的节能减排技术。节能热处理、精密热处理、清洁热处理是热处理技术的主要发展趋势。《热处理技术发展路线图》由美国 2004 年发布，制定了 2020 年目标：在热处理行业中，实现目标降低生产成本、缩短工艺周期、减少能源消耗分别为 75%、50%、80%；实现制造最低的质量分散度和零畸变的热处理产品，降低加热炉价格 50%，提高加热炉寿命 10 倍，实现零排放生产。

（4）焊接行业节能减排技术。焊接技术的总体发展趋势是低成本、环境友好、优质高效，应对新结构、新材料的出现，提升生产力和产品质量以尽可能减少对环境产生不良影响。未来焊接技术的趋势发展是利用焊接机器人进行的自动化焊接，我国迟早会达到世界先进水平 80% 的焊接自动化率。焊接自动化率的提升可以带动相关产业和技术的发展，有利于降低成本、节能减排和提高材料的使用率。

（5）锻造节能减排技术。在有效购买高质量供给和关注消费者上，美国锻造行业保持着领先的世界水平。其重点发展：闭环控制、数据库建设和模拟，以及润滑、模具表面处理和模具材料等两大板块。锻造技术的发展方向：高效锻压技术、数字化渐进成形技术、冷锻成形技术、精密锻造和特种锻造技术等。

（6）铸造节能减排技术。《铸造行业技术路线图》是在 21 世纪之初，加拿大、美国等发达国家制定并不断修订与完善，以助推节能减排在铸造行业的实施。清洁化、敏捷化、高效化是传统铸造技术发展的方向，包括再利用设备与技术和废弃物回收、精密高效的铸造工艺、节能环保的熔炼设备、少/无污染的工艺材料等。

7.6　本章小结

本章通过对我国工业企业中的一些典型企业节能降耗现状的分析，发现无论是高耗能企业，还是传统产业，都采取了多种节能降耗措施和技术研发，以应对未来能源总量控制和环境约束，同时也降低了企业成本。

第 8 章

能源消费总量预测与控制路径选择

利用能源消费影响的关键因素，构建支持向量机多因素动态预测模型，对能源消费总量预测进行实证分析。将能源消费总量预测与能源消费影响因素传导路径相结合，探寻能源消费总量的控制路径。

8.1 能源消费预测

8.1.1 GA_SVM 模型描述

1. 遗传算法（genetic algorithm，GA）

在运用 SVM（支持向量机）分类方法进行分类时，需要选择符合样本数据特征的核函数，本文选择采用 RBF 核函数进行研究。在引入该核函数的同时，我们也引入了两个未知参数，即误差惩罚因子 C 和核宽度 σ，因此在运用 SVM 进行分析前，我们需要对这两个未知参数进行预先设定。对于该问题的解决，通常的方法是选择经验值对未知参数进行赋值，然而这些经验值并非每次都是有效的，很难使模型达到全局最优，因此本文运用遗传算法的全局寻优能力寻找未知参数的最优值。

1969 年，美国密歇根大学的霍兰提出了遗传算法，该算法是通过借鉴自然界中进化和生物遗传的机理而形成的自适应全局优化随机化搜索算法，其搜索过程并不依赖于具体问题。遗传算法模拟的是进化过程和生物遗传中产生的选择复制、交叉和基因突变现象，通过选择算子、交叉算子和变异算子三个主要操作算子进行的，由此产生一代又一代新的种群，直至寻找到的结果满足某种给定收敛条件为止，该算法的主要步骤如下。

（1）参数取值编码和初始群体的产生。由于误差惩罚因子 C 和核宽度 σ 都取正数，为了使未知参数的取值范围足够大，本文采用二进制字符串（即每位只有 0 和 1 两种取值）表示未知参数 C 和 σ，与此同时，本文定义 20 个染色体基因个数，因此通过二进制编码后可得，误差惩罚因子 C 的二进制串和核宽度 σ 的二进制字符串分别为：

$$X = x_1 x_2 x_3 \cdots x_{10}, \ Y = y_1 y_2 y_3 \cdots y_{10} \tag{8-1}$$

于是染色体为：

$$XY = x_1 x_2 x_3 \cdots x_{10} y_1 y_2 y_3 \cdots y_{10} \tag{8-2}$$

该染色体为遗传算法的操作对象，其每一种不同的取值都代表一个不同的个体。定义误差惩罚因子 C 和核宽度 σ 映射函数分别为：

$$\sigma = f_\sigma \cdot X, \ C = f_c \cdot Y \tag{8-3}$$

本文设定种群个数为 20，最大遗传代数为 100，采用随机方法生成初始群体 $S(k)$，同时置代数计数器 $t = 1$。

（2）确定适应度函数。适应度函数是表示群体全部个体与适应度之间对应关系的实值函数，其作用相当于所求解最优化问题中的目标函数，本文选择的目标函数是使该模型的均方误差（mean squared error，MSE）最小，因此本文的适应函数为训练及数据的均方误差，MSE 的定义为：

$$MSE = \frac{1}{N} \sum_{i=1}^{N} \left[Y(i) - \hat{Y}(i) \right]^2 \tag{8-4}$$

其中，N 为样本数，$Y(i)$ 为第 i 个样本的实际值，$Y(i)$ 为第 i 个样本的预测值。

（3）计算个体适应度值。将已知样本数据分为训练样本集和测试样本集，把初始群体 $S(k)$ 中的每一个未知参数的值代入 SVM 模型中，然后利用得到的不同的 SVM 计算得到训练样本集相对应的不同预测值，即得到了被预测样本的预测值，之后将所得值代入 MSE 的计算公式中求得相对应的 MSE，该值越小则表明个体的适应度越大。

（4）判断 $S(k)$ 中个体否满足终止条件。如终止条件满足或达到最大遗传代数，则选择 $S(k)$ 中适应度最大的个体作为所求结果，至此 GA 算法结束，否则进行下一步。

（5）执行选择算子操作。按照选择概率 $P_s(x_i)$ 所决定的选中机会，每次从 $S(k)$ 中随机选定 1 个个体并将其染色体复制，重复 N 次，然后将复制所得的 N 个染色体组成群体 $S_1(k)$。

（6）执行交叉算子操作。按照交叉概率 $P_c(x_i)$ 所决定的参加交叉的染色体数 c，从 $S_1(k)$ 中随机选择 c 个染色体，配对进行交叉操作，并用新生成的染色体代替原染色体，得到新的群体 $S_2(k)$。

（7）执行变异算子操作。按照变异概率 $P_m(x_i)$ 所决定的变异次数 m，从 $S_2(k)$ 中随机选择 m 个染色体，分别进行变异操作，并用新生成的染色体替代原染色体，得到新的群体 $S_3(k)$。

（8）将群体 $S_3(k)$ 作为新一代种群，即用 $S_3(k)$ 替代 $S(k)$，$t = t + 1$，转到第 3 步（见图 8 - 1）。

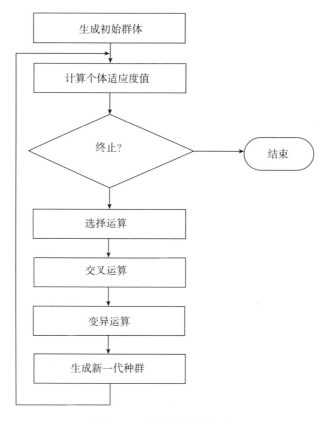

图 8 - 1　遗传算法逻辑框架

2. 支持向量机（support vector machine，SVM）

对给定样本数据集 $\{(X_i,Y)\}$ ，X 是输入向量，Y 是输出向量，样本容量为 n，利用一个非线性映射函数 θ 将输入的各能源消费影响因素 X_i 映射到一个高维特征空间 $[\theta(x_1),\theta(x_2),\theta(x_3),\cdots,\theta(x_n)]$ ，然后进行非线性回归，得到映射 f 使得 $f(X)=Y$ ，即得到回归函数：

$$f(x) = w \cdot \theta(x) + b \qquad (8-5)$$

SVM 模型的非线性不可分问题的数学形式为：

$$\min \frac{1}{2}\|w\|^2 + C\sum_{i=1}^{n}\xi_i \qquad (8-6)$$

$$s.t. \begin{cases} y_i[w\theta(x_i)+b] \geq 1-\xi_i(i=1,2,\cdots,n) \\ \xi_i \geq 0 \end{cases} \qquad (8-7)$$

其中，C 为惩罚因子，表示对错误的惩罚程度，越大表示在误分时的惩罚越重。ξ 为松弛变量，表示模型在一定程度上允许违反约束情况的存在，这样就能够容忍噪声和离群点，并能够照顾更多的训练点。利用 Lagrange 乘子法，引入 α 作为 Lagrange 乘子向量，则上述问题可以转化为求下面的对偶二次规划问题：

$$\max L(\alpha) = \sum_{j=1}^{n}\alpha_j - \frac{1}{2}\sum_{i=1}^{n}\sum_{j=1}^{n}y_iy_j\alpha_i\alpha_jK(x_i,x_j) \qquad (8-8)$$

$$s.t. \begin{cases} \sum_{i=1}^{n}y_i\alpha_i = 0 \\ 0 \leq \alpha_i \leq C, i=1,2,3,\cdots,n \end{cases} \qquad (8-9)$$

其中，$K(x_i,x_j)$ 为核函数，由此可得到最优解为 $\alpha^* = (\alpha_1^*,\alpha_2^*,\alpha_3^*,\cdots,\alpha_n^*)^T$ ，由此解出 w^* 和 b^*：

$$\begin{cases} w^* = \sum_{i=1}^{n}(\alpha_i - \alpha_i^*)x_i \\ b^* = y_i - \sum_{i=1}^{n}y_i\alpha_i^*K(x_i,x_j) \end{cases} \qquad (8-10)$$

最终可得决策函数为：

$$f(x) = \mathrm{sgn}\left[\sum_{i=1}^{n}\alpha_i^*y_iK(x_i,y_i) + b^*\right] \qquad (8-11)$$

对于核函数 $K(x_i,x_j)$ ，较常使用的核函数有以下四种：

（1）线性核函数（linear kernel）：$K(x_i,x_j) = (x_i,x_j)$ ；

（2）S 型内核（two-layer tangent kernel）：$K(x_i, x_j) = \tan\left[\beta_0(x_i, x_j) + \beta_1\right]$，其中 β_0、β_1 为参数；

（3）多项式内核（d-order polynomial kernel）：$K(x_i, x_j) = \left[a(x_i, x_j) + b\right]^c$，其中 a，b 和 c 为参数；

（4）径向基函数内核（radical basis function），

$$K(x_i, x_j) = \exp\left[-\frac{1}{\delta^2}(x_i - x_j)^2\right]$$，其中 δ 为参数。

我国能源消费总量的数据较为符合径向基函数内核（radical basis function，RBF），同时 RBF 核函数相对其另外三种核函数具有以下优点：

①适用广泛。在对参数选择之后，它对样本的分布没有限制；

②该核函数符合正态分布，解析性较好，便于进行理论分析；

③表达形式简洁，易于实现，即使增加输入变量也不会增加过多的复杂性；

④平滑性较好，对任意阶数皆存在导数；

⑤函数对称性较好；

⑥泛化能力较强；

⑦RBF 核值的取值范围是（0，1），大幅度简化了计算过程。

因此，基于以上原因，本文中 SVM 模型的核函数选用 RBF 类型。

此外，由于该模型的输入变量与输出变量的量纲并不一致，数据在数量级上有较大差异，因此在输入该模型之前，要对输入数据与输出数据进行量纲归一化处理，本文选择归一化方式将各种指标数据转化为［0，1］之间：

$$x = \frac{x_i - x_{\min}}{x_{\max} - x_{\min}} \tag{8-12}$$

8.1.2　变量与数据描述

变量选择和指标描述如表 6-7 所示。以 1978~2010 年我国能源消费总量的相关数据和其各影响因素的相关数据为样本，其中，以 1978~2005 年的数据作为训练样本，构建 SVM 模型，以 2006~2012 年的数据作为样本数据，对模型的泛化能力进行测试。在此过程中，选择灰色关联度达到 85% 以上的影响因素构建 SVM 模型。

8.1.3 实证分析

将选出的我国能源消费总量的影响因素作为 SVM 模型的输入数据,再将能源消费总量作为输出数据,对 1978 ~ 2005 年的历史数据进行模拟和仿真。但在进行样本数据的训练和预测之前,我们需要先确定 SVM 模型中的未知参数,即误差惩罚因子 C 和核宽度 σ,为了得到这两个未知参数的全局最优解,我们首先通过 GA 算法对未知参数进行寻优,并将最终的预测结果所产生的均方误差 MSE 作为衡量标准,根据测试集的表现结果选择合适的值,最终确定当误差惩罚因子 C = 20.038,核宽度 σ = 0.023 时,预测效果较好。由以上参数建立支持向量机模型,可得训练样本的均方误差和相关系数分别为:

$$MSE_{train} = 0.000106 ; R_{train} = 99.58\%$$

测试样本的均方误差和相关系数分别为:

$$MSE_{test} = 0.000220 ; R_{test} = 99.88\%$$

由此可看出,采用上述模型对我国能源消费总量进行预测,预测效果较好。以测试样本(2006 ~ 2012 年我国能源消费总量)进行预测为例,将能源消费总量的预测值与实际值进行对比,并利用误差百分比对各预测结果进行衡量,误差百分比的定义如下:

$$\varepsilon_i = \frac{|y_i - \hat{y}_i|}{y_i} \times 100\% \qquad (8-13)$$

由此得出的结果如表 8 – 1 所示。

表 8 – 1   2006 – 2012 能源消费总量实际值与预测值的误差比

年份	实际值	预测值	误差百分比（%）
2006	258676	255025.3612	1.41
2007	280508	276062.4982	1.58
2008	291448	292347.0571	0.31
2009	306647	307920.9987	0.42
2010	324939	327430.2873	0.77
2011	348002	352875.0455	1.40
2012	362000	370809.3795	2.43

由表 8 - 1 可以看出，采用 GRA - GA - SVM 模型对我国 2006～2012 年的能源消费总量进行预测，预测的误差百分比都在 3% 之内，平均误差百分比仅为 1. 19%，且预测值与实际值的相关系数高达 99. 88%，说明预测值与实际值密切相关，即该模型对我国能源消费总量的预测效果很好，模型的推广能力较强，可以作为预测我国未来能源消费总量的有效方法之一。

为了验证上述模型在预测我国能源消费总量上的突出优势，再选取常用的经济预测模型 ARIMA 模型和 GM（1，1）模型对我国能源消费总量进行预测，同 SVM 模型的预测思路相同，以 1978～2005 年的我国能源消费总量为训练样本建立模型，然后对我国 2006～2012 年的能源消费总量进行预测，将预测值与实际值进行对比，以误差百分比为衡量依据，比较 GRA - GA - SVM 模型与 ARIMA（1，2，3）模型、GM（1，1）模型的预测性能（如表 8 - 2 所示）。

表 8 - 2 GRA - GA - SVM 模型与 AMIMA 模型、GM 模型预测值的误差比

年份	实际值	ARIMA（1，2，3）模型预测值	误差百分比	GM（1，1）模型预测值	误差百分比（%）
2006	258676	253398	2. 04%	228424. 5	11. 69
2007	280508	268095	4. 43%	240302. 9	14. 33
2008	291448	283196	2. 83%	252799. 1	13. 26
2009	306647	298766	2. 57%	265945. 0	13. 27
2010	324939	314807	3. 12%	279774. 6	13. 90
2011	348002	331318	4. 79%	294323. 3	15. 42
2012	362000	348299	3. 78%	309628. 6	14. 47

比较结果显示，GM（1，1）模型的预测误差高达 10% 以上，说明预测效果较差，并不是有效的预测方法，可见该模型在对我国能源消费总量的预测上并不可取，虽然 ARIMA（1，2，3）模型的预测误差百分比均高于 5%，其平

均误差百分比为 3.37%，与 GRA - GA - SVM 模型相比，其预测性能明显逊色很多。

然后，选择 GRA - GA - SVM 模型对我国 2013～2015 年的能源消费总量进行预测。此时我们需要对选出的 32 个影响因素进行预测，经过 PCA - GA - SVM 对其进行预测后（预测结果见本书附件），运用上述训练好的 GRA - GA - SVM 模型对未来的我国能源消费总量进行预测，趋势如图 8 - 2 所示，结果见表 8 - 3。

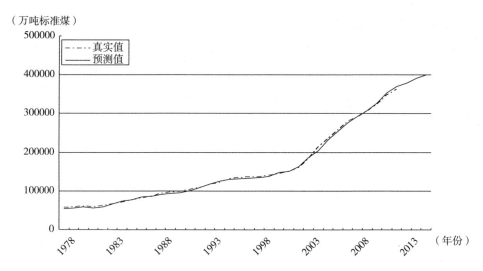

图 8 - 2　1978 - 2013 年中国能源消费总量预测值

表 8 - 3　　　　　　　　　2013～2015 年中国能源消费总量预测值

年份	能源消费总量（万吨标准煤）	增长率（%）
2013	379313. 2	4. 78
2014	391014. 6	3. 08
2015	400245. 8	2. 36

从 2013 年到 2015 年的预测值看（如表 8 - 3 所示），中国能源消费总量将会持续上升，但是增长幅度逐渐减弱。其中 2015 年预测能源消费总量 400245. 8 万吨标准煤，与我国 2015 年能源消费总量控制在 40 亿万吨标准煤，相差 0.06145%，只要我们政策措施得当，总量控制的目标是可以完成的。

8.2　我国能源消费总量控制路径分析

从利用支持向量机模型对能源消费总量的预测精度来看，表明所选影响因素对能源消费总量有着非常重要的影响。结合能源消费影响因素的传导机制和能源消费总量的预测，可以探寻我国能源消费总量的控制路径（见图 8 - 3）。

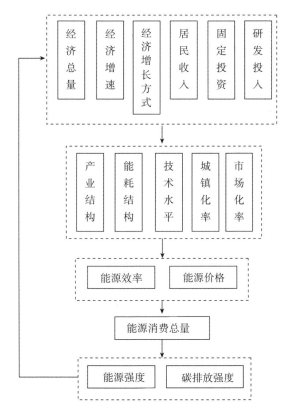

图 8 - 3　能源消费总量控制路径

经济因素、居民收入、固定资产投资以及研发投入通过产业结构、能耗结构、技术水平、城镇化率、市场化率等影响能源效率与能源价格来调节能源消费总量。而能源消费总量又通过能源强度、碳排放强度为指导，影响经济因素、固定资产投资、研发投入等因素，形成一个循环闭路的控制路径。

经济总量、经济增速、经济增长方式似乎是我们经济发展过程中顺其自然的结果，在一年结束以后，人们就可以统计经济总量和经济增长速度，描述其经济增长方式。事实上，我们可以反过来思考，它是多种资源要素投入的综合结果，是我们宏观政策可以控制和改变的。宏观政策控制和改变的路径就是调整产业结构、能耗结构，提高技术水平和市场化水平，控制城镇化规模和速度，从而通过提升能源效率和调节能源价格实现对能源消费总量的控制。

8.3 本章小结

基于 1978 ~ 2012 年中国年度数据，利用灰色关联度确定 32 个能源影响因素，建立 GRA – GA – SVM 模型预测了未来三年中国能源消费总量。根据预测结论，中国能源消费总量呈现出良好趋势，其将逐步使中国经济跨入"高增长、低消耗"的趋势。但是，从因素分析角度上看，多维度分布的特点给中国节能减排提出了挑战，或者说中国节能道路依旧任重道远。

利用支持向量机多因素动态预测模型对能源消费总量进行预测，得到了较好的预测精度，显示出能源消费总量的增长受多种因素的影响。因此，结合能源消费影响因素的传导作用，得出能源消费总量的控制路径。

第9章

我国能源消费总量控制对策建议

目前，中国处于社会经济建设攻坚阶段，政府加快工业化、城镇化等方面进程的步伐，以实现人民生活水平的不断提升。在此背景下，中国必须实现经济发展方式转型、解决好产业结构失调、提高城镇化水平等，这使得政府推行的"节能减排"计划面临巨大挑战。结合现实情况，本章将从供应、结构、环境等方面深入讨论中国能源消费面临的问题，以此为基础寻找控制中国能源消费总量的路径。

9.1 我国能源消费总量面临的问题

9.1.1 能源消费供应短缺

在改革开放后，中国逐步形成市场经济体制为主导的发展模式，打破了生产力被束缚的局面，由此中国经济迈向快速发展的通道。而随着中国经济取得长足发展，能源消费需求也出现不断攀升的势头，在既定技术条件下，能源供给远不能满足上述需求增长速度，即能源供给出现缺口。其主要体现于以下：

在供需总量方面，中国可供消费的能源总量基本能够覆盖缺口，而国内能源自给捉襟见肘。根据能源统计数据可知，从 2009 年起中国能源消费平衡差额已经由负值变为正值，这说明能源供给初步实现供需平衡。但是，这并未说明能源消费摆脱供需短缺的局面。即使在 2009 年以后，一次性能源生产量也远远无法满足其需求，国内市场仅通过能源消费资源进口以弥补缺口；在供需个量方面，主要能源消费资源均出现供需缺口，必须依靠进口解决矛盾。以石油为例，中国已经由从石油出口国家转变为主要石油进口国。在 1980 年中国石油净出口 1723.5 万吨标准煤 (《中国能源统计年鉴》), 而在 1996 年中国石油首次出现净出口为负的情况, 到 2011 年市场净出口为 –27476.6 万吨标准煤 (《中国统计年鉴》)。而在现代工业中, 石油是必要生产原料之一, 其短缺必将对中国经济发展带来困扰, 或者在一定程度上成为社会发展的瓶颈。

9.1.2 能源消费结构失调

在能源消费结构方面, 基于历史传统与资源区位优势之下, 中国能源形成以煤炭为主导的消费模式。通过观察 1978 ~ 2011 年的数据可知, 以煤炭为主导的能源消费格局未发生显著变化, 即煤炭消费占比基本维持在 70% 左右。根据发达国家经验, 为提高能源使用效率与能源安全系数, 加快石油和天然气取代煤炭主导消费模式成为必然。随着全球碳排放协议的达成, 以煤炭为主导的消费模式将会受到非常严峻的考验, 并且中国政府和企业也将为碳排放付出高贵费用。

除此之外, 中国能源消费结构还表现于化石与非化石、传统与新兴能源的结构失调。从中国能源统计数据可知, 煤炭、石油以及天然气三大化石能源消费占比超过 90%。那么, 在中国能源需求处于高位的情况下, 国际能源价格必将逐步上升, 从而导致国内市场价格随之攀升, 这无疑是将中国经济绑架于国际抄家之手, 同时也给狙击中国经济埋下伏笔。

同时, 从新能源角度出发, 中国能源消费结构也是让人忧心忡忡。在受到科技水平限制下, 新能源开发利用程度远远落后于发达国家, 以法国为例, 其新能源消费结构是中国的 7 倍。从微观主体上看, 中国新能源发展也是处于危机重重的态势, 曾经作为中国光伏行业希望之星的无锡尚德, 由于拖欠银行债务超过 70 亿人民币, 2013 年 3 月已经进入了破产重组的阶段。

9.1.3 能源消费带来的环境污染

从世界发达国家发展历史看, 社会经济发展尤其是工业化程度不断提升, 都是建立于"高资本投资、高能源消耗、高环境污染"基础之上, 即能源消费必将导致环境污染。目前, 中国已经成为世界能源消费大国, 其大量的能源消费也带来不可估量的环境问题。根据国家统计局和环保局发布的《中国绿色国民经济核算研究报告 2009》, 伴随着中国经济的发展, 导致的牺牲环境的代价持续上升，2004 年，环境污染所造成的代价为 5118.2 亿元，2009 年上升到 9701.1 亿元。

众所周知，中国能源消费以煤炭为主导的结构，这极易带来大气污染，主要表现为二氧化硫、粉尘和氮氧化合物等污染。以二氧化硫排放为例，其排放量存在明显的上升趋势，2006 年到达峰值（2588 万吨）。在"十一五"期间，中央政府明确提出节能减排目标，上述情况才得以缓和。针对日益攀升的二氧化硫排放，许多学者也从定量角度进行研究，其结果表明，长期以来能源消费总量与煤炭占比对二氧化硫排放存在显著影响。

在现实中，"高排放、高污染"带来的环境问题已经蔓延至人们生活之中，比如，雾霾天气更加频繁、沙尘暴袭击已成常态、淡水湖暴发蓝藻等。在空间数据上，也说明能源消费带来比较严重环境问题，比如，在中国工业比较发达地区都是酸雨重灾区。

9.1.4　能源消费总量控制的压力

2009 年，哥本哈根气候全球大会召开，其初步形成了温室气体减排体系，明确各国碳排放量，以中国、印度等为首的发展中国家被列入节能减排主要国。而在"十一五"期间，中国能源总量未能实现全面控制，且消费强度未能实现下降 20% 目标，这使得中国"节能减排"面临前所未有的压力。

从理论上讲，经济增长与能源消费存在明显关联度，即高经济增长意味着高能源消费。按照目前中国实际情况，假设经济增长率为 7% 和能源消费强度下降 16%，那么"十二五"期间能源消费总量将处于 37 亿~38 亿吨，而经济增长率保持在 9%，其能源消费总量将处于 40 亿~41 亿吨。而"十二五"期间，中央政府明确提出降低经济增长速度，实现年均增长 7% 的目标。但是，就地方政府而言，由于经济发展具有很大差异，尤其是中西部地区，普遍将选择更经济增长率，这极可能导致未来中国经济年均增长率超过中央既定目标。

9.2　我国能源消费总量控制的政策选择

9.2.1　保持合理的经济发展速度

从影响因素与能源消费总量的相关关系、能源消费总量预测的精度来看，经济总量、固定资产投资、经济增长率与能源消费总量有着很强的关联度。虽然经济增长率与能源消费总量数量上的因果关系不显著，只能说明经济增长率与能源消费总量难以形成数量上的比例关系，同时也表明经济发展速度与能源消费总量的增长因果关系不明显，反过来理解，控制能源消费总量并非一定影响经济发展速度。因此，保持合理的经济增长速度、降低单位能耗，控制能源消费总量增长是能源政策的重要策略。在制定未来经济发展规划时，不盲目追求经济发展速度高增长，而是在环境友好、资源节约的条件下，实现经济发展目标。

当前政府提出了不能完全以 GDP 增长速度论英雄，只要保持经济增长的下限、控制物价上升的上限就好，让经济增长保持在一个合理的区间运行，才能实现经济持久稳定的增长。在我国改革开放前 30 年的一段时间里，保持了较高的经济增长速度，但由于是粗放型发展方式，同时伴随着高能耗、高污染、能源过度消费等现象的出现，给环境、社会、经济都带来了非常大的不利影响。不以 GDP 增长速度论英雄。不盲目追求发展速度，实实在在地发展，求质量重效益的经济发展策略，将有利于将能源消费总量控制于社会、环境能够承载的范围。

在中国，地方政府基本都是按照国民生产总值作为政绩衡量标准。从各省公布的"十二五"规划可知，国民生产总值仍然放在首位，只是少数东部沿河地区迫于经济发展转型下调增长目标，其他各地都是指定国内生产总值翻番的目标。目前，中国经济与能源消费存在正向关系，这使得控制能源消费总量与经济增长的目标存在矛盾。因此，中央政府应该引导地方逐步淡化 GDP 增长的观念，实现绿色 GDP 增长的正确政绩观。

在社会经济发展过程中，国内发展不平衡一直是比较突出的问题，这也是综合能源消费效率低下的原因之一。对于上述现实情况，中国政府应该以此为突破点，制定更加合理的宏观政策与统筹区域发展，实现区域能源消费的差别化对待。具体而言：制定明确的全国能源消费控制目标；重工业程度高、能源消费量大的地区，比如广东、上海等区域，加大节能减排目标；工业化程度低、能源消费量小的地区，比如西藏、青海等区域，减少能源消费的限制。同时，在实际操作过程中，必须要加强中西部地区经济结构调整，借鉴东部发达区域的经验，避免"重走先发展后治理"道路，并且探索适合区域可持续发展的道路。

　　不仅如此，中国政府应该更加注重区域能源供给的协调发展。目前，中国基本形成煤炭、石油、天然气以及电力消费的能源结构模式，而仅仅只有煤炭基本实现供需平衡态势，因此中国还需进一步加强完善能源供给与储备体系。具体而言，中国应该构建"三大战略体系"，即沿海石油储备体系、边境石油天然气管道体系、西部电力供给中心：首先是沿海石油储备体系。目前，中国进口石油主要依靠于远洋海运，这就要求中国应该逐步建立以港口为依托的石油储备点，同时应该注重其区域协调发展，形成"以点带面"的分布局势，比如，青岛、天津、上海、宁波、广州、海南等地。其次是边境石油天然气管道体系。中国拥有漫长的陆地边境线，而大部分区域都有丰富的石油天然气储量，比如，俄罗斯、中亚地区、东南亚地区等。目前，中国已经成功构建与俄罗斯、缅甸、哈萨克斯坦等国的输油输气管道，但是对于未来中国经济发展而言，上述体系远远不能实现对中国石油天然气需求的全覆盖，因此还需要不断扩充该体系。最后是西部电力供给中心。在电力供给方面，中国应该发挥地形阶梯分布优势，在长江、黄河、珠江等中上游区域新建大中型水利枢纽，逐步形成西部电力供给体系。

9.2.2　转变经济发展方式、调整产业结构

　　三次产业结构与能源消费总量的因果关系，虽然只有二次产业结构表现出显著的因果关系，但它们与能源消费总量的灰色关联度超过了 0.98，专家评价也达最高值 9 分，表明三次产业结构与能源消费总量有着较强的相关关系。一次产业结构和三次产业结构分别与能源消费增长率、煤炭消费、石油消费、天然气消费、电力消费等因素中一个或多个具有显著的因果关系。固定投资与能源消费总量的灰色关联度及专家评价得分并不太高，但它与能源消费总量之间具有双向因果关系，同样表明它们之间有着较强的相关关系。因此，调整产业结构、改善投资方向、转变经济发展方式将有助于控制能源消费总量。加快发展以服务为主的第三产业，加大投资新兴战略产业，以集约型经济发展模式为重点。

　　改革开放以来，中国经济发展取得的成绩是毋庸置疑的，并且人民生活水平也显著提高。但是，对于整个发展历程而言，中国依靠廉价劳动力、广袤的消费市场等后发优势带动经济发展，其未实现理论上的理想状态。上述推动经

济发展更是采用粗放型方式，对社会、环境、资源等多方面带来无法估量的破坏，即经济未能实现可持续发展。而这种发展模式延伸至具体产业领域，就是带来直接的"低产出、高能耗"现象。比如，在研究钢铁、水泥、陶瓷等行业，表明大型企业更趋向于选择开发节能技术，而其他企业节能生产的趋势不容乐观，并且这些行业都存在明显的产能过剩现象。对于能源消费而言，这种粗放型的发展模式不可避免地带来浪费与污染，那么中国经济要保持充足动力，采取集约型经济发展方式成为必然。大力发展战略新兴产业，控制高耗能产业，以产业结构的转变促进能源消费结构的改变。

目前，对于中国经济发展方式的转变，其主要是调整产业结构、实现"轻"国民生产总值等方面，即降低高耗能产业比例、合理三产业结构比例，这在一定程度上也能够有效地改变中国能源消费结构的不合理。不仅如此，对于存在明显产能过剩的行业，必须实施行业资源的整合，逐步形成行业内大中型企业竞争模式，这能够有效地实施节能技术的使用与推广。

具体而言，在市场经济条件下，对于水泥、钢铁、陶瓷、汽车等高耗能产业，政府应该允许大型企业不断兼并经营管理不善的中小企业，同时构建上述行业形成多家大中型企业良性竞争的生态系统，避免恶性竞争、垄断现象；政府应该逐步完善法律体系、税收机制引导产业结构不断升级，鼓励发展低消耗、低污染的产业格局，同时利用税收与财政奖励手段，为产业研发节能技术提供经济回报；清理和纠正各区域对高耗能、高污染等行业的资源价格优惠政策；严格执行出口退税、进口关税等政策，将部分高耗能加工贸易列入禁止文。

9.2.3 促进技术进步、提高能源利用率

研发投入与技术水平所代表的影响因素与能源消费总量的因果关系，虽然只有 R&D 占比 GDP 与专利申请数表现出显著的单向因果关系，但它们与能源消费总量的灰色关联度超过了 0.9，专家评价分数也只有专利申请数较低，表明研发投入、技术水平与能源消费总量有着较强的相关关系。研发投入与能源消费增长率、煤炭消费、石油消费、天然气消费、电力消费等因素中一个或多个具有显著的因果关系。能源消耗结构相关的因素工业能源消费比重、制造业能源消费比重、生活能源消费比重、农林牧渔能源消费比重等与能源消费总量

的灰色关联度均在 0.99 以上，除了生活能耗以外，其他因素与能源消费总量之间存在单向或双向格兰杰因果关系，而生活能耗与天然气消费和电力消费具有显著的单向因果关系。能源效率与能源消费总量之间的灰色关联度为 0.99，专家评价也达到 9 分，与能源消费增长率、煤炭消费、石油消费、电力消费具有显著的因果关系。劳动生产率与能源消费总量之间灰色关联度为 0.937，且具有双向因果关系，专家评价也达到了 8 分，表明它与能源消费总量有着较强的关联关系。能源强度、碳排放强度与能源消费总量之间不具有显著的因果关系，但它们的灰色关联度均在 0.98 以上，且与四种常规能源消费具有显著的因果关系，也被认为是考察能源效率和减排效果的重要指标。因此，促进技术进步、提高能源效率和劳动生产率有助于控制能源消费总量。节能技术主要包括工业节能、建筑节能、交通节能、照明节能等新技术。工业节能主要从生产的产品节能和生产过程或生产工艺节能入手，进行节能技术研发，提高节能效率和能源消费效率。全面推动技术革新，提高全员劳动生产率。

基于粗放型的经济发展方式，其最直接的体现就是生产领域中能源利用率低下。那么，为实现控制能源消费总量的目标，政府应该加强生产领域主体的节约意识，积极引导其开发节能技术，提高能源使用效率。

对于提高能源利用率而言，政府必须建立更加有效的引导机制，尤其是在市场经济条件下，微观经济主体均按照利润最大化进行决策：首先，政府应该设立节能减排的基金项目，为开发新技术的主体提供必要的经费支持，同时给予成功上市的节能技术一定奖励，这能够有效地刺激社会大众参与；其次，为引导生产企业的积极参与，政府应该进行税收优惠、财政补贴等手段作为支持，将新技术、新方法带来的经济效益返还于参与企业，以提高其积极性；最后，政府应该出台相关法律规范，明确"节能减排"的技术专利权，保证其对技术的合法权益，同时也可为其带来专利费等相关收入。

对于微观主体的企业而言，应该大力推动科技型、资源节约型、高效益型的生产方式，同时依靠管理创新、技术创新以及观念创新等带动所处行业的节能减排。不仅如此，还应该鼓励和奖励企业带头进行节能减排的员工，让节能减排深入所有劳动参与者的观念之中。

利用科技水平的提高与降低碳排放强度促进能源消费结构转变的具体建议：一是利用科技研发新能源替代传统能源，同时大力开发清洁可再生能源；二是加强技术改造在生产过程中节能和生产节能产品；三是建立长期有效的科技创新激励机制，让更多企业和个人参与节能减排的技术革新行列之中；四是继续强化节能降耗政策。事实上，当前煤炭需求疲软虽有多方面影响因素，其中之一也应该与企业在能源消费总量与减排政策的影响下，实施技术革新减少能源消费有关。

9.2.4 完善能源市场机制、优化资源配置

体现市场和政策机制的市场化指数、城市化率与能源消费总量之间具有显著的单向因果关系，且灰色关联度在 0.9 以上，专家评价分数也超过 6 分，表明市场和政策因素在能源消费中有着非常重要的作用。体现资源优化配置的价格因素与能源消费总量之间具有显著的单向因果关系，灰色关联度为 0.99 以及专家评价也为 8 分，表明资源优化配置在能源消费中尤其重要。深化能源价格机制的改革，充分发挥价格合理配置能源消费的功能，推进能源价格的市场化运行，特别是电力和天然气的市场价格形成机制，引导能源消费结构的调整，有助于能源消费总量控制。

对于控制能源消费总量而言，还应该进一步完善能源市场机制，促进能源消费的参与主体能够实现有效竞争。在中国能源消费市场，还存在比较突出的体制问题，比如电力价格、石油价格等方面受到比较严格的管制，未能充分发挥市场自我调节的功能，因此推动市场化改革成为解决高能耗问题的关键途径之一。同时，在灰色关联分析中，发现能源价格与能源消费总量存在非常明显的关联性。通过发挥市场机制对资源配置的基础作用，能源领域的市场化改革将为社会经济提供更加高效、安全、清洁的能源保障体系。

在市场经济条件下，政府应该引导市场建立合理价格形成机制，比如：逐步实现石油价格与国际市场接轨；煤电价格构建联动机制，逐步实施和完善两部制电价；利用税收、环保、价格管制等方法，实现不同能源消费品的比价关系，建立能源结构自发调整机制；建立维护低收入群体和保障生活能源需求的价格机制。同时，必须进一步深化国有大型能源改革，应该逐步建立现代企业经营制度，弱化行政干预、打破行业垄断、引入市场机制。对于能源行业而言，还应该进一步放宽市场准入条件，将民营企业与资本引入能源产业，发展混合所有制经济模式，实施跨所有制、跨地区的一体化产业链。

其中，在大型国有能源企业改革中，应该逐步转变中石化和中石油两家企

业的经营模式。本书认为，作为大型国有企业，它们应该发挥其资金优势，逐步加大对上游开发性产业的投资，而将下游零售产业向民营企业开放，这样既能够从上游解决石油的供给短缺局面，又能够实现下游石油市场的充分竞争。

除此之外，在能源市场体系下，政府仅应该承担"守夜者"的角色，而不是谋取经济利益的市场主体。

9.2.5　开发清洁能源、改善能源消费结构

能源消费结构与能源消费总量的灰色关联度均在 0.98 以上，除了石油消费占比以外，其他因素与能源消费总量之间存在单向或双向格兰杰因果关系，石油消费占比与能源消费增长率、石油消费、天然气消费、电力消费具有显著的因果关系。在能源消费总量与碳排放控制的双重目标下，开发清洁能源、改善能源消费结构是重要的能源策略，而水电是重要的清洁能源。除了水电而外，大力开发风电、太阳能、生物质能、地热能、海洋能等可再生能源，提高石油、天然气的消费占比，以及提高洁净煤研发技术水平，提高清洁能源消费占比。

目前，中国是世界上少数以煤炭为主的能源消费国家。从历史上看，中国煤炭消费曾经占能源消费比重超过 90%，虽然改革开放后上述局面得到初步转变，但是中国依旧未摆脱高煤炭消费的现状。对于能源消费结构而言，这种模式具有不持续性，同时也带来了非常严重的环境污染。因此，中国必须加大新能源使用开发与推广力度，实现能源多元化消费结构。

在理论上，中国应该坚持从以下两个方面出发：一方面，逐步提高石油、天然气、水电等能源消费的比例。在水电方面，在环境和社会条件允许情况下，应该坚持合理开发中国丰富的水电资源，继续完善"西电东送"工程以缓解东部能源消费的紧张局面。在石油和天然气方面，积极构建周边国家的输油输气管线体系，以应对中东可能出现的石油危机，同时摆脱美国控制下的石油体系。另一方面，加大新能源开发的力度，尤其是在核能、潮汐能、风能、太阳能等方面，继续大投资力度，不断推动中国能源消费走向清洁、高效的多元化模式。

值得注意的是，2011 年 3 月发生的日本核电站泄漏事件，表明新能源开发具有极大的风险。因此，在开发新能源之际，政府必须严格把关相关技术标

准，尤其是对于特大环境灾害可能带来的风险。那么，针对安全高效的水电开发提出如下对策建议：

第一，完善移民补偿制度，实现水电开发项目与社会的和谐发展。水电开发项目的顺利进行取决于移民是否能成功搬迁，而移民的顺利搬迁与移民所能获得的补偿相关。完善现行移民补偿制度，是水电项目能否成功开发的关键，也是水电开发项目实现社会和谐发展的关键。其具体体现在建立动态移民保障系统，实施"长期补偿，后期扶持"的政策。将非自愿移民变为自愿移民，避免水电项目开发的群体事件。

第二，拓宽水电开发项目资金融通渠道，加大政府扶持力度。按照"谁开发，谁受益，谁补偿"的原则，水电开发项目中开发者应该承担相应的补偿资金和水电项目建设资金，但是水电项目也应该有些公用事业的性质。因此，为了水电项目的顺利实施，政府可以给予一定的政策和资金的支持，给予水电开发者更多资金融通渠道，比如减税、发行企业债券、提供低息贷款等措施。

第三，加强水电开发管理，推进水电项目有序开发。水电是可再生能源，具有发电成本低、清洁、电网输送灵活等优点。而我国水能资源丰富，未来水电开发还具有很大的潜力。在大力提倡水电开发的同时，必须加强水电开发项目的管理，避免无序开发，也由此避免因水电开发所带来的移民、生态环境、利益纠纷等问题。

9.2.6　强化全民节能意识、加强公众宣传、做好部门能耗计算

居民人均可支配收入、恩格尔系数与能源消费总量的灰色关联度均在 0.9 以上，且具有显著的因果关系。生活能耗与天然气消费、电力消费具有显著的因果关系等因素，与能源消费总量的灰色关联度也在 0.9 以上，表明居民的生活、消费影响着能源消费总量。因此，强化全民节能意识、加强公众宣传有助于能源消费总量控制。综合发挥公共管理、法律保障、政策调控和媒体宣传等手段，提高全民节能意识和增强企业的社会责任感，通过改变主观感受的办法降低能源消耗又不损害人们对舒适度的追求。坚持以企业节能作为实现节能战略目标的主要途径，做好部门能耗计算和控制，建立有利于全社会自发节能的政策机制。

　　对于整个能源消费体系而言，中国人口众多，通过改变其消费习惯、提高节能意识、避免能源浪费，将为能源消费控制提供强有力支撑。结合居民能源消费现状，通过考虑社会经济因素，我们应该大力培养居民节约意识，比如：推广节能灯泡、减少粮食浪费、控制私家车数量等。同时，政府应该利用基层单位，构建以社区为单位的节能管理机制，通过社会节能方案、宣传片等方式，进行宣传中国能源消费的政策，提高居民节能意识和环保意识。同时，政府还应该主动调节生活能源消费结构，积极引导其由煤炭等固体能源消费转变为电力和天然气等高效能源消费结构。具体而言，政府需要制定相应政策，通过加大财政支出和补贴等方式，提高水电、天然气、太阳能等能源消费的比例，比如对生产水电、太阳能、风电设施的企业提供补贴，对购买相关节能实施的家庭返还现金实物补贴等方式。

　　另外，中国应该逐步建立居民能源消费与生产性能源消费互补的模式。以电力消费为例，在太阳能丰富的地区，逐步推广家用太阳能设备的安装，同时将这些设备接入当地电力公司的电力供给网内。在生产性电力消费大于居民能源消费的情况下，家用太阳能自动向电网供电，这样不仅可以缓解生产性用电的紧张居民，而且还能够提供居民收入。同时，上述模式还能够推广至风能发电领域。

　　同时，政府还应该主动调节生活能源消费结构，积极引导其由煤炭等固体能源消费转变为电力和天然气等高效能源消费结构。具体而言，政府需要制定相应政策，通过加大财政支出和补贴等方式，提高水电、天然气、太阳能等能源消费的比例，比如对生产水电、太阳能、风电设施的企业提供补贴，对购买相关节能实施的家庭返还现金实物补贴等方式。

第 10 章

结　语

本研究从我国能源供需与工业节能现状出发，结合现有文献研究，运用格兰杰因果检验、灰色技术、专家评价寻找影响能源消费的相关因素。利用能源消费影响因素，建立能源需求支持向量机多因素动态预测模型，通过预测的能源消费结果，验证是否可以满足或支持经济发展的需要。根据影响能源消费的因素，从中寻求控制的能源消费总量的路径。其总体思路是在不影响我国经济发展的前提下，控制能源消费总量，实现低碳经济正常化。

10.1　本研究主要内容

本研究分为三个层次。

第一层次是研究基础。主要是进行文献分析、现状分析等，从而确定能源消费影响的主要因素。

第二层次为研究核心。分析已经确定的能源消费影响因素机制，并构建预测模型，同时完成对预测模型的精度评价与稳定性分析，以及如何协调开发清洁水电资源。另外，基于中国相关经济数据对能源消费总量进行预测，以影响因素出发寻找控制能源消费总量的路径。

第三层次为研究结论。为中国能源消费总量控制提出相关建议。

本研究内容主要包括六个部分。

第一，我国能源供需与工业企业节能状况分析。对我国能源的需求结构、供给结构以及节能减排的目标分析。其中主要对煤炭、石油、电力、天然气与新能源的供求结构进行分析。

第二，我国水电开发协调机制与替代效应分析。利用进化博弈模型对水电开发的协调机制进行分析；运用脉冲响应函数分析水电开发的替代效应。

第三，能源消费影响因素与机制分析。以现有文献为基础，对影响能源消费因素的机制及传导作用进行分析。从我国经济持续发展与人们生活水平持续提高出发，寻找影响能源消费的因素，如经济、结构、技术、人口与政策以及环境等因素，并运用格兰杰因果检验、灰色技术、专家评价等方法分析能源消费的相关因素，从中选择相关性比较强的因素作为影响能源消费的关键因素进行下一步研究。

第四，能源消费预测模型研究。基于能源消费消费影响因素，构建支持向量机能源需求多因素动态预测模型，其步骤为：（1）甄别或遴选影响能源消费的关键因素。以能源消费影响因素相关分析和机制分析为基础，参考专家评价并选择灰色关联度不低于0.8的影响因素为关键因素。（2）运用主成分分析、遗传算法、支持向量机方法对影响因素进行预测。其映射关系为：$\{M_{t-1}^1, M_{t-1}^2, \cdots, M_{t-1}^8\} \rightarrow Y_t$，其中主成分分析进行降维，遗传算法进行选优，支持向量机进行训练预测。（3）建立支持向量机多因素动态预测模型。其映射关系为：$\{X_{t-1}^1, X_{t-1}^2, \cdots, X_{t-1}^n\} \rightarrow Y_t$。（4）模型预测精度评价。

第五，能源消费总量预测与控制路径选择。利用历史数据，运用支持向量机多因素动态预测模型，对能源消费总量进行预测。以能源消费预测为基础，影响能源消费的因素为途径，寻找控制能源消费总量的路径。

第六，对策分析。提出我国能源消费总量控制的政策选择。

10.2 本研究主要结论

本研究的主要结论。

（1）水电开发的可持续发展需在开发过程中实现经济、社会、环境的协调发展。第一，完善生态环境和移民补偿制度，实现清洁能源水电开发与生态环境、社会的和谐发展。建立动态生态环境与移民补偿机制、科学的生态补偿评价体系与生态补偿法制化，实施"先补偿后建设、后期不断修复""前期补偿、补助与后期扶持"的长期政策措施。把水电资源开发带给生态环境的影响掌握在可控之内，避免开工后停工与群体事件的发生。完善移民补偿制度，实现水电开发项目与社会的和谐发展。第二，拓宽水电资源开发项目资金融通渠道，加大政府扶持力度。为了水电资源项目的顺利实施，政府可以给予一定的政策和资金的支持，给予水电开发者更多资金融通渠道。比如减税、提供低息贷款、发行企业债券，以及提供环保资金和地质灾害防治资金等措施。第三，加强水电开发管理，推进水电项目有序开发。在大力提倡水电开发的同时，必须加强水电开发项目的管理，避免无序开发，也由此避免因水电资源开发所带来的生态环境、移民、利益纠纷等问题。

（2）水电消费与煤炭消费之间具有很强的替代性，水电消费与天然气消费之间也具有可替代性，且水电的消费对煤炭消费与天然气消费的负向拉动作用更加明显。水电对煤炭、天然气的替代作用更大。石油对煤炭有明显的可替代性，同样石油对天然气有较弱的替代性。水电消费与石油消费之间是互相促进的关系，而不具有替代性，但在实际生活中，电能对石油还是有一定的替代性，比如将燃油汽车转换成电能汽车，将用燃油的某些产业转换成使用电能也是可能的。

（3）能源消费总量的影响因素分为经济因素、结构因素、技术因素、政策因素等四个维度，影响机制包括经济机制、运行机制、效率机制和调节机制。经济因素包括宏观经济总量、固定资产投资水平、能源价格、人均 GDP、居民收入水平、外商直接投资，结构因素就是产业结构（三次产业占比）、居民消费结构、产业能耗占比与能源消耗结构、能源效率，技术因素包括技术效率提升、技术水平、能源强度、碳排放强度、研究与实验经费比重、专利申请授权数、科技活动人员数量等，政策因素包括人口数量或增长、城市化和市场化发展水平。

从整体上看，能源消费机制以经济发展作为落脚点、社会运行机体作为载体、政府作为调节者，同时这些系统内部还包含若干社会经济变量。第一，外部链式传导机制。遵循（经济机制）→（运行机制、效率机制），然后（运行机制、效率机制）和（调节机制）共同作用→能源消费总量的运动规律。经济机制起着基础作用，它影响着运行机制和效率机制，在调节机制的影响下共同作用于能源消费。第二，内部叠式传导机制。在能源消费机制中，每个系统还存在内部互动机制，正是由于它们自身不断发生"机体裂变"，迫使内部机制做出相应调整。

（4）运用格兰杰因果检验、灰色技术、专家评价确定能源消费总量的 19个影响因素，共 33 个变量。运用格兰杰因果检验、灰色技术、专家评价等方法进行相关关系分析，确定影响能源消费总量的关键因素。有12个变量与能源消费总量不具有显著的因果关系，但与能源消费增长率、煤炭消费、石油消费、天然气消费、电力消费中的一个或多个具有显著的因果关系。影响因素与能源消费总量的灰色关联度在0.831~0.998之间。

（5）利用影响因素对能源消费总量进行预测，其误差率为1.19%。结合能源消费影响因素的传导作用，得出能源消费总量的控制路径。利用支持向量机多因素动态预测模型对能源消费总量进行预测，得到了较好的预测精度，显示出能源消费总量的增长受多种因素的影响。

经济因素、居民收入、固定资产投资以及研发投入通过产业结构、能耗结构、技术水平、城镇化率、市场化率等影响能源效率与能源价格来调节能源消费总量。而能源消费总量又通过能源强度、碳排放强度为指导，影响经济因素、固定资产投资、研发投入等因素，形成一个循环闭路的控制路径。

（6）我国能源消费总量控制对策。第一，保持合理的经济发展速度；第二，转变经济发展方式、调整产业结构；第三，促进技术进步、提高能源利用率；第四，完善能源市场机制、优化资源配置；第五，开发清洁能源、改善能源消费结构；第六，强化全民节能意识、加强公众宣传。

10.3　本研究创新点

本研究的创新点主要体现在以下三点。

第一，研究方法。本文在扬弃传统方法的基础上，将能源需求的动态特征，提出一种基于能源消费多因素的支持向量机动态预测模型。应用这种模型对能源需求进行预测分析具有如下优越性：（1）区分对象属性以明确辨识对象的特征值；（2）对对象及其属性进行系统化集成以达到系统认识的高度；（3）对系统进行信度、精度分析以达到可行性和可靠性的更高程度。

第二，研究视角。本文在研究视角方面的创新主要表现在：（1）厘清能源消费的影响因素，从能源消费的影响因素入手对能源消费进行预测；（2）通过能源需求总量的预测，分析影响能源消费的因素，从而寻求能源消费总量的控制路径。

第三，对策规范。在构建能源消费预测模型的基础上，寻求能源消费总量的控制路径，中央政府和地方政府对能源发展进行战略决策时就可以避免主观随意性和盲目性。从总体上看，利用本文提供的预测模型和能源消费总量控制路径进行战略决策和长期规划至少有以下优越性：（1）界定了决策因素和影响因素的范围区间（上确界和下确界）；（2）揭示了能源消费总量及其动态变化的规律性特征；（3）可以探求能源消费总量控制路径选择。

10.4　本研究有待深入研究的问题

本研究对能源消费因素进行了深入研究，并基于影响因素给出了相应的能源消费总量控制的对策建议，但在以下方面尚需进一步深入研究。

第一，在对策建议上，只是对能源消费总量控制指明了方向，还缺乏更加细致的措施。比如每个行业、区域以及企业和居民应该怎样去进行能源总量消费控制，让总量控制目标落到实处，这有待进一步深入研究。

第二，由于部分变量数据的难以获取，可能影响对表征影响因素上的准确度。比如市场化指数、技术水平指标的细分以及工业企业节能对比数据等，这将有待于随未来数据的丰富而进行深入研究。

第三，要解决我国当前能源消费问题，其实更直接的是控制煤炭消费，增加清洁能源的消费。控制了煤炭消费总量，就控制了整个能源消费总量，同时减少了碳排放。因此，对于未来清洁能源的开发战略有待进一步深入研究。

参考文献

［1］艾更之．湖南能源消费现状及未来能源需求预测［J］．预测，1994
（4）：18－25.

［2］安双利，钱锐，陆翔宇等．基于单片机智能控制的路灯节能系统的
研制［J］．上海第二工业大学学报，2011，28（1）：49－53.

［3］白积洋．经济增长、城市化与中国能源消费基于EKC理论的实证研
究［J］．世界经济情况，2010（7）：57－64.

［4］白万平．"十二五"期间我国控制能源消费总量、强度和结构研究
［J］．宏观经济研究，2011（9）：93－98.

［5］蔡文彬，胡宗义．技术进步降低能源强度的CGE研究［J］．统计与
决策，2007，（21）：8－10.

［6］曹明．中国能源经济效率动态分析及预测［J］．中国人口·资源与
环境，2011，21（4）：81－87.

［7］陈海妹．河北省能源消费影响因素实证分析［J］．煤炭经济研究，
2009（4）：21－23.

［8］陈诗一．节能减排、结构调整与工业发展方式转变研究［M］．北
京：北京大学出版社，2011.

［9］陈首丽，马立平．产业结构变动对我国能源消费的影响——基于因
素分解的统计分析［J］．中国统计，2009（11）：52－53.

［10］陈书通，耿志成，董路影．九十年代以来我国能源与经济增长关系
分析［J］．中国能源，1996（12）：24－30.

［11］陈迅，袁海蔚．中国生活能源消费行为影响因素的实证研究［J］．
消费经济，2008，24（5）：47－50.

［12］程伟，叶伟昌．切削加工和刀具技术的现状与发展［J］．工具技
术，2002，36（7）：3－7.

［13］揣小伟，黄贤金等．基于信息熵的中国能源消费动态及其影响因素分析［J］．资源科学，2009，31（8）：1280－1285.

［14］董俊艳，王斌，刘永安等．空气泡沫/表面活性剂复合驱在明15块的应用［J］．断块油气田，2013（3）：396－399.

［15］冯泰文，孙林岩，何哲．技术进步对中国能源强度调节效应的实证研究［J］．科学学研究，2008（5）：987－993.

［16］冯卓．辽宁省产业结构变动与能源消费的关联性分析［J］．企业经济，2013（3）：161－163.

［17］范卉，刘玉峰．水电"大跃进"引发利益博弈［J］．中国新闻周刊，2004（46）：44－47.

［18］付融冰，张慧明．中国能源的现状［J］．能源环境保护，2005（1）：8－12.

［19］傅月泉，吴俐．应用 MEDEE－S 模型对江西中长期能源需求的初步预测［J］．江西能源，1994（2）：7－14.

［20］耿鑫明，樊立明．"九五"和2010年能源需求预测及节能潜力分析［J］．江苏机械制造与自动化，1996（4）：3－5.

［21］巩峰．基于EPC的钢铁企业节能改造运作机制研究［D］．天津理工大学，2012.

［22］苟海平，方红燕，魏磊等．汽车生产节能减排的国际经验与国内现状［J］．汽车工业研究，2011（12）：40－44.

［23］郭朝先．产业结构变动对中国碳排放的影响［J］．中国人口·资源与环境，2012，22（7）：15－20.

［24］郭建宇，陈扬．深入供给侧改革　推动间接能源消费改革［J］．中国电业，2019（3）：54－55.

［25］郭菊娥，柴建，吕振东．我国能源消费需求影响因素及其影响机理分析［J］．管理学报，2008，5（5）：651－654.

［26］郭晓鹏，饶素雅．北京市物流业能源消耗投入产出分析［J］．华北电力大学学报（社会科学版），2018（6）：22－30.

［27］国家发展改革委．国家发展改革委关于印发天然气发展"十二五"规划的通知［J］．城市燃气，2013（1）：1－9.

［28］国涓，王玲，孙平．中国区域能源消费强度的影响因素分析［J］.

资源科学，2009，31（2）：205 - 213.

［29］国涓，凌煜，郭崇慧. 中国工业部门能源消费反弹效应的估算——基于技术进步视角的实证研究［J］. 资源科学，2010，32（10）：1839 - 1845.

［30］韩智勇，魏一鸣，范英. 中国能源强度与经济结构变化特征研究［J］. 数理统计与管理，2004，23（1）：1 - 6.

［31］韩智勇，魏一鸣等. 中国能源消费与经济增长的协整与因果关系分析［J］. 系统工程，2004，22（12）：17 - 21.

［32］杭雷鸣，屠梅曾. 能源价格对能源强度的影响［J］. 数量经济技术经济研究，2006（12）：93 - 100.

［33］何小钢，张耀辉. 中国工业碳排放影响因素与 CKC 重组效应——基于 STIRPAT 模型的分行业动态面板数据实证研究［J］. 中国工业经济，2012（1）：26 - 35.

［34］洪留荣，张建成. 基于特征选择的智能化分组遗传算法［J］. 计算机工程与应用，2010，46（30）：169 - 172.

［35］洪涛，丁云龙. 中国能源消费密度变动趋势及影响因素分析［J］. 中国科技论坛，2009（7）：105 - 108.

［36］黄俊，周猛，王俊海. ARMA 模型在我国能源消费预测中的应用［J］. 统计与决策，2004（12）：49 - 50.

［37］郝英奇. 管理系动力机制研究［D］. 天津大学，2007.

［38］姜磊，季民河. 技术进步、产业结构、能源消费结构与中国能源效率——基于岭回归的分析［J］. 当代经济管理，2011，33（5）：13 - 16.

［39］蒋金荷. 提高能源效率与经济结构调整的策略分析［J］. 数量经济技术经济研究，2004（10）：16 - 27.

［40］接玉梅，葛颜祥，徐光丽. 基于进化博弈视角的水源地与下游生态补偿合作演化分析［J］. 运筹与管理，2012，21（3）：137 - 143.

［41］金纬亘. 探寻生态伦理的核心概念［J］. 社会科学家，2008（4）：16 - 19.

［42］靳景玉，谭德庆，蔡继荣. 基于利益分配的城市联盟进化博弈研究［J］. 软科学，2012，26（6）：38 - 42.

［43］经戈. 四川省石油需求预测与开发战略研究［D］. 西南交通大学，2007.

［44］郎春雷．中国地区间能源消费差异的实证研究［D］．上海社会科学院，2011．

［45］李方奇，张民刚，李志学．基于需求特征的天然气配售定价方法及其应用研究［J］．西安石油大学学报（社会科学版），2013，22（2）：12－14，37．

［46］李光全，聂华林，杨艳丽．中国农村生活能源消费的区域差异及影响因素［J］．山西财经大学学报，2010，32（2）：68－73．

［47］李国纲，李宝山．管理系统工程［M］．北京：人民大学出版社，1993．

［48］李海波．中国公共研发协同创新效应研究［J］．武汉大学博士论文，2018．

［49］李金恺．自然资源与经济增长：对主流增长理论逻辑、认识和论证的反思［J］．经济学动态，2009（9）：32－35．

［50］李镜，张丹丹，陈秀兰等．岷江上游生态补偿的博弈论［J］．生态学报，2008，26（6）：2792－2798．

［51］李鹏．金沙江流域：水电与生态的博弈［N］．北京科技报，2009－06－29．

［52］李庆滑．水电利益博弈及其开发利用的法律规制［J］．理论与当代，2009（10）：23－25．

［53］李松慈，李明．以可持续发展指导小浪底移民工作［A］．联合国水电与可持续发展国际研讨会［C］．北京，2004：647－650．

［54］梁娜，张吉刚．基于灰色RBF网络的我国能源消费预测［J］．佳木斯大学学报（自然科学版），2008（2）：224－226．

［55］林伯强．中国能源需求的经济计量分析［J］．统计研究，2001，（10）：34－39．

［56］林伯强．结构变化、效率改进与能源需求预测——以中国电力行业为例［J］．经济研究，2003（5）：57－66．

［57］林伯强．中国能源发展报告［M］．北京：中国计量出版社，2006．

［58］林涛．天津市能源消耗碳足迹影响因素研究［D］．天津大学，2013．

［59］刘长生，郭小东，简玉峰．能源消费对中国经济增长的影响研

究——基于线性与非线性回归方法的比较分析［J］. 产业经济研究，2009
（1）：1-9.

［60］刘广为. 中国碳排放强度预测及其影响因素动态效应建模［D］. 天
津大学，2012.

［61］刘红玫，陶全. 大中型工业企业能源密度下降的动因探析［J］. 统
计研究，2002（9）：30-34.

［62］刘佳骏，董锁成，李宇. 产业结构对区域能源效率贡献的空间分
析——以中国大陆31省（市、自治区）为例［J］. 自然资源学报，2011，26
（12）：1999-2011.

［63］刘建华. 社会合作与利益协调：国外公共品博弈实验综述［J］. 西
部论坛，2013，23（1）：59-69.

［64］刘勇，汪旭辉. ARIMA模型在我国能源消费预测中的应用［J］. 经
济经纬，2007（5）：11-14.

［65］龙如银，李仲贵. 技术进步与能源强度关系的实证研究［J］. 华东
经济管理，2009（4）：36-39.

［66］卢二坡. 我国能源需求预测模型研究统计与决策［J］. 2005（20）：
29-31.

［67］卢奇，顾培亮，邱世明. 组合预测模型在我国能源消费系统中的建
构及应用［J］. 系统工程理论与实践，2003（3）：24-30.

［68］吕黎涛. 中国石油供需矛盾分析及相关对策研究［D］. 中国石油大
学，2007.

［69］马晓微，刘兰翠. 中国区域产业终端能源消费的影响因素分析
［J］. 中国能源，2007，29（7）：35-38.

［70］马超群，储慧斌，李科等. 中国能源消费与经济增长的协整与误差
校正模型研究［J］. 系统工程，2004，22（10）：47-50.

［71］马宏伟，刘思峰，袁潮清等. 基于生产函数的中国能源消费与经济
增长的多变量协整关系的分析［J］. 资源科学，2012，34（12）：2374-2381.

［72］马立平，陈首丽. 产业结构变化对我国能源消费的动态冲击分析
［J］. 统计与决策，2010（8）：117-118，119.

［73］欧雯雯. 区域能源消费总量控制研究［D］. 浙江工业大学，2012.

［74］潘玉香，韩克勇. 中国能源利用效率、绩效及其障碍［J］. 经济问

题，2012（2）：25－30.

［75］彭美玲．我国股市存在流动性效应吗［D］．江西财经大学，2009.

［76］彭扬．"流域心态"探微——基于岷江上游生态环境保护博弈分析视角［J］．读与写杂志，2008，5（7）：199－200.

［77］齐志新，陈文颖．结构调整还是技术进步？改革开放后我国能源效率提高的因素分析［J］．上海经济研究，2006（6）：8－16.

［78］阮加，雅倩．能源消费总量控制对地区"十二五"发展规划影响的约束分析［J］．科学学与科学技术管理，2011，32（5）：86－91.

［79］邵帅，杨莉莉，曹建华．工业能源消费碳排放影响因素研究［J］．财经研究，2012，36（11）：16－27.

［80］时合生，樊爱宛，王巍．用马尔可夫残差修正灰色理论的煤炭需求预测［J］．计算机仿真，2011，28（10）：187－190.

［81］史丹．产业结构变动对能源消费需求的影响［J］．数量经济技术经济研究，1999（12）：50－52.

［82］史丹．结构变动是影响我国能源消费的主要因素［J］．中国工业经济，1999（11）：38－43.

［83］史丹．我国经济增长过程中能源利用效率的改进［J］．经济研究，2002（9）：49－57.

［84］史丹．中国能源效率的地区差异与节能潜力分析［J］．中国工业经济，2006（10）：49－58.

［85］史丹，吴利学等．中国能源效率地区差异及其成因研究［J］．管理世界，2008（2）：35－43.

［86］师博．能源消费、结构突变与中国经济增长：1952—2005［J］．当地经济科学，2007，29（5）：94－100.

［87］施祖留，孙金华．水利工程移民管理三方行为博弈分析［J］．人民黄河，2003，25（2）：44－45.

［88］水博．水电开发与河流生态存在博弈之说吗［J］．中国三峡建设，2008（5）：10－13.

［89］舒杰．关于四川省电力发展战略的思考［D］．西南交通大学，2007.

［90］苏茜．水电开发决策中博弈的利益集团［J］．内江科技，2006（7）：110－110.

［91］索瑞霞，王福林．组合预测模型在能源消费预测中的应用［J］．数学实践与认识，2010，40（18）：81－86．

［92］孙敬水．计量经济学［M］．北京：清华大学出版社，2004．

［93］孙娜．水泥行业节能减排的技术措施［J］．化工管理，2013（6）：101－101．

［94］孙兴林，雷蕾，方杰．装备制造业节能减排技术发展现状与趋势［J］．机电产品开发与创新，2012，25（2）：4－6．

［95］孙中一．企业战略运行机制——机制论［M］．天津：天津人民出版社，2001．

［96］谭梦琳．实现节能减排的科学路径［J］．环境科学与管理，2012，37（8）：4－8．

［97］谭元发．能源消费与工业经济增长的协整与ECM分析［J］．统计与决策，2011（4）：89－91．

［98］陶磊．重庆市能源供给价格不确定性预测分析［J］．中国市场，2013（34）：143－144，176．

［99］王云龙．区域旅游业竞争力评估［D］．复旦大学，2010．

［100］隗斌贤．"九五"及2010年浙江省能源需求预测研究［J］．预测，1997（2）：25－33．

［101］魏楚，沈满洪．能源效率及其影响因素：基于DEA的实证分析［J］．管理世界，2007（8）：66－76．

［102］魏子清，周德群．基于LMDI分解的江苏省能源消费影响因素实证分析［J］．价格月刊，2009（2）：51－54．

［103］王兵，张技辉，张华．环境约束下中国省际全要素能源效率实证研究［J］．经济评论，2011（4）：31－43．

［104］王翠．我国石油进口需求、供给分析与预测［D］．江西财经硕士论文，2006．

［105］王福海．能源产量的等维新息模型及应用［J］．能源研究与利用，1994（5）：28－32．

［106］王海鹏，田澎，靳萍．中国能源消费＆经济增长间协整关系和因果关系的实证研究［J］．生产力研究，2005（3）：159－160，177．

［107］王海鹏，田澎，靳萍．基于变参数模型的中国能源消费经济增长

关系研究 [J]. 数理统计与管理, 2006, 25 (3): 253 - 258.

[108] 王华. 宏观经济变量与道琼斯中国海外 50 指数之间关系的计量分析 [D]. 东北财经大学, 2007.

[109] 王虹, 王勋, 袁东学. 北京生活能源消费状况及影响因素分析 [J]. 数据, 2009 (5): 59 - 61.

[110] 王火根, 沈利生. 中国经济增长与能源消费空间面板分析 [J]. 数量经济技术经济研究, 2007 (12): 98 - 108.

[111] 王火根, 沈利生. 中国经济增长与能源消费关系研究——基于中国 30 省市面板数据的实证检验 [J]. 统计与决策, 2008 (3): 126 - 128.

[112] 王俊能, 许振成, 彭晓春等. 流域生态补偿机制的进化博弈分析 [J]. 环境保护科学, 2010, 36 (1): 37 - 41.

[113] 王可. 重庆市汽车产品回收利用政策及配套措施研究 [J]. 重庆交通大学硕士论文, 2008.

[114] 王蕾. 改革开放以来我国能源消费的影响因素以及面临的问题 [J]. 教学与研究, 2008 (10): 29 - 36.

[115] 王小平, 曹立明. 遗传算法理论、应用与软件实现 [M]. 西安: 西安交通大学出版社, 2002.

[116] 王玉潜. 能源消耗强度变动的因素分析方法及其应用 [J]. 数量经济技术经济研究, 2003 (8): 151 - 154.

[117] 吴国华, 种毅, 牟晶. 论我国能源消费总量控制 [J]. 能源技术与管理, 2011 (5): 10 - 12.

[118] 吴巧生, 成金华, 王华. 中国工业化进程中的能源消费变动——基于计量模型的实证分析 [J]. 中国工业经济, 2005 (4): 30 - 37.

[119] 吴巧生. 成金华. 中国能源消耗强度变动及因素分解: 1980—2004 [J]. 经济理论与经济管理, 2006 (10): 34 - 40.

[120] 吴巧生, 陈亮, 张炎涛等. 中国能源消费与 GDP 关系的再检验——基于省际面板数据的实证分析 [J]. 数量经济技术经济研究, 2008 (6): 27 - 40.

[121] 吴祥佑, 张娓. 农业保险投保率变迁的进化博弈分析 [J]. 西部论坛, 2010, 20 (1): 68 - 73.

[122] 冼志勇, 刘树, 曾令可. 陶瓷行业应对节能减排的措施 [J]. 佛

山陶瓷，2009（6）：13－16.

［123］夏征农．辞海［M］．上海：上海辞书出版社，1989.

［124］肖序，万红艳．技术进步对中国电解铝能源消费回弹效应的影响——基于二级镶嵌式 CES 函数的实证研究［J］．中国人口・资源与环境，2012，22（10）：144－150.

［125］肖智等．一种旅游需求多因素动态粗的预测模型［J］．统计与决策，2005，6（下）：33－34.

［126］邢璐，单葆国．我国能源消费总量控制的国际经验借鉴与启示［J］．中国能源，2012，34（9）：14－16，45.

［127］徐博，刘芳．产业结构变动对能源消费的影响［J］．辽宁工程技术大学学报（社会科学版），2004（9）：499－501.

［128］徐国祥，杨振建．PCA－GA－SVM 模型的构建及应用研究——沪深300 指数预测精度实证分析［J］．数量经济技术经济研究，2011（2）：135－147.

［129］徐健，崔晓红，王济干．关于我国流域生态保护和补偿的博弈分析［J］．科技管理研究，2009（1）：91－93.

［130］徐士元．技术进步对能源效率影响的实证分析［J］．科研管理，2009，30（6）：16－24.

［131］宣能啸．我国能效问题分析［J］．中国能源，2004，26（9）：4－8.

［132］严登才，施国庆，伊庆山．水电开发与少数民族移民发展——以广西红水河岩滩库区为例［J］．广西民族研究，2012（2）：162－167.

［133］严陆光，陈俊武．中国能源可持续发展若干重大问题研究［M］．北京：科学出版社，2007.

［134］杨朝峰，陈伟忠．能源消费和经济增长：基于中国的实证研究［J］．石油大学学报（社会科学版），2005，21（1）：18－22.

［135］杨德一，张孝华，孙志建．切削加工技术的发展趋势［J］．机械，2008，35（5）：1－5.

［136］杨振．中国能源消费碳排放影响因素分析［J］．环境科学与管理，2010，35（11）：38－41.

［137］尹春华，顾培亮．我国产业结构的调整与能源消费的灰色关联分析［J］．天津大学学报，2003，36（1）：104－107.

［138］于立．对我国能源需求的研究［J］．统计研究，1993（1）：27－31.

[139] 于立宏，贺媛．能源替代弹性与中国经济结构调整 [J]．中国工业经济，2013（4）：30 – 42.

[140] 于全辉，孟卫东．基于面板数据的中国能源与经济增长关系 [J]．系统工程，2008，26（6）：68 – 72.

[141] 余泳泽，杜晓芬．技术进步、产业结构与能源效率——基于省域数据的空间面板计量分析 [J]．产业经济评论，2011，10（4）：36 – 68.

[142] 袁晓玲，屈小娥．中国地区能源消费差异及影响因素分析 [J]．商业经济与管理，2009（9）：58 – 64.

[143] 袁媛．基于扩展的 STIRPAT 模型的中国碳排放强度影响因素研究 [J]．金融经济，2019（10）：63 – 67.

[144] 曾波，苏晓燕．中国产业结构变动的能源消费影响——基于灰色关联理论和面板数据计量分析 [J]．资源与产业，2006，8（3）：109 – 112.

[145] 曾建生．基于三方博弈关系实施水库移民行业管理的必要性分析 [J]．水利规划与设计，2008（3）：4 – 7.

[146] 曾胜．我国能源消费与经济增长的关联关系研究 [D]．西南交通大学，2006.

[147] 曾胜，刘朝明，涂瑞．我国能源消耗的效率评价 [J]．科技进步与对策，2008（11）：201 – 205.

[148] 曾胜，黄登仕．中国能源消费、经济增长与能源效率——基于 1980 ~ 2007 年的实证分析 [J]．数量经济技术经济研究，2009（8）：17 – 28.

[149] 曾胜．区域水电资源动态测算与协调机制研究 [D]．西南交通大学，2009.

[150] 曾胜，靳景玉．能源消费视角下的中国能源效率研究 [J]．经济学动态，2013（4）：81 – 88.

[151] 曾胜．开发者与生态环境之间的进化博弈分析——以水电项目为例 [J]．西部论坛，2013，（5）：72 – 78.

[152] 曾胜，李仁清．能源消费结构的影响因素研究 [J]．世界科技研究与发展，2014，36（1）：10 – 14.

[153] 曾胜．中国经济高质量发展、能源消费影响因素与总量控制——基于 Copula 函数的实证研究 [J]．学术论坛，2019，42（2）：11 – 19.

[154] 翟辅东．能源需求预测的区域类比法研究 [J]．湖南师范大学自

然科学学报，1995（2）：74 – 78.

[155] 张勃. 应对我国现阶段石油安全隐患的对策 [J]. 经济研究导刊，2011（29）：62 – 63.

[156] 张峰，刘伟. 北京市能源消费预测与政策建议 [J]. 中国人口资源与环境 2008，18（3）：99 – 102.

[157] 张国兴，郭菊娥，席酉民等. 政府对秸秆替代煤发电的补贴策略研究 [J]. 管理评论，2008，20（5）：33 – 38.

[158] 张宏洲. 我国公共科技创新投入对出口贸易与经济增长影响研究 [D]. 华东师范大学，2013.

[159] 张丽峰. 中国经济增长、产业结构对能源消费影响分析 [J]. 经济问题探索，2008（5）：1 – 6.

[160] 张明慧，李永峰. 论中国能源与经济增长关系 [J]. 工业技术经济，2004，23（4）：77 – 80.

[161] 张涛. 甘肃能源产业发展研究 [D]. 兰州大学，2011.

[162] 张晓平. 20 世纪 90 年代以来中国能源消费的时空格局及其影响因素 [J]. 中国人口·资源与环境，2005，15（2）：38 – 42.

[163] 张晓平. 中国能源消费强度的区域差异及影响因素分析 [J]. 资源科学，2008，30（6）：883 – 889.

[164] 张炎治，聂锐，吕涛. 九块式能源投入产出模型与能源需求量预测 [J]. 科技导报，2007（5）：25 – 29.

[165] 张阳. 京津冀地区大气环境系统脆弱性评估研究 [D]. 华北电力大学，2018.

[166] 张颖，丁宁. 合理控制能源消费总量的对策研究 [J]. 金天津经济，2012（12）：30 – 34.

[167] 张跃军，周彬，王丽. 基于支持向量机模型的北京市能源需求预测研究 [J]. 北京理工大学学报（社会科学版），2013，15（3）：8 – 12.

[168] 张志柏. 中国能源消费因果关系分析 [J]. 财贸研究，2008（03）：15 – 21.

[169] 张宗成，周猛. 中国经济增长与能源消费的异常关系分析 [J]. 上海经济研究，2004（4）：41 – 45.

[170] 赵进文，范继涛. 经济增长与能源消费内在依从关系的实证研究

[J]．经济研究，2007（8）：31－42．

［171］赵丽霞，魏巍贤．能源与经济增长模型研究［J］．预测，1998（6）：32－35．

［172］赵湘莲，李岩岩，陆敏．我国能源消费与经济增长的空间计量分析［J］．软科学，2012，26（3）：33－38．

［173］赵志耘，杨朝峰．中国碳排放驱动因素分解分析［J］．中国软科学，2012（6）：175－183．

［174］郑宝华，谢忠秋．基于低碳经济的中国区域全要素生产率研究［J］．经济学动态，2011（10）：38－41．

［175］郑博福，王延春，赵景柱等．基于可持续发展的我国现代化进程中能源需求预测［J］．中国人口资源与环境，2005，15（1）：47－51．

［176］郑磊．胶东半岛小城镇文化广场开展的现状及其动力机制研究［D］．曲阜师范大学，2012．

［177］中国产业地图编委会．中国能源产业地图2006—2007［M］．北京：社会科学文献出版社，2006．

［178］中国能源中长期发展战略研究项目组．中国能源中长期（2030、2050）发展战略研究［M］．北京：科学出版社，2011．

［179］中国统计局．中国统计年鉴（历年）［M］．北京：中国统计出版社，2005年—2017年．

［180］周丹丹，李蜀庆．重庆市能源消费影响因素分析［J］．环境科学与管理，2009，34（3）：192－194．

［181］周凤起．可再生能源将进入快速发展期［J］．宏观经济管理，2004（10）：27－29，40．

［182］周建．经济转型期中国能源需求的长期均衡及短期波动：1978—2005［J］．南开经济研究，2007（3）：3－18．

［183］周曙东，崔奇峰，王翠翠．苏和吉林农村家庭能源消费差异及影响因素分析［J］．生态与农村环境学报，2009，25（3）：30－34．

［184］周曙东，崔奇峰，王翠翠．农牧区农村家庭能源消费数量结构及影响因素分析——以内蒙古为例［J］．资源科学，2009，31（4）：696－702．

［185］周勇，林源源．技术进步对能源消费回报效应的估算［J］．经济学家，2007（2）：45－52．

［186］朱发根，邢璐，张成龙. 基于经济增长不确定性的能源消费总量控制［J］. 能源技术经济，2012，24（7）：49 – 52，77.

［187］朱跃中. 我国能源与经济增长关系现状分析［J］. 经济研究参考，2002（72）：26 – 32.

［188］Ajith Abraham, Baikunth Nath. A neuro-fuzzy approach for modeling electricity demand in Victoria［J］. Applied Soft Computing, 2001（1）：127 – 138.

［189］Albert W. L. Yao A, S. C. Chi. Analysis and design of a Taguchi-Grey based electricity demand predictor for energy management systems［J］. Energy Conversion and Management, 2004, 45：1205 – 1217.

［190］Atkinson, J., Manning, N.. A Survey of international energy elasticities. In：Barker, T., Ekins, P., Johnstone, N. （Eds.）, Global Warming and Energy Demand. Routledge, London, 1995：47 – 105.

［191］Azadeh, M. A., Ghaderi, S. F.. Asadzadeh, M.. Performance assessment of energy consumption in Iranian chemical sectors［A］. Proceedings of the First International Conference on Energy Management and Planning［C］. 2006, June 20 – 21, Tehran, Iran.

［192］Bentzen, J., Engsted, T.. Short-and long-run elasticities inenergy demand：a cointegration approach［J］. Energy Economics, 1993, 15（1）：9 – 16.

［193］Birol F., Keppler J. H.. Prices, technology development and the rebound effect［J］. Energy Policy, 2000（28）：457 – 469.

［194］Brookes, L. G.. Energy efficiency and economic fallacies：A reply［J］. Energy Policy, 1992, （20）：390 – 392.

［195］Cheng BS, Lai TW. An Investigation of Co-integration and Causality between Electricity Consumption and Economic Activity in Taiwan［J］. Energy Economics, 1997, 19（4）：435 – 444.

［196］Chien-Chiang Lee. Energy Consumption and GDP in Developing Countries：A cointegrated Panel Analysis［J］. Energy Economics, 2005, 27（3）：415 – 427.

［197］C. Q. Hung, D. N. Batanov, T. Lefevre. KBS and macro-level systems：support of energy demand forecasting［J］. Computers in Industry, 1998, 37：87 – 95.

[198] David C. Popp. The effect of new technology on energy consumption [J]. Resource and Energy Economics, 2001 (23): 215 – 239.

[199] De Beer, J.. Potential for industrial energy-efficiency [D]. Utrecht: University of Utrecht, 1998.

[200] Ediger V S Akar S.. ARIMA forecasting of primary energy demand by fuel in Turkey [J]. Energy Policy, 2007, 35 (3): 1701 – 1708.

[201] Farah Balhsh, H., Ugursal, V. I., Fung, A. S.. A residential en-dues energy consumption model for Canada [J]. International Journal of Energy Research, 1998 (22): 1133 – 1143.

[202] Fisher, Carolyn, Parry, Ian W. H., Pizer, William A.. Instrument choice for environmental protection when environmental protection is endogenous [J]. Journal of Environmental Economics and Management, 2003, 45 (3): 523 – 545.

[203] Fisher S Vanden K., et al.. What is driving China's decline in energy intensity? [J]. Resource and Energy Economics, 2004 (26): 77 – 97.

[204] George H., Sarantis L., Evangelia P.. Energy Consumption and Economic Growth: Assessing the Evidence from Greece [J]. Energy Economics, 2002, 24 (4): 319 – 336.

[205] Glasure YU, Lee A. R.. Cointegration, Error Correction, and the Relationship between GDP and Electricity: The Case of South Korea and Singapore [J]. Resource and Electricity Economics, 1998, 20 (1): 17 – 25.

[206] Huwang D. B. K, Gum B.. The causal relationship between energy and GNP: the case of Taiwan [J]. Journal of Energy and Development, 1992 (16): 219 – 226.

[207] Hu, J. L, Wang, S. C.. Total-factor energy efficiency of regions in China [J]. Energy Policy, 2006, 34 (17): 3206 – 3217.

[208] Hu, J. L, Kao, C. H. Efficient energy-saving targets for APEC economies [J]. Energy Policy, 2007, 35 (1): 373 – 382.

[209] Hwang DBK, Gum B. The Causal Relationship between Energy and GNP: the Case of Taiwan [J]. Journal of Energy and Development, 1992, 16 (2): 219 – 226.

[210] John Asafu-Adjaye. The Relationship between Energy Consumption, En-

ergy Prices and Economicgrowth: Time Series Evidence from Asian Developing Countries [J]. Energy Economics, 2000, 22 (6): 615 – 625.

[211] Kambara T.. The Energy Situation in China [J]. The China quarterly, 1992, (131): 608 – 636.

[212] Khazzoom, J. D.. Energy savings from the adoption of more efficient appliance [J]. Energy Journal, 1987, 3 (1): 117 – 124.

[213] Kraft. On the relationship between energy and GNP [J]. Energy Development, 1978, (3): 401 – 403.

[214] Kumar U. Jain V. K.. Time series models Grey-markovgrey model with rolling mechanism and singular spectrum analysis to forecast energy consumption in India [J]. Energy, 2010, 35 (4): 1709 – 1716.

[215] Magat, Wesley A.. Pollution control and technological advance: a dynamic model of the firm [J]. Journal of Environmental Economics and Management, 1978, (5): 1 – 25.

[216] Milliman, Scott R., Prince, Raymond. Firm incentives to promote technological change in pollution control [J]. Journal of Environmental Economics and Management, 1989 (17): 247 – 265.

[217] Peter Mulder, Henri L. F. de Groot, Marjan W.. Hofkes, Explaining slow diffusion of energy-saving technologies: avintage model with returns to diversity and learning-by-using [J]. Resource and Energy Economics, 2003 (25): 105 – 126.

[218] Ramanathan, R.. An analysis of energy consumption and carbon dioxide emissions in countries of the Middle East and North Africa [J]. Energy, 2005, 30 (15): 2831 – 2842.

[219] Rao, R. D., Parikh, J.. Forecast and analysis of demand for petroleum products in India [J]. Energy Policy, 1996, 24 (6): 583 – 592.

[220] Richard F., Garbacc io, M. un S., Ho Dale Jo rgenson W.. Why Has the Energy-Output Ratio Fallen in China? [J]. Energy Journal, 1999, 20 (3): 63 – 91.

[221] Samer Saab, Elie Badr, George Nasr. Univariate modeling and forecasting of energy consumption: the case of electricity in Lebanon [J]. Energy, 2001 (26): 1 – 14.

[222] Semih Onut, Selin Soner. Analysis of energy use and efficiency in Turk-

ish manufacturing sector SMEs [J]. Energy Conversion and Management, 2007, 48 (2): 384 – 394.

[223] Taichen Chien, Jin-Li Hu. Renewable energy and macroeconomic efficiency of OECD and non-OECD economies [J]. Energy Policy, 2007, 35 (7): 3606 – 3615.

[224] Tawfiq Al-Saba, Ibrahim El-Amin. Artificial neural networks as applied to long-term demand forecasting [J]. Artificial Intelligence in Engineering, 1999 (13): 189 – 197.

[225] Thomas, D. L. Greefe, R. and Grant, K. C. . Application of data envelopment analysis to management audits of electric distribution utilities [M]. Austin, Public Utility Commission of Texas, TX, 1985.

[226] Wankeun Oh. , Kihoon Lee. Causal Relationship between Energy Consumption and GDP Revisited: the Case of Korea 1970 – 1999 [J]. Energy Economics, 2004, 26 (1): 51 – 59.

[227] Weyman-Jones, T. G. . Productive efficiency in regulated industry: the area electricity boards of England and Wales [J]. Energy Economics, 1991, 13 (2): 116 – 122.

[228] Yang H. Y. . A Note on the Causal Relationship between Energy and GDP in Taiwan [J]. Energy Economics, 2000, 22 (3): 309 – 317.

[229] Yu ESH, Choi J. , Y. . The Causal Relationship between Electricity and GNP: an International Comparison [J]. Journal of Energy and Development, 1985, 10 (2): 249 – 272.

后　记

本专著成果受到国家社科一般项目"我国能源消费总量控制与对策研究"（11BJY058）的资助。

改革开放40多年来，我国经济快速发展，社会主义现代化建设取得了举世瞩目的成就。但同时也出现了一些突出的矛盾和问题，如片面追求发展速度，采取高耗能、高污染、高成本、高投入的粗放式经济发展方式，造成生态环境恶化、资源过度消耗与浪费等问题。当2008年全球金融危机来临，我国经济也正面临着"三期叠加"：经济增速换挡期、经济结构调整阵痛期、前期刺激政策的消化期，并会在未来一段时间内常态化。为了应对全球经济下行压力与转型要求，我们应该统一两个认识，一是第三次工业革命的本质是能源革命，二是当前气候、环境、经济危机的本质是工业文明的危机，生态文明将开启新文明时代。

每一次工业革命的动力是能源的革命。能源革命是工业革命的推进动力，其他的技术发展和突破则是工业革命所伴生的结果。第一次工业革命的标志是蒸汽机的发明，煤炭作为动力被大量使用。第二次工业革命的标志是电能和内燃机的使用，电能被广泛运用。第三次工业革命是以互联网和新能源相结合为基础，以新能源和可再生能源来取代化石能源为标志，它用一种可持续的能源体系来取代不可持续的能源体系。第三次工业革命是一种新的革命，它将会把每一幢房屋变成微型发电厂，未来数以百万计的家庭住房、办公大楼、大型商场、工业技术园区将会一物两用——既可作为住所，也可作为发电厂。能源进行分散式生产与储存，通过能源互联网实现绿色电力的共享。第三次工业革命的本质是一种能源的革命，就是用可再生新能源来取代化石能源。其他诸如信息革命、智能化网络，都是伴生的东西。

第三次工业的影响很深远，它将促进人类社会形态从工业文明向生态文明过渡，带来人类社会生产方式、生活方式以及发展理念和消费观念的重大变革。

当代人类所面临的资源与气候危机，不仅仅是资源与环境的危机，更是工业文明模式的危机。早期的工业经济模式并没有把环境与资源看作工业经济需要承担的成本来对待，而近代的工业化模式更是在假定资源可以无限供给、环境自身有足够净化能力的前提下建立起来的。在市场竞争决定的成本计算体系与交易机制中，由于无法对具有公共产品特性的生态环境进行定价，由此形成了工业化所造成的生态环境污染的代价无法内生为工业经济必须补偿的成本。不可再生资源的有限性与生态环境补偿的缺失成本，构成了工业经济发展不能突破的自然边界。这种把能源与环境问题看作是工业化成本之外的问题，无助于当前危机的解决。此时，人类需要从工业文明走向新文明时代——生态文明，开启新能源革命。

工业经济之所以具有成本外化的特性，其深层根源是由支持工业经济发展的化石能源的性质决定的。化石能源的特性决定了工业经济发展不能突破的两个边界：一是使用化石能源造成的污染，自然环境自净化能力不能承受的边界；二是化石能源有限性形成的能源供给无法突破的最大边界。正是这两个边界，造成了当代人类的两大危机：能源与环境危机。而新能源革命所利用的生物能、太阳能、风能等资源，则突破了化石能源的这两个边界。首先，可再生能源相对于化石能源的储量以及在未来技术进步下的可利用率而言，突破了化石能源的有限性。其次，可再生能源属于无污染的能源。这就为人类文明的可持续发展打开了全新而广阔的发展时空。

在中共十八届三中全会公告中明确提出了建设生态文明，这为抓住正在兴起的第三次工业革命的机会指明了方向。我国在农耕文明的时候是领先的，但错失了第一次和第二次工业革命的机遇，现在在全球由工业文明向生态文明过渡的潮流中，如要抢占先机，打造优势，实现跨越式发展，就需要在很多领域和发达国家同步进行并合作开展。大力发展可再生能源或绿色低碳能源以及完善相关制度体系，是践行生态文明的根本举措。生态文明建设既是我国和平崛起的文明之路，也是中华民族走向复兴的创新之路。

本书以第三次工业革命就是新能源革命、工业文明正向生态文明转变为视角，以控制能源消费总量、改善能源结构、减少能源消费带来的环境压力践行生态文明。保持合理的经济发展速度、转变经济发展方式与调整产业结构、促进技术进步与提高能源利用率、完善能源市场机制与优化资源配置、开发清洁能源与改善能源结构、强化全民节能意识与加强公众宣传等政策选择。

本专著是集体智慧的结晶，课题项目组成员靳景玉、毛跃一、易文德、陈晓莉、韩斌、陈国藩、李仁清、张明龙、弓煜婧、丁小舟为本书付出了巨大的贡献，为课题做了大量的问卷、调研和撰写工作。

本书的出版与下列同志的关心、帮助和指导息息相关：重庆市发改委能源处副处长杨世兴；四川省扶贫和移民工作局移民工程开发中心杨建成高级工程师；重庆工商大学文传浩教授；重庆工商大学代春艳教授；重庆理工大学经贸学院陶磊教授；重庆工商大学财政金融学院的领导和同事们；本书所引用文献的作者以及限于篇幅而未列出的文献作者；给予本书关心和帮助的所有人。在此一并致以衷心感谢！

在本书即将出版之际，我们仍感有许多问题尚未得以讨论，有待进一步深入研究，比如能源消费总量控制幅度、能源结构中煤炭消费总量达峰等问题。虽然我们已经力求精致，但书中难免还存在不少缺点和不足，恳请大家批评和指正、不吝赐教。我们的研究工作也旨在抛砖引玉，希望能引起更多的理论和实践工作者对能源消费总量和结构调整予以关注并激发其研究兴趣。在本书即将付梓之际，我们真诚地希望所有阅读本书的读者为我们提供建设性意见，以便我们下一步研究工作做得更好，更符合科学的标准和规范。

曾　胜

2019 年 6 月 30 日